在"轴心""连续""突破"问题的深处(上)

——关于中心与排他、观念及比较

在"轴心""连续""突破"问题的深处（上）
——关于中心与排他、观念及比较

吾淳　著

广西师范大学出版社
·桂林·

图书在版编目(CIP)数据

在"轴心""连续""突破"问题的深处.上:关于中心与排他、观念及比较 / 吾淳著. —桂林:广西师范大学出版社,2021.10
ISBN 978-7-5598-4173-5

Ⅰ.①在… Ⅱ.①吾… Ⅲ.①雅斯贝尔斯(Jaspers,Karl 1883-1969)-哲学思想-研究 Ⅳ.①B516.53

中国版本图书馆 CIP 数据核字(2021)第 170786 号

在"轴心""连续""突破"问题的深处.上:关于中心与排他、观念及比较
ZAI "ZHOUXIN" "LIANXU" "TUPO" WENTI DE SHENCHU. SHANG:
GUANYU ZHONGXIN YU PAITA、GUANNIAN JI BIJIAO

出 品 人:刘广汉
责任编辑:吕解颐
装帧设计:李婷婷
广西师范大学出版社出版发行

(广西桂林市五里店路 9 号   邮政编码:541004)
(网址:http://www.bbtpress.com)
出版人:黄轩庄
全国新华书店经销
销售热线:021-65200318   021-31260822-898
山东韵杰文化科技有限公司印刷
(山东省淄博市桓台县桓台大道西首   邮政编码:256401)
开本:720mm×1 000mm   1/16
印张:13.75   字数:220 千字
2021 年 10 月第 1 版   2021 年 10 月第 1 次印刷
定价:58.00 元

如发现印装质量问题,影响阅读,请与出版社发行部门联系调换。

自　序

本文集共收录 14 篇文章。

多年来,我在研究和教学中一直关注"轴心期"与"连续""突破"这两个问题及相互之间的关系。2018 年,我将有关"轴心期"问题的研究集结成论文集:《重新审视"轴心期"——对雅斯贝斯相关理论的批判性研究》[1]。2019年,我又将有关"连续"和"突破"问题的研究集结成论文集:《文明范式:"连续"与"突破"——基于张光直、韦伯的理论及文明史相关经验的考察》[2]。在这两部文集中,我分别就"轴心"与"连续""突破"问题及其相互关系做了相应思考。然而上述两个问题依旧有许多东西或方面值得去发现、拓展,尤其是更加深度的开掘,这也正是近些年来我的思考重点。现在,我将这些思考成果再集结成两部文集,统称《在"轴心""连续""突破"问题的深处》,但以上、下分之,各自侧重一些不同的关照,并以副标题明确这些不同关照也即分工。两部文集共涉及六个专题,分别是:(1)关涉"轴心说":"中心"与"排他";(2)中国思维与观念的"连续性";(3)"连续"与"突破":不同"轴心"间的比较;(4)"轴心""连续""突破"视野中的文明问题;(5)地理环境因素对于文明"突破"的重要作用;(6)围绕"传统"理论的重新检视。这些专题大都在一开始就有了框架性的认

---

　〔1〕　第一部文集所收 11 篇论文包括:《对雅斯贝斯轴心期精神即"共同因素"理论的重新审视》《雅斯贝斯"轴心期"时间同步性的奥秘》《轴心期精神发展的基本线索》《轴心期前后:"神"的面貌及其分化》《轴心期哲人面对神的理性思考及其不同归宿》《轴心期:人性如何形成,如何觉醒,如何实现》《轴心时期道德或伦理的不同路径与面貌》《轴心期:哲学如何登场》《轴心时期:是否存在"哲学的突破"》《轴心期的知识分子》《轴心期的结果及文明之分化》。

　〔2〕　第二部文集所收 14 篇论文包括:《张光直"连续性"与"突破性"理论的要义、贡献及问题》《张光直"连续性"理论得失再探》《雅斯贝斯"轴心期"理论与张光直"连续性""突破性"理论的比较:差异、交集与互补》《马克斯·韦伯理论中的"连续"与"突破"问题》《马克斯·韦伯比较儒教与犹太教:未彻底祛魅的理性主义与彻底祛魅的理性主义》《阿尔弗雷德·韦伯和卡尔·雅斯贝斯论"连续""突破"问题》《影响古代中国发生期科学技术的若干因素》《古代希腊与古代中国科学技术的差异性》《"连续性"视野中的中国思维》《"连续性"视野中的印度宗教》《"突破性"视野中的犹太教(上):论一神宗教的起源》《"突破性"视野中的犹太教(下):再论一神宗教的起源》《"突破性"视野中的希腊文明(上):古代希腊"突破"的初始因素及主要方向》《"突破性"视野中的希腊文明(下):古代希腊精神层面的"突破"问题》。

识,个别是作为补充,多数则是由前两部文集开启出来。而形成专题的基本目的就是将思考进一步引向深入,尤其是去深挖各个问题之中或背后的复杂性。这同样也是我一贯的研究方式,我希望能在宏大的视野与精微的探究之间尽量找到最佳的平衡,浮泛之论、玄虚之言,或逼仄狭窄的眼界皆非吾之所好。同时我的另一个原则是:宁可矛盾,不可乏力。本文集关注前三个专题,相对应的副标题是:"关于中心与排他、观念及比较"。顺便打个不一定恰切的比方。古人行文有起、承、转、合的格式,拿来套用这四部文集,第一部《重新审视"轴心期"》或可算作问题之"起",第二部《文明范式:"连续"与"突破"》或可算作问题之"承",第三、四部《在"轴心""连续""突破"问题的深处》则或可视作问题之"转""合",其中第三部是将思考转向专题,与前两部分论"轴心"与"连续""突破"不同,第四部的专题更偏向文明、传统等重大思考,或许正有"合"之特征。当然这样的比方只是嬉戏而已。

<h2 style="text-align:center">再探"轴心说"与"连续""突破"问题的关系</h2>

首先,我仍想再次来谈谈在"轴心说"与"连续""突破"这些问题之间所存在着的关联。[1]

如我们所知,雅斯贝斯将"轴心期"之于精神发生的意义看得无比重要。按雅斯贝斯,"轴心期"就是指"公元前500年左右的时间内和在公元前800年至前200年的精神过程",也即以公元前500年为轴心,以公元前800年至前200年各300年为半径所发生的精神现象。换言之,在雅斯贝斯看来,这个"轴心"对于精神的普遍发生来说是一个"铁律",凡堪称人类文明者盖莫如是,无有特例。

然而,倘若我们将"连续性"理论带进来,便会发现人类精神的发生并没有如此简单。例如我在第二部文集中就以《"连续性"视野中的印度宗教》为题,考察了印度宗教或精神的最初发生过程。按照麦克斯·缪勒,印度宗教的创生与发展可以追溯到非常久远的年代,所谓《吠陀》可以分为四个时期,其中第一个"康达"期是从公元前××年—前1000年;麦克斯·缪勒还认为,"康达"

---

〔1〕我在第二部文集《文明范式:"连续"与"突破"——基于张光直、韦伯的理论及文明史相关经验的考察》序言中,曾就这一关联或关系谈过一些想法。

期距今或许有 4000 年之久,更为上乘的做法不是用年代或世纪猜测它到底有多久,这实际上给予《吠陀》生成年代的上限以更"自由"或更具"想象力"的空间。在本集也即第三部文集中,我又收录了近年发表的四篇有关早期中国观念发生发展的文章,讨论在雅斯贝斯所说"轴心期"之前观念的久远线索与根基(其实前些年我的论文与著作中已广泛深入涉及过这一问题),而这些思索或探讨都想将"轴心期"问题引向深入,或者说对被视作"轴心期"的"铁律"提出诘问。

另一方面,就历史而言,"轴心期"与"突破"看上去似乎"共用"了一个时间段,即这一时间段恰恰也就是希腊文明与犹太文明发生和确立的时期,从大致公元前 8 世纪起,这两个文明都开始酝酿重大的"突破",其中希腊文明的"突破"发生在知识和制度领域,犹太文明的"突破"则发生在宗教生活领域。我在第二部文集中已有四篇文章对希腊文明与犹太文明所发生的这些"突破"做了专门考察。总之,"轴心期"与"突破"在一定意义上可谓异曲同工或异名同实,而考察"轴心期"与"突破"的密切关系能有助于我们加深对此二者关系或那段历史的深刻了解。而在第四部文集中,我还想将这一考察进一步引向"深入",这就是地理环境之于"突破"的"决定"或"关键"作用。但如此一来,同样会将问题再次引向"复杂",第一代文明的发生难道不是得益于地理环境的"决定性"作用吗?并且第一代文明的发生难道不具有"突破性"的意义吗?

显然,上述这样一种思考比起第二部文集中对于"轴心"与"连续""突破"这两种理论或问题的思考更加复杂,也更加深入。这么说吧,这样一种"思考"真的很有趣、很诱人、很过瘾,或者说很"好玩"。

专题一 关涉"轴心说":"中心"与"排他"

在我看来,"轴心期"问题看似简单,却相当深刻。但"轴心期"理论最有价值之处乃在于雅斯贝斯跳出了西方中心观来看待或评价世界的历史及其文明。如在《历史的起源与目标》第一章"轴心期"开首雅斯贝斯说道:"在西方世界,基督教信仰缔造了历史哲学。在从圣·奥古斯丁到黑格尔的一系列鸿篇巨制中,这一信仰通过历史而具体化为上帝的活动。上帝的启示活动相当于决定性的分界线。因此,黑格尔仍能说,全部历史都来自耶稣基督。上帝之子的降临是世界历史的轴心。我们的年表天天都在证明这个基督教的历史结构。"但雅斯贝斯指出,"基督教仅是基督教的信仰,而非全人类的信仰",因为"这一普遍历史观的毛病在于,它只能为虔诚的基督徒所承认"。所以如果真正存在"世界历史轴心的话,它就必须在经验上得到发现,也必须是包括基督徒在内的所有人都能接受的那种事实。这个轴心要位于对于人性的形成最卓有成效的历史之点。自它以后,历史产生了人类所能达到的一切。它的特征即使在经验上不必是无可辩驳和明显确凿的,也必须是能使人领悟和信服的,以便引出一个为所有民族——不计特殊的宗教信条,包括西方人、亚洲人和地球上一切人——进行历史自我理解的共同框架"。[1]为此,我也在《轴心期:哲学如何登场》一文结尾处对黑格尔与雅斯贝斯的哲学观做了比较:"在黑格尔的思想中,哲学几乎只是西方的专利,早年是希腊的专利,近代则是德国的专利。换言之,黑格尔的哲学观明显有着西方中心论的倾向,有着一种西方文明的优越感,乃至自大狂,这样一种哲学史观无疑是偏狭的。相比之下,雅斯贝斯的哲学观虽不能说已经彻底消除了西方中心的痕迹,但它的确是多元的,是多中心的。在雅斯贝斯的轴心期理论中,哲学之门是向不同文明或不同民族敞开的,在不同地区的人类思维中,哲学之树都有可能结出丰硕的果实。这也正是我们向雅斯贝斯致敬之处!"

然而,我们又要看到,雅斯贝斯的确并未完全从"西方中心论"里走出来,也正如不少学者所指出的,轴心说中包含有明显的"排他性"。不过在我看来,这并不是雅斯贝斯个人的问题,或者说,我们不应当将其看作雅斯贝斯个人的问题。如上所见,就个人而言,雅斯贝斯在去"中心"与去"排他"方面已经足够尽力,但这种尽力不可能超越文化,或超越历史与时代。一种文化占据世界舞台中心久了,难免会产生自负与优越感,也难免会产生傲慢与偏见,这与个人的膨胀是一样的。其实,中国何尝不是如此,在清朝,我们就看到过这样一种世界观,直至今日,对传统的盲目自信和骄傲仍然是我们这个族群中相当一部分人的良好感觉,从一定意义上说,这亦是人的本性使然。

有鉴于此,本文集的前六篇文章《雅斯贝斯"轴心说"非"排他主义"论》《雅斯贝斯缘何跳不出西方中心论》《雅斯贝斯"轴心说":从兴奋到迷惑,从迷惑到困境》《"轴心期"理论的困境与进路》《在"轴心说"的深处》及《西方学者眼里的中国"轴心"及"连续性"——以韦伯兄弟、雅斯贝斯、艾森斯塔特为代表的考

---

[1] 卡尔·雅斯贝斯:《历史的起源与目标》,华夏出版社1989年,第7页。

察》主要围绕"中心"与"排他"问题做了专门思考,其中四篇文章已经发表。需要说明的是,由于选择不同的视角思考同一问题,因此有些内容会有交叉重合,甚至由于视角不同,还会导致判断的"矛盾"。这其中前四篇文章的内容或思考大致包括:雅斯贝斯是西方"中心主义"者或"排他主义"者吗? 我将为雅斯贝斯辩护;但这一辩护又并不否认雅斯贝斯事实上并未走出西方"中心"亦即"排他"主义的泥沼;"轴心说"在理论上的"陷阱"是显而易见的;那么,究竟是什么导致了雅斯贝斯的理论"陷阱"? 这正是第五篇文章《在"轴心说"的深处》所思考的问题。我会将雅斯贝斯的理论与黑格尔、兰克、布克哈特等人的哲学、史学及文化观并置在一起加以考察,既指出它们的不同,又注意它们的纠葛;就像此文所指出的,通过考察与辨析,我们既要看到"轴心说"所取得的"突破",又要看到囿于"西方中心论"而造成的不足,还要看到西方历史理论不能简单以"西方中心论"概括,其包含有许多内在合理性。另第六篇文章《西方学者眼里的中国"轴心"及"连续性"——以韦伯兄弟、雅斯贝斯、艾森斯塔特为代表的考察》是基于"轴心"和"连续性"两个视角考察西方学者对于中国文化或文明的看法。通过考察我们会发现,尽管韦伯兄弟、雅斯贝斯、艾森斯塔特各自的关怀和研究有所不同,但他们的确都或"明"或"暗"地涉及"轴心"问题,同时也的确都涉及中国"轴心"及"连续性"问题,并且又都从不同方向就中国"轴心"及"连续性"得出了大抵相同的结论或看法。这一现象实际提示我们这一问题的重要性,同时也向我们传递了"他者"对我们这个文明或文化的认知。

专题二　中国思维与观念的"连续性"

如前所述,按雅斯贝斯,"轴心期"就是指"公元前500年左右的时间内和在公元前800年至前200年的精神过程",换言之,人类精神就是发生于这一时期。然而毫无疑问,这是以希腊精神现象的发生历史作为基本依据的,这是雅斯贝斯的看法,也是黑格尔的看法;两人不同的是,黑格尔不带希腊以外的人"玩",因为他认为希腊以外缺乏"精神";雅斯贝斯则带上印度和中国一起"玩",因为他觉得在这里完全有称得上"精神"的东西。这也正是黑格尔有明显西方"中心论",而雅斯贝斯则力图去除西方"中心论"之处。

我的问题在于,按一部西方或希腊哲学史,"精神"的发生发展是从所谓自然哲学阶段开始的,这包括泰勒斯、阿那克西曼德、阿那克西米尼关于实体的猜测,也包括毕达哥拉斯关于数的看法,还包括赫拉克利特关于变化的见解,所有这些统统都是希腊"精神"或"哲学"的组成部分。而我想要指出的是,中国不仅同样有与之对应的部分,并且同样十分"明显",也十分"强大",因此毫无疑问地也应当作为早期"精神"或"哲学"的组成部分。但是我们又需要看到,中国的这一部分源远流长,发生的时间非常久远,这一点与希腊十分不同,它已经大大超出了雅斯贝斯所划定的时间上限(其实希腊也未必如此短暂和突然,只是其接受或"盗取"他者的历史通常不会被正视或言说,关于这一点我将会在第四部文集中做专门论述)。简而言之,在中国,我们必须不囿于雅斯贝斯"轴心说"的时间"铁律",要在更早的历史时期中寻找或探查作为"精神"或"哲学"的思维与观念源头。

本文集即包含了这部分工作,具体地说,这涉及第七篇《中国自然哲学起源的方向与进程》、第八篇《中国自然哲学起源的若干特征》、第九篇《前诸子时期观念理性化进程的知识线索——以"天"观念为中心的考察》、第十篇《〈易〉"时"初义考——〈周易〉"时"观念的知识线索》四篇文章。之前本人已有许多这方面的考察工作,特别是《中国哲学的起源——前诸子时期观念、概念、思想发生发展与成型的历史》《中国哲学起源的知识线索——从远古到老子:自然观念及哲学的发展与成型》[1]这两部著作。需要说明的是,这四篇文章全部不涉及"德"的问题,而是考察思维、观念、概念的理性化进程及其与知识和宗教的关系,因为在我看来,"德"对于中国早期观念的发生发展来说并非最具代表性。这四篇文章可以作为本人历来观点的一个"样本",这个观点的核心即是:"精神"从思维、观念到概念、思想、哲学经历了十分漫长的过程,也即一个"连续"的过程,这个过程不仅有理性的积累,同样也包括神秘的延续。而这样一种认识与雅斯贝斯所说的"轴心期"的突发性并不吻合,因此是对"轴心期"理论的质疑;但另一方面却可以得到张光直"连续性"理论的支持,换言之也就是对"连续性"理论的印证。总之,我想通过上述四文提供一个不同于雅斯贝斯"轴心说"所得结论的样本,目的就在于深刻认识思维与观念发展的复杂性,也即哲学或"精神"发展的复杂性。当然,更进一步,其后续发展也与雅斯贝斯

---

〔1〕《中国哲学的起源——前诸子时期观念、概念、思想发生发展与成型的历史》(58 万字),上海人民出版社 2010 年;《中国哲学起源的知识线索——从远古到老子:自然观念及哲学的发展与成型》(53万字),上海人民出版社 2014 年。

下述说法并不吻合，即"神话时代及其宁静和明白无误，都一去不返。像先知们关于上帝的思想一样，希腊、印度和中国哲学家的重要见识并不是神话。理性和理性地阐明的经验向神话发起一场斗争（理性反对神话），斗争进一步发展为普天归一的上帝之超然存在，反对不存在的恶魔，最后发生了反对诸神不真实形象的伦理的反抗。宗教伦理化了，神性的威严因此而增强"。关于这一点我在前两部文集中已有充分论述。

专题三 "连续"与"突破"：不同"轴心"间的比较

本文集最后一个专题就是比较，不同"轴心"间的比较，亦即"连续"与"突破"间的比较。虽然不同"轴心"亦即"连续"与"突破"间的比较工作在前两部文集中都不断有文章做过，尤以第二部文集为多，内容广泛涉及宗教、知识、思维、观念、哲学、社会、制度等不同领域，但比较确是一个值得反复思考或从事的工作，因为有比较才有鉴别，才能认识"连续"与"突破"所导致的本质差异究竟何在。本专题共涉及四篇文章，时间段全部在轴心期，同时涉及"连续"与"突破"形态及其不同结果。四篇文章分别是：第十一篇《古代中国与希腊的知识形态再比较》、第十二篇《希腊与中国：哲学起源的不同典范》、第十三篇《从各轴心区域的神观看"连续"与"突破"问题》，分别涉及知识、哲学与神观；另第十四篇《轴心期的两种成果：思想性的建构与社会性的建构》其实也是通过比较来考察轴心期的不同成果。这里，我尤其想强调的是神观问题，因为其涉及面最广。也因此，第一部文集《重新审视"轴心期"》和第二部文集《文明范式："连续"与"突破"》都对这一问题有过大量讨论。而神观问题中又以无神论问题最为复杂。我的基本看法是：无神论作为一种神观仅仅具有哲学理性的意义，它对于宗教理性亦即宗教伦理或宗教革命的意义是可以忽略不计的。

本论文集内容提要

1. 雅斯贝斯"轴心说"非"排他主义"论

雅斯贝斯的"轴心说"提出之后，遭到了各种批评，其中最严厉者即认为这一理论是"排他主义"或"西方中心论"的。雅斯贝斯是"排他主义"或"西方中心论"者吗？批评者的依据究竟何在？另一方面，这些依据是否足以判定雅斯贝斯是"排他主义"或"西方中心论"者? 本文的目的就是分析这一问题。文章分三个部分:(1)对雅斯贝斯"轴心说"的批评:"排他主义"或"西方中心论";(2)导致雅斯贝斯理论"陷阱"的原因;(3)为雅斯贝斯辩护。结论是:可以肯定,雅斯贝斯并未能走出西方中心论。但未能走出西方中心和以西方中心自居且排他仍有所不同,前者是客观能力问题,后者是主观意愿问题。我们应当看到,雅斯贝斯的普遍主义即"大一"的"轴心"虽仍有黑格尔"理念"的影子,但黑格尔强调文明或哲学只属于西方,而雅斯贝斯则强调文明或哲学非西方独占,是东西方共同塑造或蕴涵了"大一"。就视野而言,这无疑是巨大的进步。总之,我们必须将雅斯贝斯的理论置于历史背景中来加以评价,唯此才不乏客观或中肯。

2. 雅斯贝斯缘何跳不出西方中心论

我们知道,雅斯贝斯提出"轴心期"理论的一个重要初衷就是对"二战"这一灾难做深刻的反思和检讨,就其历史理论本身而言,雅斯贝斯观点和主张的初衷与黑格尔和兰克截然不同,其对西方中心论的历史观给予了严厉的批评,力图给予"多样性"以合法的地位。然而,雅斯贝斯的"轴心期"理论却并未能克服西方的历史主义,例如这一理论将古代埃及与美索不达米亚排除在了正史之外,并且以同理类推,"轴心期"之后的中国与印度实际也同样无法进入正史。雅斯贝斯缘何主观上极力想跳出西方中心论,但客观上又跳不出西方中心论? 我以为这个症结就在于他的"突破"理论! 有精神运动就是"突破",有特殊的历史运动就是"突破",否则就不存在"突破",一部西方的历史就是"突破"的历史,而没有"突破"就无法进入正史,显然,这个理论的范型或范本是建立在西方基础上的。如此一来,突破—西方—正史就成了一个逻辑或必然关系。其实这正是黑格尔和兰克的观点。如此,我们又看到雅斯贝斯的历史观与黑格尔、兰克的历史观没有什么本质区别,甚或可以说完全一致。因此,正是"突破",使得雅斯贝斯的理论展开与理论初衷之间已不能自洽,以己之矛攻己之盾,确切地说,是以"突破"之矛攻"多样性"之盾。由于这个"突破"之矛在他的理论中是最根本、最核心的,而本质又是"一元论"的,即"西方中心论"的,那么"轴心期"理论的"多样性"城池必然以陷落而告终。雅斯贝斯曾说,轴心期以失败而告终。其实应当这样说,不是"轴心期"以失败而告终,而是"轴心期"理论以失败而告终!

3. 雅斯贝斯"轴心说":从兴奋到迷惑,从迷惑到困境

关于雅斯贝斯的"轴心说",一些学者认为具有明显的排他主义倾向,甚而

认为雅斯贝斯的立场就是不折不扣的排他主义。应当说,对雅斯贝斯的某些批评并非没有道理,但是,将雅斯贝斯"定义"为"排他主义"或"排他主义者"这样一个性质或结论则是很难让人接受的。理由很简单,我们不能脱离雅斯贝斯"轴心说"的"具体"理论背景与时代背景来对这一学说或理论提出"抽象"的批评。这其中的理论背景即是对西方以往理论的反思,对西方以往哲学观与历史观的反思;而时代背景则是两次世界大战所带给他的震撼。正因如此,当雅斯贝斯发现"轴心期"现象时感到异常的兴奋。因为雅斯贝斯相信,"轴心期"现象提供了一个能避免"排他主义"即"西方中心论"的经验案例,或能克服"排他主义"即"西方中心论"的典型样本。然而,我们又要看到,在进一步的追溯和延伸中,雅斯贝斯产生了迷惑,并陷入了困境。但即便如此,将雅斯贝斯归于"排他主义"或"西方中心论"者是轻率的。文章包括以下五个部分:(1)从对雅斯贝斯的批评说起;(2)发现轴心期现象的兴奋;(3)从兴奋到迷惑;(4)从迷惑到困境;(5)回到对雅斯贝斯的批评。

4. "轴心期"理论的困境与进路

从雅斯贝斯的"轴心期"理论提出之日起,就不断有各种批评,我想这些批评在很大程度上即表明了这一理论的问题所在。与此同时,也有不同领域的学者尝试在本学科内结合这一理论,并对这一理论做进一步推进,而这样的研究同样也可能存在各种问题。本文即是基于这些问题的思考。文章包括四个部分:(1)"轴心期"理论自身的困境:从批评"排他"到回归"排他";(2)"轴心期"理论遭遇的困境:从典范向度演变为类型向度;(3)困境的延伸:以"突破"为例;(4)可能的进路。其实,我们大可不必以一些概括性的认识,如超越性、批判性、反思性等观念自限。总之,像"轴心期"这样的理论,牵扯的内容复杂,问题众多,绝非一个概念可以囊括,也绝非两句批评可以解决。我们只得耐心地进入理论深处,在纷繁的头绪中厘清真正的问题所在,包括在共同性中寻找差异性和在差异性中寻找共同性,如此方能期望一点点积累起进展。

5. 在"轴心说"的深处

雅斯贝斯"轴心说"的一个重要贡献就是彻底颠覆了黑格尔的哲学史观,雅斯贝斯通过经验证明极力主张东方有与西方一道分享创造哲学或"精神"的权利,这可以说是"轴心说"的辉煌所在!然而,正像一些学者所指出的,雅斯贝斯的这一努力却并未能使他完全摆脱"排他主义"或即"西方中心论",因此"轴心说"又备受诟病。何以如此? 我的看法是:雅斯贝斯仅仅是在颠覆黑格尔的哲学史观这一点上取得了"突破",然而进入西方历史理论的深处,他仍会自觉或不自觉地遵循那些基本或普遍的看法。由此可见,仅仅从一点上"突破"就想撼动全部观念那是根本不可能的。所以,我们在向雅斯贝斯付出的努力和做出的贡献表达敬意的同时,还应深入他的理论或思想深处,了解导致他"西方中心论"或"排他主义"的真正根源,也即了解西方历史理论的基本观念。本文内容包括:引言;(1)"精神";(2)运动与静止;(3)多样与单一;(4)西方与东方;结论。总之,对雅斯贝斯"轴心说"的判断应当置于这样的背景下着手进行:我们既要看到他所取得的"突破",又要看到囿于"西方中心论"而造成的不足,还要看到西方历史理论不能简单以"西方中心论"概括,包含有许多内在合理性。关键在于,20世纪以前建立在西方或欧洲视域基础上的世界历史评价标准不应当再成为今天历史学研究的唯一标准!

6. 西方学者眼里的中国"轴心"及"连续性"——以韦伯兄弟、雅斯贝斯、艾森斯塔特为代表的考察

"轴心期"由雅斯贝斯提出,它对于考察古代文明的重要意义已为学者所普遍熟知。"连续性"则由张光直提出,他在文明史研究中,曾用"连续性"和"突破性"(也作"断裂")来区分中国(包括中国所代表的大部分古代世界文明)和西方。本文主要选择韦伯兄弟、雅斯贝斯、艾森斯塔特诸位学者作为代表,通过这些西方学者的眼光看中国的"轴心"及"连续性"问题。通过考察我们会发现,从韦伯兄弟到雅斯贝斯,再到艾森斯塔特,都对中国文明的"轴心"及"连续性"问题有过深入的思考。考察表明,尽管马克斯·韦伯和阿尔弗雷德·韦伯兄弟、雅斯贝斯、艾森斯塔特各自的关怀有所不同,各自的研究有所不同,但他们的确都涉及"轴心"问题,"轴心"问题或"明"或"暗"地蕴含于他们的思考之中;同时,他们也的确都涉及中国"轴心"及"连续性"问题,并且又都从不同方向就中国"轴心"及"连续性"得出了大抵相同的结论或看法。这种现象本身就十分有趣,它提示我们这一问题的重要性。

7. 中国自然哲学起源的方向与进程

到目前为止,有关哲学发生或起源的认识基本是以古代希腊作为范式或标准的。然而应当看到,哲学的发生或起源虽有某种共同性,实则十分复杂。本文选取了中国自然哲学作为研究对象,通过对它的进程的详细分析,考察它与希腊自然哲学起源的不同之处。文章具体包括了八个方面内容或问题进程的考察,分别是:"类""象、数""五行""阴阳""天人""天道""天""气"。最后以

这些考察为基础,概括出中国自然哲学起源阶段方向与进程的某些特征。文章全部使用回溯即倒叙的方式,这有利于我们了解之后思想或观念与之前观念或思维之间的联系,有助于我们不断向前探索中国哲学思想或观念真正的或初始性的源头。

8. 中国自然哲学起源的若干特征

在一般的哲学史著作中,希腊自然哲学(或作宇宙论哲学,也被称为前苏格拉底哲学)主要是围绕本原、始基、基质问题,也称实在、实体、存在问题展开的。并且如雅斯贝斯所说这一哲学整体起源或发生于"轴心时期"。以往中国哲学史的叙述通常也以此作为参照,但结果必然是捉襟见肘、不伦不类。我们应当了解:哲学的发生或起源虽有某种共同性,但实则非常复杂;作为哲学最重要部分的自然哲学尤其如此,古代中国自然哲学的起源其实与古代希腊自然哲学的起源相当不同。本文对中国自然哲学起源阶段的特征加以考察,考察表明,中国自然哲学的起源有如下一些重要特征:(1)中国自然哲学的参天之树最初植栽于原始文化的肥沃泥壤之中;(2)进程漫长,进步缓慢,呈现出梯度性或层叠性;(3)方向数端,问题多样;(4)关怀现实,关注现象;(5)具有典型的"连续性"特征;(6)曾孕育出成熟的无神论观念;(7)本质不离现象,抽象不离具体,形上不离形下,理性不离感性。结论:哲学问题不仅与人这个"类"的普遍兴趣或关心有关,同时也与不同人这个特殊"类"对于这个世界的具体观察密切相关。古代希腊人关注本原、本质、本体问题,并不意味着其他民族也必然或必须以同样的方式关注本原、本质、本体问题。

9. 前诸子时期观念理性化进程的知识线索——以"天"观念为中心的考察

在前诸子时期观念理性化的进程中,知识这条线索起着重要的作用。但是一直以来,这条线索并没有引起学界足够的重视。本文试图就这一问题进行探索或展开思考。全文包括以下几方面的内容:(1)观念初始:神人沟通的世界;(2)知识的积累;(3)理性的生长;(4)从宗教天人观到自然天人观;(5)从宗教天命观到自然天道观;(6)从自然天道观到普遍的自然法则观念;(7)无神观念与理性精神。本文力图通过梳理这一线索,呈现出知识与理性之间的互动关系,进而看出知识发展对于理性生长与确立的重要意义。这一线索虽是观念理性化进程的中国样本,但它属于整个人类理性发展的一个组成部分,也为诸子哲学的出场做好了铺垫。

10.《易》"时"初义考——《周易》"时"观念的知识线索

"时"是《易》观念与思想的一个重要内容,是《易》的根本性源头及范畴之一,关注和研究者颇多。然而诸多研究中关注《易》"时"观念形成的很少,关注其中知识基础的则更少,甚至可说几无。本文旨在对《易》"时"初义的知识基础加以考辨或考察。全文包括以下内容:引言、历代学者关于《易》"时"的理解;(1)两仪与阴阳;(2)四象与四时;(3)八卦与节气;(4)太极与回归年长度;(5)时、位关系;(6)卦图与时、位;(7)三易说与诸观念。这些考察以知识之"时"为线索,对两仪、八卦、太极、时位等重要问题都给予了某些新的解释。通过这一考辨或考察,本文期望对《易》的解读能够回归更为本初的含义,或者期望对《易》的解读能更加关注其中的知识因素与根源。

11. 古代中国与希腊的知识形态再比较

德国哲学家雅斯贝斯的"轴心期"理论并未深入讨论知识理性问题,在一定意义上也可以说,这一问题就根本没有提出,换言之,雅斯贝斯并未意识到知识理性在轴心期理性精神中的重要地位,它是不可缺少的一环。本文就是对这一问题进行探讨,以弥补雅斯贝斯轴心理论的不足。本文研究对象或范围为古代中国与古代希腊的相关内容,这一限定在很大程度上也在于古代印度与犹太轴心时期的理性精神主要不包含知识领域。全文包括四部分内容:(1)从前轴心期到轴心期的知识发展概要;(2)工匠与学者:影响知识理性的重要基石;(3)经验与理论:决定知识理性的基本方向;(4)逻辑:知识理性的皇冠。文章既包括对轴心时期知识理性一般发展线索的考察,也涉及古代中国与古代希腊之间知识理性的比较。通过考察我们会看到,总体而言,古代中国与古代希腊都不同程度地呈现出知识理性的精神,它构成了轴心期理性精神的重要一环;但同时,相比较而言,古代中国又有更多的连续性特征,而古代希腊则表现出更多的断裂性或革命性。

12. 希腊与中国:哲学起源的不同典范

哲学的发生或起源虽有某种共同性,实则十分复杂。以往有关哲学产生的认识都是建立在西方哲学即希腊哲学的基础之上,然而随着研究的深入,以往这样一种认识明显已经无法真实准确描述或呈现不同哲学源头的发生发展状况。本文以古代希腊和中国为例,包括发生过程、环境或条件以及思想,其中思想主要涉及自然哲学与伦理学,借此考察哲学起源的不同典范。其中,希腊哲学的起源无疑更加接近雅斯贝斯有关"轴心期"的理解,但事实上毋宁说雅斯贝斯的"轴心期"就是以希腊哲学为蓝本的。希腊哲学的起源具有某种"突发性"或"突然性",甚至可以说产生了"突变"。在这一时期,概念、逻辑、思想、理性在知识分子的率领下突然之间"集体行动"，它们一下子"破土而出"并一下子"茁壮成长"起来。无论是自然哲学还是伦理哲学都是如此，而且不仅包括哲学，也包括与哲学密切相关的科学。与古代希腊哲学相比，中国哲学的"创制"也即起源或发生有自己的特点，它实属于另一种类型。与希腊哲学起源的"突发性"不同，中国哲学产生与发展所呈现的经典样式是循序渐进的，即具有某种"渐进性"，而非"突发性"或"突然性"，是一种"渐变"，而非"突变"。例如自然哲学中五行、阴阳、天（包括天人与天道）三个观念或概念都可以追溯到十分久远的年代，同样，一部中华文明的道德典范史必然要从周公讲起。由此可见，希腊哲学起源与中国哲学起源分属不同的典范，而不同典范都具有合理性。

13. 从各轴心区域的神观看"连续"与"突破"问题

本文是通过对不同轴心区域神观（神的观念及对神的态度）的考察，了解其"连续"与"突破"的走向或结局。关于轴心期的神观，雅斯贝斯有过一段著名的表述："神话时代及其宁静和明白无误，都一去不返。像先知们关于上帝的思想一样，希腊、印度和中国哲学家的重要见识并不是神话。理性和理性地阐明的经验向神话发起一场斗争（理性反对神话），斗争进一步发展为普天归一的上帝之超然存在，反对不存在的恶魔，最后发生了反对诸神不真实形象的伦理的反抗。宗教伦理化了，神性的威严因此而增强。"然而我们必须看到，雅斯贝斯的这一表述是存在相当大的问题的，因为它其实是以犹太轴心为中心，将神话的衰落、无神论思潮的兴起、一神教的产生这些表面看似相关实则性质迥异的现象糅合在了一起。全文包括三个方面，分别是：（1）轴心时期中国与印度世界的神观；（2）轴心时期希腊世界的神观；（3）轴心时期犹太教的神观。考察表明，雅斯贝斯对于轴心期神观的统一性描述并不正确，换言之，轴心期并不存在趋于同一目标的完整图景，中国、印度、希腊与犹太各轴心区域神观的走向各不相同。并且通过考察我们还会清楚，所谓"突破"不是少数人的，不是精英的，不是某一个群体的，而是大众的、多数人的，即某个民族或文化全体的。

14. 轴心期的两种成果：思想性的建构与社会性的建构

"轴心期"成果完整地说包括两个方面。其一是思想性或精神性的，也可称作思想性或精神性的建构；其二是社会性或制度性的，也可称作社会性或制度性的建构。雅斯贝斯在《历史的起源与目标》一书第一章"轴心期"的"轴心期之特征"一节中只就思想性的成果做了阐述,人们通常也以为这就是"轴心期"成果的全部。但事实上,"轴心期"的社会性成果同样十分重要,古代希腊与犹太即提供了最经典的范例,韦伯对犹太教也有充分的论述。本文即是对"轴心期"这两种成果做完整考察,既证雅斯贝斯思想之不足,也览轴心期成果之全貌。如此,我们对于"轴心期"成果的认识才会更加完整,对于"轴心期"意义的判断才会更加准确。

　　一如前两部文集,第三、第四两部文集中的许多问题同样受益于开放式教学讨论,受益于讨论中的思想碰撞和擦出的火花,因此我要再次深深感谢给我带来启发的学生们！同时值此机会,我还想说的是,自2009年我离开哲学系,学院前后两任院长商红日教授、蒋传光教授及书记贺朝霞教授都给予了我很多关心和帮助,包括本文集的出版也得到学院的资助,在此深深表达谢意！同理,我也要谢谢诸多刊物先期发表我的文章,使得文章结集成为可能,其中发表本集文章的刊物包括(以发表先后为序):《中国哲学史》《南通大学学报》《人文杂志》《同济大学学报》《新史学》《兰州学刊》《哲学研究》。我还要谢谢我的同事刘云卿教授、张志平教授、黄素珍老师,以及帮助翻译英文提要的我的学生宋德刚、徐翔夫妇。第三、第四两部文集改由广西师范大学出版社出版,为此我要谢谢我的学生叶子为我所做的种种妥帖安排,当然,也要谢谢广西师范大学出版社慷慨接受我的书稿,谢谢吕解颐编辑悉心周到的服务。总之,衷心感谢所有帮助过我的朋友们！

目　　录

一、雅斯贝斯"轴心说"非"排他主义"论[*]

雅斯贝斯(Karl Jaspers)《历史的起源与目标》特别是其中的"轴心时代"(Axial age)理论被介绍到中国以后,在学术界特别是思想界产生了震动性的影响。如今,雅斯贝斯的"轴心说"已为中国学界所熟悉。然而我们又应看到,雅斯贝斯的"轴心说"面临着各种批评,如雅斯贝斯本人在《历史的起源与目标》一书中就已经提到了当时的质疑,[1]不过,最严厉的批评是认为他的理论是"排他主义"或"西方中心论"的。

(一)对雅斯贝斯"轴心说"的批评:
"排他主义"或"西方中心论"

罗哲海对雅斯贝斯"排他主义"的批评意见认为,尽管雅斯贝斯声称要克服排他主义,但其实却在倡导一种新的排他主义,甚至就是不折不扣的排他主义,这具体体现在两个方面:一方面是"轴心文化对于非轴心文化的排斥",另一方面是"重建希腊与犹太-基督文明之独特性的排他主义"。[2]

确实,这一批评并非没有依据。

雅斯贝斯在其《历史的起源与目标》一书中将前"轴心期"文明排除在了正史(以是否有精神现象作为衡量标准)之外。按照雅斯贝斯的说法:史前几乎是一本闭合的书,"正史不再允许事物在精神领域中保持不变,古代文明正是

　＊　本文原发表于《南通大学学报》2018 年第 4 期。

〔1〕 如"一种异议可能认为,共同因素仅仅是表面上的","除了人类存在的非历史的普遍性以外,绝不能把整体理解为一致"。而"进一步可能产生的异议是:轴心期根本不是事实,而是价值判断的产物。它是以过高评价这一时期成就的先入之见为根据的"。对此,雅斯贝斯给予了回答。但客观地说,雅斯贝斯的答复并不有力。卡尔·雅斯贝斯:《历史的起源与目标》,第 16、17 页。

〔2〕 罗哲海:《轴心时代理论——对历史主义的挑战,抑或是文明分析的解释工具? 中国轴心时代规范话语解读》,华东师范大学中国现代思想文化研究所杨国荣主编:《思想与文化》第 16 辑,华东师范大学出版社 2015 年,第 7 页。

史前和正史之间的世界"〔1〕。雅斯贝斯尤其提到埃及和巴比伦文化"都缺乏那种改变人类的反思的特征",没有经历质变。它们曾是轴心期的前辈,"但是,后来它们慢慢地走到了尽头","尤其在埃及,仿佛是突破就要开始,接着又什么也没产生"。〔2〕"古代文明是史前和正史之间的世界",这听起来的确有点像笑话。这样一个结论恐怕是任何一位专门从事早期古代文明研究的学者都不能同意的,就雅斯贝斯上述所及,也是从事埃及史和两河流域史研究的学者无论如何不能同意的,自然也是这两个地区或文明的后裔不能同意的,当然,这不只关乎古代埃及与两河流域,也关乎古代印度和中国。毫无疑问,雅斯贝斯在这里给自己的"轴心期"理论挖了一个陷阱,一个为他人诟病的巨大陷阱——"排他主义"或"西方中心论",这自然便会招致严厉的批评。

对于雅斯贝斯"排他主义"的批评,可以阿斯曼夫妇为代表。如阿莱达·阿斯曼(Aleida Assmann)指出,雅斯贝斯的理论选择了一个排他主义的指标,其中"反思性"的标准恰恰源自雅斯贝斯所反对的"欧洲的傲慢",这实际是"以牺牲多元性为代价来实现统一",其必然会导向霸权主义的后果。扬·阿斯曼(Jan Assmann)则直截了当指出雅斯贝斯"过于忽视轴心时代之前的世界",例如埃及,并认为雅斯贝斯的理论体现了"过于简单化的非此即彼的思维"。〔3〕

如此,也就将"轴心期"理论带到了经验面前,即带到了事实检验或验证的面前。

扬·阿斯曼在《文化记忆》一书中指出,古代埃及国家涉及的职能包括保证和平、秩序和公正,并且,古代埃及人已有"玛阿特"即"德行"这个语词或观念,用于指称公正、真理和秩序。〔4〕而从伦理角度说,神庙构成了祭司们生活并身体力行神圣法规的场所。〔5〕

金寿福在其《古代埃及与轴心时代》一文中也表达了同样的看法。金寿福指出,虽然早期埃及确实以祭祀为主,但在发展过程中,秩序与公正原则已经

---

〔1〕 卡尔·雅斯贝斯:《历史的起源与目标》,第21页。
〔2〕 同上书,第63页。
〔3〕 罗哲海:《轴心时代理论》,《思想与文化》第16辑,第7页。
〔4〕 扬·阿斯曼:《文化记忆:早期高级文化中的文字、回忆和政治身份》,北京大学出版社2015年,第181页。
〔5〕 同上书,第191页。

呈现出来。例如《普塔荷太普说教文》中就描写了天人之间和人人之间的和睦关系，包括了自然规律与社会法则；又在《伊普味陈辞》中，作者质问创世神，既然创造了人却为何不顾人的死活，言语之尖锐，足以证明埃及人并非处于浑浑噩噩之中。类似的例子还有许多。[1]金寿福认为："如果在古代埃及发生的许多事件不能算作轴心时代的特征，至少可以说是雏形。"[2]

许倬云同样对雅斯贝斯的"画线"提出了质疑。他认为，在主要突破发生之前，许多地方的人们都已经问到生死这一重大问题，例如公元前2000年的《吉尔伽美什》史诗，"其主题即为对于人生必有死亡提出严肃的讨论"[3]。

许倬云尤以中国周代与商代的事例为证加以反驳。许倬云认为中国最早的突破是在商周之际。彼时，周人常探讨小邦周如何能够克服大邑商的问题。"最后周人的答案是商人的道德低落，而周人道德凌驾商人之上。"上帝曾是商人的部落神或宗主神，"但周人的上帝是普世的上帝，也是道德的维护者及裁判者。天命靡常，唯德是亲，上帝是公正的"。许倬云认为，这一突破的重要意义实在孔子学说之上，因为天命观念"第一次给予生活在世上的意义，也使人的生活有了一定的道德标准"。[4]许倬云的意见是正确的，周公的一系列论述已经呈现出对于历史的深刻反思，它包含了大量的伦理或道德内容，这一反思是高度理性的，并且涉及根本性或普遍性问题。许倬云还进一步向前延伸，认为商周嬗易之际，商人知识分子已有所反省。许倬云以商末卜辞两个贞卜系统为例：其中一个将祭祀当作例行的礼节，这是一个解除迷咒的态度；另一个则极具包容性，将外族也列入祀典。许倬云认为这些都是理性的体现。[5]

其实，从古代埃及、古代两河流域，到古代中国以及古代印度的婆罗门教，都能找到伦理发生与发展的早期形态，这毫无疑问符合雅斯贝斯对"精神"的解释和要求。

此外，这里还涉及一个"延伸性"问题，即后来"轴心期"文明与早期古代文明的关系。金寿福指出："雅斯贝斯和其他强调轴心时代革命性和独特性的学者忽略了传承在人类历史中发挥的重要性。"[6]轴心时代的特征既是多种因

---

〔1〕 金寿福：《古代埃及与轴心时代》，《世界历史评论》第7期，上海人民出版社2017年，第122—128页。

〔2〕 同上书，第121页。

〔3〕〔4〕 许倬云：《中国文化与世界文化》，广西师范大学出版社2006年，第65页。

〔5〕 许倬云：《谈枢轴时代》，《二十一世纪评论》2000年2月号。

〔6〕 金寿福：《古代埃及与轴心时代》，《世界历史评论》第7期，第119页。

素影响的结果,而且也离不开之前文明奠定的基础。金寿福引用了阿莱达·阿斯曼的见解,人类传统包括显性和隐性两个层面,所谓显性就是借助创新和改革甚至与过去决裂建立起来的机构、确立的规则和形成的观念;隐性就是不自觉地默认和遵守兴起的思维方式和行为准则并以此为基础来应对不断变化的环境。[1]金寿福认为,雅斯贝斯把历史上多次或者在许多地方都发生过的事情视为轴心时代的独有现象,这是他的理论的一个缺陷;其实,与其说轴心时代与之前年月的关系是一次决裂,不如说是一种传承和升华。

的确如此。以希腊为例,我对现有希腊文明"突发性"或"突然性"这样一种习惯性或常识性认识始终抱有怀疑。我的看法是,希腊由于地理、社会、文化等的特殊性,自身的成长有可能显得相对"紧凑",但是否只需依赖一个"轴心期"就"毕其功于一役"却是值得疑问的。伯恩斯和拉尔夫就曾经说过:希腊人的成就绝不是无基而始的,他们的"许多基本工作早已有某些东方民族着手进行过了"[2]。丹皮尔也说过:"古代世界的各条知识之流都在希腊汇合起来。"[3]如"他们的天文学是从巴比伦尼亚得来的,他们的医学和几何学是从埃及得来的"[4]。如果了解西方早期雕塑史和建筑史,我们也知道古代希腊的雕塑以及神庙的柱式同样深受埃及的影响。此外,我们都知道泰勒斯的数学知识就是得自埃及,柏拉图也论述过古代埃及建筑中的恒久风格。又按照奥斯温·默里的说法,古代希腊实际存在着"东方化"的过程,在此期间,希腊人从东方文明那里汲取了难以计数的养分,事实上,连"希腊人自己几乎都没有意识到,他们到底从东方借鉴了多少"[5]。综上所述,我们是否可以推测,希腊文明的源头在很大程度上曾得益于周边文明思维与观念的深刻影响,传播在其中曾扮演过重要角色,换言之,希腊文明具有极强的"输入性"或"启发性"特征。顺便补充一点,对于希腊人深受周边文化影响或启发,后世西方学者的著述经常是秘而不宣,隐而不彰,这其中无疑就有西方中心论的阴魂在作祟。

当然,这个"延伸性"的问题严格地说并不涉及雅斯贝斯的具体理论,也即并不涉及对雅斯贝斯的具体批评。

---

[1] 金寿福:《古代埃及与轴心时代》,《世界历史评论》2017年第7期,第119、120页。

[2] 爱德华·麦克诺尔·伯恩斯、菲利普·李·拉尔夫:《世界文明史》第1卷,商务印书馆1990年,第208页。

[3] W.C.丹皮尔:《科学史——及其与哲学和宗教的关系》,商务印书馆1987年,第40页。

[4] 同上书,第47页。

[5] 奥斯温·默里:《早期希腊》,上海人民出版社2008年,第74—93页。

（二）导致雅斯贝斯理论"陷阱"的原因

那么，是什么导致了雅斯贝斯的这一理论"陷阱"？

我以为，雅斯贝斯的理论"陷阱"即失误，与"德国式"历史观密切相关，这样一种"德国式"历史观分别来自两个源头，其一是黑格尔，其二是兰克，也正由于此二人都是德国人，所以我将其称为"德国式"的。特别是兰克，他的历史观对德国思想界、文化界的影响极其巨大，例如他的《世界史》第 1 卷的前言中就清晰地表达："有时，某些东方民族自原始社会传承下来的专制国家被视为人类所有文明发展之源。实际上，这些东方民族国家是永恒静止不变的，这对探求世界历史的内在运动的历史学家而言，毫无意义。因此，这些东方民族国家不是世界历史研究的对象。倘要说这些东方国家有什么变化或者之间有什么联系的话，只不过是它们在历史舞台上的外观略有变化，或是联合成进步的共同体而导致相互争斗而已。"[1]

细致考察雅斯贝斯的思想或理论，我们会发现里面有着明显的兰克历史观的影子。如雅斯贝斯以下表述：

那些非西方的古老文明并"没有显示出像轴心期一样的同步性"，并且它们不是"由精神运动组成"。结果，"它们在毁灭性的灾难之后，趋于用旧形式重新组成自己"[2]，"这些文明缺乏奠立我们新人性基础的精神革命"[3]。它们"缺乏任何特殊的历史运动"，在经历了最初的显著创造之后，"比较起来没多少精神运动的几千年过去了"[4]。

反之，西方世界"不怕激烈的决裂和突然的跳跃，把彻底性引入了世界"[5]，"西方有不断的突破"。在此过程中，"各种各样的欧洲民族轮换地拥有其创造时代"，并且正是"在突破中，欧洲整体获得了它的生命"[6]。"科学

---

〔1〕 列奥波德·冯·兰克著、罗格·文斯编：《世界历史的秘密：关于历史艺术与历史科学的著作选》，复旦大学出版社 2012 年，第 334、335 页。但吉林出版集团股份有限公司于 2017 年出版的兰克的《世界史》中，同样内容的翻译却比较温和，见其第 1 卷第 3 页。

〔2〕 卡尔·雅斯贝斯：《历史的起源与目标》，第 21 页。

〔3〕 同上书，第 55 页。

〔4〕 同上书，第 61 页。

〔5〕 同上书，第 69 页。

〔6〕 同上书，第 72 页。

技术的根源与日耳曼-罗马民族一起奠定。由于科学技术,这些民族完成了历史的突变,他们开始了真正世界性的、全球的历史"[1]。

在这里,我们的确看到雅斯贝斯的历史观与黑格尔特别是兰克的历史观并没有什么根本的区别:有精神运动就是"突破",有特殊的历史运动就是"突破",否则就不存在"突破",而没有"突破"就无法进入正史;前者其实就是黑格尔的观点,后者其实就是兰克的观点。就此而言,雅斯贝斯并没有能跳出黑格尔与兰克的樊篱,或者说仍落入了黑格尔与兰克的窠臼。

当然,更进一步追索,这也来自雅斯贝斯本人的,或者更确切地说应当是整个西方历史学界的视野和经验,这恰恰是西方中心论丰厚而温润的土壤;换言之,即便是视野,由于样本和材料主要来自西方,所以,想要建立的"大一"即"规范"就只能建立在西方的识见之上。雅斯贝斯以为发现了"轴心期"就能够跳出西方,故而兴高采烈,殊不知由于样本就来自西方,当落下之后,身边依然是一片西方的图景,依然要追问东方的合理性和合法性。

(三) 为雅斯贝斯辩护

尽管如此,我仍不同意将雅斯贝斯看作一个"排他主义"者,更不同意将雅斯贝斯看作"不折不扣"的排他主义者。我认为这样一种看法是值得质疑的,也是值得为雅斯贝斯辩护的。我们必须要看到雅斯贝斯基于西方中心主义的自觉反思,就哲学而言,他的主张就与黑格尔相当不同,就历史观而言,他的主张也有区别于兰克之处,这是绝不应该忽略的。我们一定要看到,雅斯贝斯其实还有不同于前面的其他表述。

例如雅斯贝斯在《历史的起源与目标》一书第一篇的绪论部分指出:"在19世纪,人们把世界历史看作:它在埃及和美索不达米亚经历了初步阶段之后,在希腊和巴勒斯坦真正开始,并直至我们。此外一切都归入人类文化学的题目之下,处在正史的范围之外。世界历史是西方的历史(兰克)。"但"19世纪的实证主义反对这种观点,它的目的在于把同等权利给予所有人。有人就有历史。世界历史在时空上囊括全球。它在地理上根据其空间分布而得到安排

---

[1] 卡尔·雅斯贝斯:《历史的起源与目标》,第73页。

（黑尔默特）。它在地球上到处发生"。〔1〕

这也包括对黑格尔的批评，因为黑格尔将中国、印度和西方并列为精神发展的辩证序列的诸阶段。"反对意见认为，这三个地区的历史发展中实际上并没有导致逐个递进的联系，而西方历史发展的不同阶段却存在这种联系。"雅斯贝斯也说："我们恰恰不承认从中国到希腊这一系列阶段的真实性。"雅斯贝斯认为无论是在时间上还是在意义上都不存在这样的系列。"真实情况倒是它们是同时代的、毫无联系地并列存在着的一个整体。起先几条道路似乎从毫无联系的起源通向共同的目标。三种形态中都存在多样性，一部历史有三个独立的起源。"〔2〕

雅斯贝斯还直截了当地就西方史学界有关中国和印度没有正史的看法提出了批评："这是个陈旧的论点，即与西方相比，中国和印度没有正史，因为正史意味着运动、内在性质的改变和新的开端。西方有西亚古代文化，接着是希腊罗马文化，然后是日耳曼-拉丁文化。那里有地理中心、地区和民族的不断变更。另一方面，亚洲的情形持续不变：它改变自己的表现形式，在大灾难中垮掉，又在永远不变的唯一的共同基础上重建。"雅斯贝斯指出："这种观点导致一个概念，它把印度河和兴都库什山脉的东部描绘成非历史的稳定，把印度河和兴都库什山脉的西部描绘成历史的运动。因此，这两大文化地区间最深刻的分界线位于波斯和印度之间。"雅斯贝斯举例道："埃尔芬斯通勋爵（黑格尔引述了他的话）说，欧洲人在到达印度河之前，可能一直认为他们是处在欧洲。"然而雅斯贝斯说道："我觉得，这个观点来源于 18 世纪中国和印度的历史情形。埃尔芬斯通勋爵见到了他那个时代的环境，并且完全没有从总的意义上了解中国和印度，那时它们在下坡路上都已走得很远了。"〔3〕

雅斯贝斯还深刻地意识到东西方文明或文化之间互补的重要性，他说欧洲人通常会认为"在亚洲实际上找不到任何新东西"，那里的"一切我们都已了解"。但雅斯贝斯尖锐地批评道："这无疑是欧洲人典型的傲慢。"雅斯贝斯指出："不管怎样，只有当我们这样询问的时候，亚洲对我们才变得非常必要：任凭欧洲有一切卓越，西方仍感觉不到的是什么？"因此，一个与欧洲迥异的亚洲

〔1〕　卡尔·雅斯贝斯：《历史的起源与目标》，第 4 页。
〔2〕　同上书，第 18 页。
〔3〕　同上书，第 64 页。

正好能弥补欧洲的不足。雅斯贝斯说道:"我们所没有的和极其关切的要在亚洲找到!""我们为我们所产生和实现了的东西、为了我们的发展而付出了代价。我们决非走上了通向人类自我完善的路途。亚洲对我们完善的需要是必不可少的。"〔1〕

显然,雅斯贝斯的这些表述或观点就正是在于力图超越"西方中心论"即"排他主义"的思维定式。对此,罗哲海教授清晰地指出,雅斯贝斯明确反对黑格尔和兰克的"东方"观,要求突破"封闭的西方文化圈自然等同于世界历史"之类的看法,否认"世界精神"(Weltgeist)从落后的中国上升到先进的希腊的说法。雅斯贝斯提出了与之相反的看法,即真正的世界史乃是由不同的"独立根源"所构成的。这也包括对二战的反思和检讨。罗哲海评价道:"雅斯贝斯的轴心时代说之所以超越前人的理论,乃是因为他系统地赋予了轴心时代理论对于重新确定西方学术研究方向的重要性。"不仅如此,他的轴心时代理论也是以"二战"时德国的罪行为背景的,其中包含着深刻的历史反思。与大多数接受他的理论的学者不同,雅斯贝斯"不仅要解释历史的发展,而且还要从历史中吸取教训。他坚信,其中的一个教训就是要采取一种新的进路来理解历史"。总之,"普遍历史的语言"必须避免"排他主义"这一"西方的灾难"。〔2〕罗哲海以上评价是中肯的。也就是说,如果我们不能清醒地看到这一点,那么对雅斯贝斯就是不公正的,这其中自然也包括他对纳粹的深刻认识。对此,我也曾经明确指出:雅斯贝斯的"轴心时期"理论"并非是西方中心论的,甚至可以看作非西方中心论的,其理论包含着对人类的普遍关注,这是应当值得我们敬重的"〔3〕。在这一点上,我的看法与罗哲海教授相同。无论是鉴于"二战"灾难的深刻反思,还是理论架构中的多元性尝试,我相信雅斯贝斯试图走出西方中心论的愿望是真诚的,仅仅基于这一点,雅斯贝斯的工作就是可敬的!雅斯贝斯本人也值得尊敬!

综上所述,可以肯定的是,雅斯贝斯并未能走出西方中心论。但未能走出西方中心和以西方中心自居且排他仍有所不同,前者是客观能力问题,后者是

〔1〕 卡尔·雅斯贝斯:《历史的起源与目标》,第81页。

〔2〕 罗哲海:《轴心时代理论》,《思想与文化》第16辑,第3页。

〔3〕 参见拙著《中国哲学的起源——前诸子时期观念、概念、思想发生发展与成型的历史》,第14页。

主观意愿问题。我们应当看到,雅斯贝斯的普遍主义即"大一"的"轴心"虽仍有黑格尔"理念"的影子,但黑格尔强调文明或哲学只属于西方,而雅斯贝斯则强调文明或哲学非西方独占,是东西方共同塑造或蕴涵了"大一"。就视野而言,这无疑是巨大的进步。总之,我们必须将雅斯贝斯的理论置于历史背景中加以评价,唯此才不乏客观或中肯。

二、雅斯贝斯缘何跳不出西方中心论

我们知道,雅斯贝斯提出"轴心期"理论的一个重要初衷就是对"二战"这一灾难做深刻的反思和检讨。正如罗哲海教授所指出的:"雅斯贝斯的轴心时代说之所以超越前人的理论,乃是因为他系统地赋予了轴心时代理论对于重新确定西方学术研究方向的重要性,而且更为要紧的是,他的轴心时代理论以'二战'时德国的罪行为背景,包含着强烈的规范性要求。与大多数接受其理论的学者不同,雅斯贝斯的意图,不仅要解释历史的发展,而且还要从历史中吸取教训。他坚信,其中的一个教训就是要采取一种新的进路来理解历史。"[1]这是一个深刻的背景,我们在这里可以看到雅斯贝斯所具有的人类普遍情怀!

(一)雅斯贝斯对西方中心论历史观的批评

罗哲海教授指出,从启蒙时期开始,西方人认为世界哲学、历史已为西方所属;并且,随着启蒙时期的世界主义(cosmopolitism)思想的终结,西方的独特性与优越性已经牢牢占据西方人的自我理解。为此,罗哲海举了黑格尔与兰克的看法。如黑格尔说"东方应该被排除在哲学史之外"。兰克也有类似的说法:理解世界史"人们不能从永远停滞的民族那里开始"。按罗哲海的说法,这两个例子突出反映了历史学学科中居于主流的看法:世界哲学和世界历史都已经是西方的了。就哲学思想与历史理论而言,雅斯贝斯的观点或主张与黑格尔和兰克的是非常不同的。雅斯贝斯提出轴心时代理论就是力图超越西方思想界与史学界以往的思维定式。他明确反对黑格尔和兰克的"东方"观,要求突破"封闭的西方文化圈自然等同于世界历史"之类的看法,否认"世界精神"从落后的中国上升到开化的希腊。在雅斯贝斯看来,"普遍历史的语言"必

---

〔1〕 罗哲海:《轴心时代理论》,《思想与文化》第16辑,第3页。

须避免"排他主义"这一"西方的灾难"。〔1〕

　　我们读雅斯贝斯的《历史的起源与目标》，就能够清晰地感受到雅斯贝斯多样性或多元化的历史观以及对黑格尔和兰克的批评。如在绪论"世界历史的结构"中，雅斯贝斯就指出：自远古以来，人类就试图向自己描绘历史整体，其中包括神话、神学以及启示。然而"当历史意识将自身建立在经验主义的基础之上并单单建于此上时，它被根本改变了。从中国到西方，文明在一切地方诞生。关于那种文明的自然起源的描述，虽然实际上仍是传说性的，但在意向上已是以经验为根据的了。今天，实际的视野已变得无比广阔"。而"面对无限的多样性，那种以经验为根据的历史观念，必定要么限于证实单一的规律性，要么永无穷尽地描述多样性"。这其中也包括黑格尔的看法，"它最终导致关于一个意义单一的模式的观念，一切多样性在此中都有命定的地位"。结果，这造成历史认识出现了问题。"无论谁致力于历史，都会不自觉地采纳这些普遍观点中的一个观点，它们把历史整体约简为一个统一体。这些观点会毫无批判地被接受。它们会继续不被认识，并因此而继续不被怀疑。各种历史思想方式通常把这些普遍观点看作不言而喻的先决条件"。如"在 19 世纪，人们把世界历史看作：它在埃及和美索不达米亚经历了初步阶段之后，在希腊和巴勒斯坦真正开始，并直至我们。此外一切都归入到人类文化学的题目之下，处在正史的范围之外。世界历史是西方的历史"，〔2〕这个批评就是针对兰克的。又雅斯贝斯还在第一章"轴心期"的"对轴心期论点的查审"一节为"轴心期"理论辩护时明确申明与黑格尔看法的不同，实际是再次对黑格尔的历史观、哲学观或精神史观给予了批评。"有人已提出这项异议来反驳黑格尔。黑格尔将中国、印度和西方并列为精神发展的辩证序列的诸阶段。反对意见认为，这三个地区的历史发展中实际上并没有导致逐个递进的联系，而西方历史发展的不同阶段却存在这种联系。""然而，我们的论点所涉及的是完全不同的范畴。我们恰恰不承认从中国到希腊这一系列阶段的真实性。无论在时间上还是意义上，都不存在这种系列。真实状况倒是它们是同时代的、毫无联系地并列存在着的一个整体。起先几条道路似乎从毫无联系的起源通向共同的目标。三种形态中都存在多样性，一部历史有三个独立的起源。后来，经过孤立

────────────

〔1〕　罗哲海：《轴心时代理论》，《思想与文化》第 16 辑，第 2、3 页。
〔2〕　雅斯贝斯：《历史的起源与目标》，第 3、4 页。

而不连贯的接触后,最后仅在几百年前,确切地说是直至我们今天,历史才成为唯一的统一体。"[1]雅斯贝斯还就东方没有"正史"的观点批评道:"这是个陈旧的论点,即与西方相比,中国和印度没有正史,因为正史意味着运动、内在性质的改变和新的开端。西方有各种各样的连续:首先是西亚古代文化,接着是希腊罗马文化,然后是日耳曼-拉丁文化。那里有地理中心、地区和民族的不断变更。另一方面,亚洲的情形持续不变;它改变自己的表现形式,在大灾难中垮掉,又在永远不变的唯一的共同基础上重建。"[2]

正是基于此,雅斯贝斯对于"轴心期"所出现的多样或多元精神现象异常兴奋:"最不平常的事件集中在这一时期。""在这数世纪内,这些名字所包含的一切,几乎同时在中国、印度和西方这三个互不知晓的地区发展起来。""这个时代的新特点是,世界上所有三个地区的人类全都开始意识到整体的存在、自身和自身的限度。""这一人性的全盘改变可称为精神化。"[3]这完全不同于黑格尔与兰克精神或文明由低到高的进化论或基于西方文明优越感的认识,文明或精神的发展是平行的,不同地区的人类都有辉煌的堪称典范的历史,这也正是雅斯贝斯"轴心期"理论的初衷或目的。

按罗哲海教授的说法,雅斯贝斯的这一理论"为比较研究开拓了新领域,同时也给比较研究及一切历史学科和文化科学领域带来了挑战"。[4]罗哲海教授的这一评价是正确的。接着,雅斯贝斯著作的第一篇评论《超越历史主义》(Die Überwindung des Historismus)出自朔特兰德(Rudolf Schottländer)。他这样写道:"雅斯贝斯的著作呼吁反思历史,这一任务迫在眉睫。一个人如果读完此书仍将自己埋藏在历史中,那他就无可救药了。"[5]这即是说,轴心时代理论不仅要求人们公平地看待西方之外的哲学传统,还要求人们将异国的世界视为自身世界的一部分。说得更直白一些,轴心时代理论的一个重要目标就是让人们了解民族之间的平等、国家之间的平等、文化之间的平等。应当说,无论是鉴于对"二战"灾难的深刻反思,还是理论架构中的多元性尝试,雅斯贝斯的历史观都走在了西方历史观或者更应当说是世界历史理论的前列! 而这也正是雅斯贝斯令人尊敬之处!

---

〔1〕　雅斯贝斯:《历史的起源与目标》,第18页。
〔2〕　同上书,第64页。
〔3〕　同上书,第8、9页。
〔4〕〔5〕　罗哲海:《轴心时代理论》,《思想与文化》第16辑,第5页。

（二）雅斯贝斯仍未跳出西方中心论的历史观

然而，又正如罗哲海指出，与朔特兰德的期待相反，雅斯贝斯的理论并未导向"克服历史主义"。虽然它为历史研究带来启发，但并未动摇相关学科的历史主义的自我理解。

将古代埃及与美索不达米亚排除在正史（以是否有精神现象作为衡量标准）之外，就招致极大的非议。按照雅斯贝斯的说法，这些古老文明"没有显示出像轴心期一样的同步性，并且，它仅由既定类型的相似点构成，而非由精神运动组成"。结果，"它们在毁灭性的灾难之后，趋于用旧形式重新组成自己"。雅斯贝斯指出："史前于我们几乎是一本闭合的书，而正史不再允许事物在精神领域中保持不变，古代文明正是史前和正史之间的世界。古代文明为轴心期提供了基础，却被它所淹没。"[1]"古代文明是史前和正史之间的世界"，这样一个结论恐怕是从事埃及史和两河流域史研究的学者无论如何不能同意的，自然也是这两个地区或文明的后裔不能同意的。雅斯贝斯夸大了精神因素在历史中的作用，当然，明眼人一看便知，这里面有黑格尔或"德式思维"的影子。

雅斯贝斯还有其他类似的评论，其中尤以《历史的起源与目标》第五章"轴心期及其后果"中一大段论述为典型，以下择其要：埃及和巴比伦文化"都缺乏那种改变人类的反思的特征；他们没有在各轴心民族的影响下经历质变"，"最初，它们是轴心期的前辈"，"但是，后来它们慢慢地走到了尽头"。雅斯贝斯还特别将埃及、巴比伦与中国、印度做了对比："我们虽然被埃及和巴比伦文化的壮丽所吸引，但它们缺乏突破所带来的一切，这造成了鸿沟，为此，我们不知怎么地感到同它们很疏远。我们同中国人和印度人远远比同埃及人和巴比伦人接近得多。""尤其在埃及，仿佛是突破就要开始，接着又什么也没产生。"[2]

其实，中国与印度同样深受这一理论的"伤害"，因为它意味着这两个民族或文化"轴心期"前的历史都不能作为"正史"，只是由于这两个民族或文化都进入了"轴心期"，它在表面上似乎弥合了这种"伤害"。然而，"伤害"一定又会

---

[1]　雅斯贝斯：《历史的起源与目标》，第21页。
[2]　同上书，第63页。

以其他方式清晰地显现出来。雅斯贝斯这样评价中国和印度:"后来的印度人对古代文化一无所知,他们把它们完全遗忘了。轴心期的中国古代文明的继承人,在古老的文明中看到他们自己的往昔。他们代代相传,连续不断;他们没有生活在新时代的感觉(除非那是一个衰微的时代);他们按照具有神话特征的理想化形态,把过去看作一个在创造性幻想中展开的典范。"〔1〕雅斯贝斯还将中国、印度与西方世界加以比较。例如,"与中国和印度相比,西方的新开端似乎惹人注目得多。和东方有时变得很弱的精神持续相并列,西方出现了一系列完全不同的精神世界。金字塔、巴台农神庙、哥特式教堂——中国和印度展现不出这些在历史连续中出现的形形色色的现象"。又如,"然而亚洲无疑是稳定的,像我们的各族大迁徙一样,中国和印度沉寂了数世纪。在此期间,一切似乎都在混乱中消失了"。并且,"轴心期的创造时代之后是剧变和文艺复兴;直至公元1500年,当欧洲迈出其前所未有的步伐时,中国和印度却准确地同时进入了文化衰退"。〔2〕再如,"在这数千年变迁中,西方世界以中国和印度所不了解的方法,向前迈出了决定性的步子。它不怕激烈的决裂和突然的跳跃,把彻底性引入了世界"。雅斯贝斯说"导致多种语言和民族的分化在印度和中国可能并不少,但是在那里,这种分化没有在斗争过程中","没有变成一个世界的历史结构"。〔3〕

按照雅斯贝斯的看法,在轴心期之后,中国以及印度已经"没有生活在新时代的感觉","中国和印度沉寂了数世纪","中国和印度却准确地同时进入了文化衰退",在那里"没有变成一个世界的历史结构"。这意味着什么呢? 这实际意味着"轴心期"之后的中国和印度与"轴心期"之前的埃及和巴比伦在性质上已经没有什么两样,而既然埃及和巴比伦不能进入"正史",那么,具有相同性质的中国和印度当然也就同样不能进入"正史"!

由此,雅斯贝斯的"轴心期"理论实际在无意之中得出了一个结论:西方是"正史"的一支"独苗"! 而"轴心期"理论这样一种结果便正如罗哲海所归纳的,"一方面,尽管雅斯贝斯声称要克服排他主义,但人们责备说,他自己却在倡导一种新的排他主义,即轴心文化对于非轴心文化的排斥;另一方面,人们

〔1〕 雅斯贝斯:《历史的起源与目标》,第61页。
〔2〕 同上书,第66页。
〔3〕 同上书,第69页。

批评说,他的立场恰恰就是不折不扣的排他主义,即重建希腊与犹太-基督文明之独特性的排他主义"〔1〕。毫无疑问,批评是严厉的。因为如果这是真实的,那么雅斯贝斯的历史观就与黑格尔和兰克的没有什么两样。

(三)雅斯贝斯未能跳出西方中心论的根源

应当说,雅斯贝斯一直试图给予东方以历史的地位,这一点与黑格尔和兰克等人的历史观截然不同。在雅斯贝斯的不少论述中,东西方是并置的,就逻辑而言,不存在高下之分。例如雅斯贝斯曾这样说道:"从希腊时代以后,西方就开始在东方和西方的精神对立中建立起来了。从希罗多德起,人们就意识到了西方和东方的对立,它们是永远以崭新形式再现的永恒对立。""希腊建立了西方,但却是以这样的方式,即只有当西方目不转睛地注视东方和面对东方时,它才继续存在。西方理解东方并脱离东方。它把东方文化的各种因素接收过来,将它们一直重新改造到成为它自己的文化为止。西方投入到东方的斗争;在斗争中,时而西方占到上风,时而东方占到上风。"〔2〕公允地说,以上论述总体来说很客观、很公正。又如下面这段论述:"我们受到下列意见的影响,即在亚洲实际上找不到任何新东西。我们所遇到的一切我们都已了解。"雅斯贝斯尖锐地批评道:"这无疑是欧洲人典型的傲慢。"雅斯贝斯还进一步说道:"不管怎样,只有当我们这样询问的时候,亚洲对我们才变得非常必要:任凭欧洲有一切卓越,西方仍感觉不到的是什么?我们所没有的和极其关切的要在亚洲找到!我们从那边得到的问题深深地存留在我们脑子里。我们为我们所产生和实现了的东西、为了我们的发展而付出了代价。我们绝非走上了通向人类自我完善的路途。亚洲对我们完善的需要是必不可少的。"〔3〕在这里,雅斯贝斯论述了欧洲与亚洲、西方与东方之间的互补关系。显然,从以上这些论述中,我们清晰地看到了雅斯贝斯为亚洲或为东方的辩护,这包括对东方与西方平等地位的思考,对欧洲式傲慢的严厉批评,以及对亚洲或东方与欧洲或西方之间结构性互补关系的深刻思考。如果仅仅看雅斯贝斯这些论述,

---

〔1〕 罗哲海:《轴心时代理论》,《思想与文化》第16辑,第7页。

〔2〕 卡尔·雅斯贝斯:《历史的起源与目标》,第79页。

〔3〕 同上书,第81页。

我们丝毫没有理由说他有西方中心论的倾向。事实上,这也正是雅斯贝斯"轴心期"理论的初衷或出发点。

但是,如上一节所见,雅斯贝斯的西方中心论又是确凿无疑地呈现在那里。换言之,雅斯贝斯的确并没有能彻底走出西方中心论的阴影。并且,我们实实在在得到了这样一种印象:除了"轴心期"这个短暂辉煌的一瞬,雅斯贝斯对东方更多的是抽象的肯定、具体的否定。

雅斯贝斯缘何主观上极力想跳出西方中心论,但客观上又跳不出西方中心论?

我以为这个症结就在于他的"突破"理论!我们看到,雅斯贝斯同样也希望对"正史"做出解释,其设定的标准就是"轴心期",就是"突破"。但是,这个理论的范型或范本仍是建立在西方基础上的。或者说,雅斯贝斯的历史学观念或理论在很大程度上仍是奠基于黑格尔和兰克的既有历史观之上的;再或者说,就哲学传统或历史观而言,雅斯贝斯其实根本没有能跳出黑格尔与兰克的樊篱,即仍然落入了黑格尔与兰克的窠臼,而这无形之中就为其西方中心论的归宿埋下了伏笔。

如雅斯贝斯这样说道:"然而,那些古代文明缺乏任何特殊的历史运动。在最初的显著创造之后,比较起来没多少精神运动的几千年过去了。"[1] 这可以说是雅斯贝斯的一个基本判断,或基本历史观。这里所说的"缺乏任何特殊的历史运动""没多少精神运动"就是指没有出现"突破"。换言之,有特殊的历史运动,有精神运动就是"突破",否则就不存在"突破"。"突破"是雅斯贝斯评价历史的核心。

雅斯贝斯特别用突破"普遍原则"来阐述自己的思想,并且范型或范本就是西方。雅斯贝斯说:"像所有文化一样,西方意识到一种普遍原则的形式。但是在西方,这种普遍原则并没有凝结成一种限定的制度和观念的固定教条,也没有凝结成在种姓制度与和谐秩序之内的生活。西方绝非变得稳定起来。""在西方,突破普遍原则的是'例外',它正是产生无限的西方推动力的动力。西方给例外以活动的余地。它经常容纳绝对新颖的生活和创造的模式,然而,恰恰能从根本上毁灭新模式。""西方之所以永远的不安宁,

---

〔1〕 卡尔·雅斯贝斯:《历史的起源与目标》,第61页。

不断的不满足,不能对任何一种完成感到满意,根源就在这多维的倾向性
中。"〔1〕雅斯贝斯像总结似的说道:"西方是一个永远把自己引向一个普遍原
则,但不被任何普遍原则封闭起来的世界。在这个世界里,例外是进行突破并赢
得承认的真理。"〔2〕

　　而"突破"又是衡量能否进入正史的唯一标准。雅斯贝斯说:"一旦产生
轴心期的突破,在突破中成熟起来的精神一旦被思想、著作和解释传送给所
有能倾听和理解的人,突破的无限可能性一旦变得可以察觉,由于掌握了突
破所具有的强烈和感受到了突破所表达的深度而跟在轴心期后面的所有民
族,都是历史的民族。"他又说道:"伟大的突破就像是人性的开始,后来同它
的每一次接触就像是新的开始。在它之后,只有开始展现人性的个人和民
族才是在正史的进程之内。""然而,只有为它准备就绪的人才能了解它。在
此范围内,它是个'公开的秘密'。凡是被它改造的人都苏醒过来了。"〔3〕
很清楚,在雅斯贝斯这里,有"突破"或能追随"突破"的"都是历史的民族";并
且,"只有开始展现人性的个人和民族才是在正史的进程之内"。总之,唯有
"突破"是位列"正史"的唯一入门证和护身符,欠者排除在外。简而言之,无突
破,非正史!

　　如此一来,突破—西方—正史就成了一个逻辑或必然关系。

　　至此,我们其实已经看到雅斯贝斯的历史观与黑格尔、兰克的历史观没有
什么本质区别,甚或可以说完全一致。有精神运动就是"突破",有特殊的历史
运动就是"突破",否则就不存在"突破",而没有"突破"就无法进入正史;前者
其实就是黑格尔的观点,后者其实就是兰克的观点。当然,更进一步追索,这
也来自雅斯贝斯,或者更确切地说应当是整个西方历史学界的视野和经验,这
恰恰是西方中心论丰厚而温润的土壤;换言之,即便是视野,由于样本和材料
主要来自西方,所以,想要建立的"大一"即"规范"就只能建立在西方的识见之
上。雅斯贝斯以为发现了"轴心期"就能够跳出西方,故而兴高采烈,但殊不知
由于样本就来自西方,于是当落下之后,身边依然是一片西方的图景,依然要
追问东方的合理性和合法性。

---

〔1〕　卡尔·雅斯贝斯:《历史的起源与目标》,第76页。
〔2〕　同上书,第77页。
〔3〕　同上书,第66页。

由此可见,正是"突破",使得雅斯贝斯的理论展开与理论初衷之间已不能自洽,他的理论以己之矛攻己之盾,确切地说,是以"突破"之矛攻"多样性"之盾。由于这个"突破"之矛在其理论中是最根本、最核心的,而其本质又是"一元论"的,即"西方中心论"的,那么其"轴心期"理论的"多样性"城池必然以陷落而告终。总之,雅斯贝斯企图通过"轴心期"这样一个"个案"来避免"排他主义"或"西方中心论",这无疑是根本做不到的,最后的结果完全可以"预想",即必然是"重蹈覆辙"。理论的问题必须通过理论解决,而经验证明只通过一个"个案"显然是无力的,即必须寻找更多的支持,当然,这不可能循着"西方中心论"的思路或标准,而是要另辟他径。

雅斯贝斯曾说,轴心期以失败而告终。[1] 其实应当这样说,不是"轴心期"以失败而告终,而是"轴心期"理论以失败而告终!

---

〔1〕 卡尔·雅斯贝斯:《历史的起源与目标》,第29页。

三、雅斯贝斯"轴心说"：
从兴奋到迷惑，从迷惑到困境*

（一）从对雅斯贝斯的批评说起

对于雅斯贝斯的"轴心说"，一些学者认为具有明显的排他主义倾向，甚而认为雅斯贝斯的立场就是不折不扣的排他主义。罗哲海的《轴心时代理论》对此有扼要的归纳。罗哲海指出，对雅斯贝斯"排他主义"的"批评主要来自两个方面"。一方面，"尽管雅斯贝斯声称要克服排他主义"，但"他自己却在倡导一种新的排他主义，即轴心文化对于非轴心文化的排斥"。这一种批评可以阿斯曼夫妇为代表。如阿莱达·阿斯曼指出，雅斯贝斯的理论导向霸权主义的后果，因为它试图"以牺牲多元性为代价来实现统一"。扬·阿斯曼批评雅斯贝斯"过于忽视轴心时代之前的世界"尤其是埃及，以及他"过于简单化的非此即彼的思维"。另一方面，"他的立场恰恰就是不折不扣的排他主义，即重建希腊与犹太-基督文明之独特性的排他主义"。这一种批评以朔特兰德为代表，他批评雅斯贝斯是不折不扣的排他主义者。在朔特兰德看来，发生在希腊的某些东西看起来和在中国与印度所发生的相似，"但实际上不仅没有可比性，而且远远超越它们"。他还强调，"希腊和东方形态在关系上"的差异比雅斯贝斯所承认的要"更为深刻"。[1]应当说，上述批评不无道理，但是，将雅斯贝斯"定义"为"排他主义"或"排他主义者"这样一个性质或结论，我很难接受，也根本不能同意。理由很简单，我们不能脱离雅斯贝斯"轴心说"的"具体"理论与时代背景来对他提出"抽象"的批评。

---

* 本文原发表于《兰州学刊》2020年第9期。

〔1〕 罗哲海：《轴心时代理论》，《思想与文化》第16辑，第7、9页。

（二）发现轴心期现象的兴奋

那么，雅斯贝斯"轴心说"的"具体"理论背景与时代背景究竟是什么呢？

所谓理论背景即是对西方以往理论的反思，对西方以往哲学观与历史观的反思。

雅斯贝斯指出："在西方世界，基督教信仰缔造了历史哲学。在从圣·奥古斯丁到黑格尔的一系列鸿篇巨制中，这一信仰通过历史而具体化为上帝的活动。上帝的启示活动相当于决定性的分界线。因此，黑格尔仍能说，全部历史来自耶稣基督，走向耶稣基督。上帝之子的降临是世界历史的轴心。我们的年表天天都在证明这个基督教的历史结构。"但雅斯贝斯又指出："基督教仅是其教徒的信仰，而非全人类的信仰。因此，这一普遍历史观的毛病在于，它只能为虔诚的基督徒所承认。"[1]

尤其是黑格尔，按照他的看法，人类"精神"发展的历史经历了一个由东方而西方的过程，或由中国、印度而希腊的过程，并且按照黑格尔所说，东方哲学尚不能登哲学的"大堂"。例如其《哲学史讲演录》第一卷的"导言"中，就直接有"东方及东方的哲学之不属于哲学史"的标题，并"蛮横"地说道："我们在这里尚找不到哲学知识"，"所以这种东方的思想必须排除在哲学史以外"。[2]雅斯贝斯明确反对黑格尔的这种哲学观，他否认黑格尔"世界精神"从落后的东方发展到先进的西方的说法，即否认将中国、印度和西方视作精神发展辩证序列诸阶段的看法。雅斯贝斯说："我们恰恰不承认从中国到希腊这一系列阶段的真实性。无论在时间上还是意义上，都不存在这种系列。"雅斯贝斯强调："真实情况倒是它们是同时代的、毫无联系地并列存在着的一个整体。起先几条道路似乎从毫无联系的起源通向共同的目标。三种形态中都存在多样性，一部历史有三个独立的起源。"[3]也就是说，真正普遍的世界历史乃是由不同的独立起源所构成。

与此相关或类似，雅斯贝斯也不同意兰克代表的历史观。根据兰克的观点，

---

〔1〕　卡尔·雅斯贝斯：《历史的起源与目标》，第7页。
〔2〕　黑格尔：《哲学史讲演录》，商务印书馆1983年，第95、97、98页。
〔3〕　卡尔·雅斯贝斯：《历史的起源与目标》，第18页。

"东方民族国家是永恒静止不变的，这对探求世界历史的内在运动的历史学家而言，毫无意义。因此，这些东方民族国家不是世界历史研究的对象"〔1〕。而这样一种历史观成为 19 世纪的主流历史观点。雅斯贝斯指出，"在 19 世纪，人们把世界历史看作：它在埃及和美索不达米亚经历了初步阶段之后，在希腊和巴勒斯坦真正开始，并直至我们"。总之，凡非西方的一切"都归入到人类文化学的题目之下，处在正史的范围之外。世界历史是西方的历史（兰克）"。〔2〕

　　除此之外，雅斯贝斯的"轴心说"还有深刻的时代背景，这就是两次世界大战带给他的震撼。正如《历史的起源与目标》一书译者序中所说的，对"轴心期"现象的关注也是与雅斯贝斯"对当时社会现实的认识分不开的。两次世界大战的爆发和西方精神文明的衰落与危机使他深信，科学技术的高度发展不一定带来历史的进步"。罗哲海对此说到，雅斯贝斯的轴心时代理论以"二战"时德国的罪行为背景，包含着强烈的规范性要求。与大多数接受其理论的学者不同，雅斯贝斯的意图，不仅要解释历史的发展，而且还要从历史中吸取教训。他坚信，其中的一个教训就是要采取一种新的进路来理解历史。"普遍历史的语言"必须避免"排他主义"这一"西方的灾难"。〔3〕

　　正因如此，当雅斯贝斯发现"轴心期"现象（确切地说，应当是当雅斯贝斯看到其他学者已经注意到这一现象）时，感到异常的兴奋，他激动地说道：

　　　　最不平常的事件集中在这一时期。在中国，孔子和老子非常活跃，中国所有的哲学流派，包括墨子、庄子、列子和诸子百家，都出现了。像中国一样，印度出现了《奥义书》(Upanishads)和佛陀(Buddha)，探究了一直到怀疑主义、唯物主义、诡辩派和虚无主义的全部范围的哲学的可能性。伊朗的琐罗亚斯德传授一种挑战性的观点，认为人世生活就是一场善与恶的斗争。在巴勒斯坦，从以利亚(Elijah)经由以赛亚(Isaiah)和耶利米(Jeremiah)到以赛亚第二(Deutero-Isaiah)，先知们纷纷涌现。希腊贤哲如云，其中有荷马，哲学家巴门尼德、赫拉克利特和柏拉图，许多悲剧作者，以及修昔底德和阿基米德。在这数世纪内，这些名字所包含的一切，

　　〔1〕 列奥波德·冯·兰克：《世界史》第 1 卷前言，罗格·文斯编：《世界历史的秘密：关于历史艺术与历史科学的著作选》，第 334、335 页。
　　〔2〕 卡尔·雅斯贝斯：《历史的起源与目标》，第 4 页。
　　〔3〕 罗哲海：《轴心时代理论》，《思想与文化》第 16 辑，第 3 页。

几乎同时在中国、印度和西方这三个互不知晓的地区发展起来。[1]

按雅斯贝斯的说法,这就是世界历史轴心,它是"在公元前 500 年左右的时间内和在公元前 800 年至 200 年的精神过程"。"正是在那里,我们同最深刻的历史分界线相遇","我们可以把它简称为'轴心期'(Axial Period)"。[2] "这个时代的新特点是,世界上所有三个地区的人类全都开始意识到整体的存在、自身和自身的限度。""这一切皆由反思产生。意识再次意识到自身,思想成为它自己的对象。人们试图通过交流思想、理智和感受而说服别人,与此同时就产生了精神冲突。""这个时代产生了直至今天仍是我们思考范围的基本范畴,创立了人类仍赖以存活的世界宗教之源端。无论在何种意义上,人类都已迈出了走向普遍性的步伐。"[3] "自它以后,历史产生了人类所能达到的一切。"它"引出一个为所有民族——不计特殊的宗教信条,包括西方人、亚洲人和地球上一切人——进行历史自我理解的共同框架",[4]结果是,"所有民族都被划分为在突破中有其基础的民族,和与突破世界保持距离的民族。前者是历史的民族,后者是原始的民族"。"由于掌握了突破所具有的强烈和感受到了突破所表达的深度而跟在轴心期后面的所有民族,都是历史的民族"。[5]

在字里行间,我们不难看出雅斯贝斯难以掩饰的激动和兴奋心情,这些激动和兴奋心情溢于言表。因为雅斯贝斯相信,"轴心期"现象提供了一个能避免"排他主义"即"西方中心论"的经验案例,或能克服"排他主义"即"西方中心论"的典型样本。换言之,西方以外的文明同样拥有占据历史一席之地的权利

---

　　[1]　卡尔·雅斯贝斯:《历史的起源与目标》,第 8 页。雅斯贝斯也谈到了此前其他学者在这方面的思考:"据我所知,在拉索尔克斯(Lasaulx)和维克多·冯·施特劳斯(Victor Von Strauss)的著作中最早讨论到有关轴心期之事实。"如拉索尔克斯曾说道:"公元前 600 年,波斯的琐罗亚斯德、印度的乔达摩·释迦牟尼、中国的孔子、以色列的先知们、罗马的努马王,以及希腊的爱奥尼亚人,多利亚人和埃利亚人的首批哲学家,全都作为民族宗教的改革者而几乎同时出现,这不可能是偶然的事情。"又如维克多·冯·施特劳斯曾说道:"在中国老子和孔子生活的数百年里,所有开化民族都经历了一场奇异的精神运动。在以色列,耶利米、哈巴谷、但以理和以西结作为他们的预言,而新一代人在耶路撒冷建立了第二座圣殿(公元前 521—前 516 年)。希腊人当中,泰勒斯依然健在,阿那克西曼德、毕达哥拉斯、赫拉克利特和色诺芬崭露头角,巴门尼德也已诞生。在波斯,琐罗亚斯德对古代教义的重要改革看来已经得到了贯彻,印度则产生了佛教创始人释迦牟尼。"同上书,第 15、16 页。

　　[2]　同上书,第 7、8 页。
　　[3]　同上书,第 8、9 页。
　　[4]　同上书,第 7 页。
　　[5]　同上书,第 64、65、66 页。

或合法性，用雅斯贝斯的话说，就是东方的"中国和印度居有与西方平起平坐的地位"[1]。而明了这一点，即明了雅斯贝斯对"排他主义"或"西方中心论"危害有清醒与深刻的认识，并竭尽所能对这一观念加以批判、修正和纠偏，我们就会知道将雅斯贝斯视作"排他主义"或"西方中心论"者是多么轻率。

（三）从兴奋到迷惑

兴奋之余，雅斯贝斯进一步"向前"追溯研究，即追问"轴心期"的原因。但正是在这里，雅斯贝斯产生了迷惑。

雅斯贝斯在试图揭示"轴心期"现象的性质时说道："首先，可以说，历史上许多类似现象，无论是否同步，都表现出一个适用于每个个别现象的法则。只有在轴心期，我们才遇到了不遵循普遍规律、相反却构成一个具有包罗万象性质的、独一无二的、特殊的历史事实，它本身包容了所有的精神现象。""其次，这三个平行运动仅在那数百年中才是互相接近的。把这些类似现象延伸到轴心期外上下数千年的同步现象表的尝试变得越来越人为化。后来的发展路线不是趋向平行，反而是岔开。虽然起初看来它们像是奔向同一个目标的三条道路，但最终却分道扬镳。"雅斯贝斯由此进一步说道："我常感到，轴心期全貌未必仅仅是历史巧合所造成的幻觉。"[2]

雅斯贝斯以上论述实际表达了两层意思或思考。第一，为何"轴心期"现象具有如此明显的"同步"性质；第二，究竟是什么导致了这一"同步"现象的发生。雅斯贝斯说："我们一定会反躬自问，它们因何而产生？为何相同的事情发生在三个彼此独立的地点？"并且它"同时又带来了一个谜，即这三个互相独立地区的事件具有不可分离的类似过程"。[3]

关于前者，雅斯贝斯"着力"甚多。为此，雅斯贝斯拉上了早期文明加以比较："历史上唯一可比的类似现象是发生在埃及、美索不达米亚、印度河流域和中国的古代文明的发端。""除轴心期外，在全部世界历史中，可能只有另外一种情况可称同时发生之谜，即古代文明的起源。""尽管有相当于两千年的间

---

〔1〕　卡尔·雅斯贝斯：《历史的起源与目标》，第 64 页。

〔2〕　同上书，第 19、20 页。

〔3〕　同上书，第 21 页。

隔,为什么从史前民族的一般状况到古代文明的发展,大约同时在尼罗河流域、美索不达米亚流域、印度河流域和黄河流域发生?"〔1〕但雅斯贝斯也指出:这些古代文明在时间上有几千年的差别,并"没有显示出像轴心期一样的同步性"。同时他认为:"轴心期同时发端的奥秘,比起古代文明诞生的问题来,所处的水平要深刻得多。"这之中最重要的一点就是"其同时性更加准确"。〔2〕"为什么会有这种同步性?"雅斯贝斯对迈尔、拉索尔克斯、V.冯·施特劳斯、凯塞林等人的解释都不满意。〔3〕在雅斯贝斯看来,对这个问题的回答,只有阿尔弗雷德·韦伯的论证最有意义。根据韦伯的观点,中亚国家的铁骑战车曾突入中国、印度和西方,从而在三个地区导致了类似的结果。雅斯贝斯在这里其实已在思考第二个问题,即寻找导致"同步"现象发生的答案。但雅斯贝斯又意识到,"游牧民族到底出现在多大范围内,而这是难以断定的"。此外,"绵延一千多年的印欧人入侵和轴心期运动开端之间的酝酿期,实际上非常之长",而"轴心期精神运动"的开始,"却具有如此惊人的、精确的同步性"。〔4〕如此,阿尔弗雷德·韦伯的假设也已经被雅斯贝斯否定。一言以蔽之:同步!同步!同步!这个问题困扰着雅斯贝斯,令他百思不得其解。但我想要指出的是,当雅斯贝斯为"同步性"问题所困时,实际已经将"轴心期"问题引向了死胡同。〔5〕

由第一个思考又必然会导向第二个思考。雅斯贝斯在这里沿着阿尔弗雷德·韦伯的思路做了社会学意义的探究:"对轴心期现象的最简单的解释,似乎在于有利于精神创造的共同的社会学前提:许多小国小城;冲突频起的政治分裂时代;由于破坏既不普遍也不激烈,战争和剧变造成的悲惨总是不排除其他地方的繁荣;对先前存在条件的怀疑。"雅斯贝斯认为,这些社会学的考虑甚有意义,它们导致方法论的研究。然而,这"最终仅阐明事实,而未解释其原因"。它们是先决条件,但并不产生必然结果,因此"其本身起源仍然是问

〔1〕 卡尔·雅斯贝斯:《历史的起源与目标》,第20、21页。
〔2〕 同上书,第20、21、22页。
〔3〕 同上书,第22、23页。
〔4〕 同上书,第24、25页。
〔5〕 有必要指出,雅斯贝斯对于"轴心期"的时间规定是偏短的,这也是导致他产生迷惑的一个重要原因,事实上,"轴心期"在不同地区的时间是不一致的,总长度实际上超出一千年,认识这一点有助于"弱化"时间"同步性"的奥秘,对此可参见拙文《雅斯贝斯"轴心期"时间同步性的奥秘》,《探索与争鸣》2016年第8期。

题"。〔1〕可见,在雅斯贝斯看来,这一问题同样也没有解决,或没有答案。不过我想说的是,其实雅斯贝斯上述思考方向是正确的,只是分析过于粗疏。〔2〕

由以上考察可见,雅斯贝斯对"轴心期"原因的追问也即"向前"的追溯研究可以说是无果而终。

(四)从迷惑到困境

在不得不放弃对"轴心期"原因的追问后,雅斯贝斯又像所有历史学家那样进入东西方文明比较这一领域,与对"轴心期"原因的追问即"向前"追溯研究相对照,这可以说是"向后"的延伸研究。在《历史的起源与目标》一书中,对这一问题的关注主要体现于第四章"古代历史文明"、第五章"轴心期及其后果"、第六章"西方的特殊性"、第七章"东方和西方,东方世界和西方世界"以及第八章"世界历史的又一纲要"。

可以这样说,东西方问题是世界历史学研究中的一个永恒话题,是从事世界史研究的历史学家很难或者说根本不可能回避和绕开的话题,或者说是所有关注世界历史的学者都必须面临或面对的问题,从一定意义上说,面临或面对这一问题,是历史学家的宿命,尽管这几乎是一个无底深渊。也因此,自 18 或 19 世纪以来,这已经成为世界历史学研究中的核心范畴或概念。雅斯贝斯自不例外。

我们先来看东方。

首先是关于"轴心期"之前的古代文明,雅斯贝斯这样论述道:"古代文明正是史前和正史之间的世界。"〔3〕但这些文明"缺乏奠立我们新人性基础的精神革命"〔4〕。这之中尤其涉及埃及和巴比伦。雅斯贝斯说,埃及和巴比伦

---

〔1〕 卡尔·雅斯贝斯:《历史的起源与目标》,第 26 页。

〔2〕 这个问题其实与"突破"问题密切相关,包括"突破"的条件问题以及对"突破"的界定,对此本人已经有过若干相应的思考和研究,可参见《一神宗教何以可能》,《上海师范大学学报》(哲学社会科学版)2004 年第 6 期;《论普遍必然的宗教与宗教革命》,《犹太研究》2004 年第 3 期(12 月);《再论一神宗教的起源》,《华东师范大学学报》(哲学社会科学版)2008 年第 3 期;《轴心时期:是否存在"哲学的突破"》,《学术界》2017 年第 4 期;《差异、交集与互补——雅斯贝斯"轴心期"理论与张光直"连续性""突破性"理论的比较》,《同济大学学报》(社会科学版)2017 年第 3 期;《轴心期前后:"神"的原貌及其分化》,《世界宗教研究》2017 年第 5 期;《古代希腊精神层面的"突破"问题》,《学术界》2018 年第 4 期。亦可参见此前的两部文集。

〔3〕 卡尔·雅斯贝斯:《历史的起源与目标》,第 21 页。

〔4〕 同上书,第 55 页。

"都缺乏那种改变人类的反思的特征"。"最初,它们是轴心期的前辈",但是后来它们"走到了尽头"。"它们缺乏突破所带来的一切,这造成了鸿沟",因此,我们实际"同它们很疏远"。〔1〕可以看出,雅斯贝斯没有给予埃及与巴比伦这两个文明特殊关注,或者说,对于它们历史地位的描述是轻描淡写的,也因此,雅斯贝斯招致了如前面所见的批评。

关于"轴心期"的古代文明,这主要是指中国与印度,对此我们已经看到雅斯贝斯的相关论述,这里我们可再做些补充:"中国和印度与埃及和巴比伦是并列的,并且实际上只是由于它们一直幸存至今,才使它们同埃及和巴比伦区别开来,还是印度和中国是由于共同参与轴心期的创造,才迈出了使它们跨越那些古代文明的一大步?"雅斯贝斯强调,虽然埃及和巴比伦同早期中国及印度文化是并列的,但在整体上却不会与中国和印度并列,在雅斯贝斯看来,"中国和印度居有与西方平起平坐的地位","因为它们实现了突破"。〔2〕我们看到,雅斯贝斯用"轴心期"这把尺子,将中国、印度与埃及、巴比伦区别了开来。

关于"轴心期"之后的东方,雅斯贝斯这样论述,如印度:"后来的印度人对古代文化一无所知,他们把它们完全遗忘了。"又如中国:"轴心期的中国古代文明的继承人,在古老的文明中看到他们自己的往昔。"但"他们没有生活在新时代的感觉"。〔3〕并说"中国和印度沉寂了数世纪。在此期间,一切似乎都在混乱中消失了,一切只是重新出现并造成一种新文化"〔4〕。例如儒教,其"精神生活变成了静止干瘪的木乃伊"〔5〕。雅斯贝斯又概括性地说道:"(那些古代文明)在最初的显著创造之后,比较起来没多少精神运动的几千年过去了。"按雅斯贝斯的说法,就是"缺乏任何特殊的历史运动"。〔6〕雅斯贝斯还将中国、印度与希腊做了比较:"中国和印度总是在延续它们自己的过去时存活。另一方面,希腊则超出了它自己的过去,在延续东方异国的过去时存活。"〔7〕

由此再来看西方。

这主要是关于"轴心期"及之后的西方,雅斯贝斯这样论述道:"与中国和

〔1〕卡尔·雅斯贝斯:《历史的起源与目标》,第63页。
〔2〕同上书,第63、64页。
〔3〕〔6〕同上书,第61页。
〔4〕同上书,第66页。
〔5〕同上书,第72页。
〔7〕同上书,第71页。

印度相比，西方的新开端似乎惹人注目得多。"〔1〕"在这数千年变迁中，西方世界以中国和印度所不了解的方法，向前迈出了决定性的步子。"雅斯贝斯特别强调，西方"不怕激烈的决裂和突然的跳跃，把彻底性引入了世界"。〔2〕雅斯贝斯在这里使用了"决裂""跳跃""彻底性"这样的语词，这实际上就是张光直所说的"断裂"与"突破"。当然，雅斯贝斯也使用"突破"这一语词来描述或定性西方。例如："西方有不断的突破。""然后，从突破中，欧洲整体获得了它的生命。"〔3〕因此，"西方是一个永远把自己引向一个普遍原则，但不被任何普遍原则封闭起来的世界"〔4〕。

　　以上述认识为基础，雅斯贝斯对西方的特殊性做了专门的考察，他将其归纳概括为九个方面：(1)地理上的巨大差异；(2)懂得政治自由的思想；(3)不停地追寻理性，这突出地体现在知识活动中；(4)包括犹太教在内的对个人自我中心的意识本质的获得；(5)不断面临变化的现实世界；(6)虽然也像所有文化一样，意识到普遍原则，但这种普遍原则并没有凝结成一种限定的制度和观念的教条；(7)宣称独占真理；(8)永远把自己引向一个普遍原则，但不被任何普遍原则封闭起来的世界；(9)有特征丰富的自主个性，这一个性在其他任何地方都不存在。上述(6)(8)两条其实具有相似性。雅斯贝斯特别指出：西方"没有造成一个占统治地位的人类模式，而是造成了许多对立的模式。没有一个人等于一切，每一个人都有其位置。每一个人不仅需要和其他人密切联系，而且也需要同其他人相互分离，因此无人可以要求整体"〔5〕。且西方"在对立中，各文化和各民族既互相吸引，又互相排斥。这种对立始终是欧洲构成的因素"〔6〕。其实雅斯贝斯的这些论述与布克哈特的看法十分接近。〔7〕

　　如此，我们实际看到了雅斯贝斯所陷入的困境。一方面，他力图给予东方

---

〔1〕　卡尔·雅斯贝斯：《历史的起源与目标》，第66页。

〔2〕　同上书，第69页。

〔3〕　同上书，第72页。

〔4〕　同上书，第77页。

〔5〕　同上书，第78页。

〔6〕　同上书，第80页。

〔7〕　如布克哈特所说，"西方的发展具有生命最真切的特征：出于其各种对立面的斗争，某些确实新颖的东西发展起来"，反之东方"几乎一成不变的重复，像七百年来在拜占庭以及更长时间在伊斯兰所发生的"。在布克哈特看来，斗争或冲突极其重要，因为在此过程中，"民族、宗教、地区等等元素增加了精神上的无数细微差别"。雅各布·布克哈特：《历史讲稿》，生活·读书·新知三联书店2014年，第180、181页。

的历史以合法性;但另一方面,受西方历史观念的影响又会对东方文明加以否定。一方面,他试图以多中心的视角看待历史;但另一方面,又会不自觉地"失足"回到西方中心的窠臼之中。

(五)回到对雅斯贝斯的批评

然而我们应当或必须看到,尽管有种种困境,雅斯贝斯力图跳出"排他主义"或"西方中心论"的意图是明显的,他所做的努力和尝试也是清晰可见的,这是雅斯贝斯"轴心说"的明确立场和指向,我们绝对不应忽视和否认。其实,虽然雅斯贝斯会"失足",但他的的确确在时时警惕着"西方中心论"的观点,例如他说:"这是个陈旧的论点,即与西方相比,中国和印度没有正史,因为正史意味着运动、内在性质的改变和新的开端。"[1]又如他说:"我们受到下列意见的影响,即在亚洲实际上找不到任何新东西。"而"这无疑是欧洲人典型的傲慢"。[2]雅斯贝斯还用一整段话来说明和强调亚洲与欧洲的互补关系:"不管怎样,只有当我们这样询问的时候,亚洲对我们才变得非常重要:任凭欧洲有一切卓越,西方仍感觉不到的是什么? 我们所没有的和极其关切的要在亚洲找到! 我们从那边得到的问题深深地存留在我们脑子里。我们为我们所产生和实现了的东西、为了我们的发展而付出了代价。我们绝非走上了通向人类自我完善的路途。亚洲对我们完善的需要是必不可少的。"雅斯贝斯特别提到东方的哲学:"中国哲学史和印度哲学史不单单是我们自己的哲学史的多余的重复,也不仅仅是一个我们从中可以研究有趣的社会学效果的现实。相反,它是某种直接使我们关切的东西,因为它对我们还没认清的、我们的人性潜力进行估价,并把我们带进与另一种人性的真实起源的联系中去。"[3]

因此,将雅斯贝斯归于"排他主义"或"西方中心论"者是轻率的。

那么亚洲或东方究竟能够提供什么作为欧洲或西方的补充呢? 这或许是一个值得深思的问题,但我想在"独占真理"方面,亚洲就没有欧洲(或古老文明就没有亚伯拉罕宗教系统)那样表现得趾高气扬、咄咄逼人。因此最后,我

---

〔1〕 卡尔·雅斯贝斯:《历史的起源与目标》,第64页。
〔2〕 同上书,第81页。
〔3〕 同上书,第81、82页。

们姑且就用雅斯贝斯关于"轴心期"现象对纠正盛行于西方的"独占真理"观念之意义的论述作为本文的收尾。

如前所述，雅斯贝斯认为：独占真理是西方文明的一个特征，"西方通过包括伊斯兰教在内的各种《圣经》的宗教，以宣称独占真理的形式"，"这与西方的自由和无限多变性是相反的"。雅斯贝斯指出："只有在西方，独占真理的全部要求似乎才是一项连续不断地贯穿了此后整个历史进程的原则。""虽然这种要求独占真理的劲头向人们提供了更多的活力，但它同时被种类繁多的《圣经》教派的分裂及国家和教会之间的分歧所束缚。"无疑，"对唯一最高权位的要求"会"导致狂热"这样的恶果。[1]

而"轴心期"现象"这种被历史的三重起源之事实所造成的对交流的要求，是对任何一种信条独占真理的不正当权利的最好纠正。因为一种信条只能在它的历史存在中是绝对的，而不可能像科学真理一样，种种论断都放诸四海而皆准。独占真理的要求，这迷信的工具、人类傲慢的工具、权力意志的自欺的工具和西方的灾难，在那种教条主义哲学和所谓科学思想的世俗形式中表现得最为激烈。上帝以几种形式历史地现身，开辟了通向他的多种途径。正是这一事实，可以消灭独占真理的权利，仿佛神性正通过一般的历史语言发出警告，反对独占真理的要求"。[2]

毫无疑问，这也是雅斯贝斯对"西方中心论"的最有力批判！

---

[1]　卡尔·雅斯贝斯：《历史的起源与目标》，第77页。
[2]　同上书，第28页。

四、"轴心期"理论的困境与进路 *

从雅斯贝斯的"轴心期"理论提出之日起,就不断有各种批评意见,这些意见从不同的方面说明了"轴心期"理论所存在的问题。同时,来自不同领域的学者也试图赋予"轴心期"以新的视角或新的解释并由此获得推进,但这一工作似乎也存在着各种问题。罗哲海教授的《轴心时代理论》一文比较概括地谈到了这些问题,本文即打算循此线索专门梳理"轴心期"理论所面临的主要困境以及可能的进路。

(一)"轴心期"理论自身的困境: 从批评"排他"到回归"排他"

"轴心期"理论的第一个困境来自其理论本身。我们知道,雅斯贝斯阐述"轴心期"理论的一个目标或目的就是力图跳出"排他主义"或"西方中心论"。按罗哲海的说法,雅斯贝斯明确反对黑格尔和兰克的"东方"观,要求突破"封闭的西方文化圈自然等同于世界历史"之类的看法,否认"世界精神"从落后的中国上升到开化的希腊。在雅斯贝斯看来,"普遍历史的语言"必须避免"排他主义"这一"西方的灾难"。[1]

然而,雅斯贝斯却仍被一些学者批评为"排他主义"或"西方中心论"。

罗哲海提到了阿斯曼夫妇对于雅斯贝斯的批评。如阿莱达·阿斯曼指出,雅斯贝斯所选择的"反思性"标准恰恰源自其所反对的"欧洲的傲慢"。而扬·阿斯曼则直截了当指出雅斯贝斯"过于忽视轴心时代之前的世界",例如埃及。[2] 的确,雅斯贝斯在其《历史的起源与目标》一书中就将埃及、巴比伦等前"轴心期"文明排除在了正史之外。按照雅斯贝斯的说法,古代文明乃是

---

* 本文原发表于《人文杂志》2019 年第 1 期。
〔1〕〔2〕 罗哲海:《轴心时代理论》,《思想与文化》第 16 辑,第 2、3 页。

史前和正史之间的世界。[1]这就难怪扬·阿斯曼在《文化记忆》一书中"反驳"道:古代埃及国家涉及的职能已经包括保证和平、秩序和公正,并且,古代埃及人已有"玛阿特"即"德行"这个语词或观念,用于指称公正、真理和秩序。[2]而从伦理角度说,神庙构成了祭司们生活并身体力行神圣法规的场所。[3]毫无疑问,这是雅斯贝斯或"轴心期"理论必须面对的。

我们知道,雅斯贝斯的"轴心期"理论其实是在寻找一种人类精神的根基,这种根基是奠立于某些被雅斯贝斯视作"共同因素"的东西之上的。但我们又必须注意的是,作为"共同因素"的根基如果深掘,就一定会触及不同文明的多样性问题,或者说一定会触及不同文明自身的方向选择与经验问题。假如忽视这一点,那么失误就不可避免。我们这里可以再从雅斯贝斯"虚构"的一个"典范"例子来看他是如何坠入"西方中心论"的。这个例子在《历史的起源与目标》第一章"轴心期"中,它可以说是雅斯贝斯"轴心期"理论中一段十分经典的论述:

> 神话时代及其宁静和明白无误,都一去不返。像先知们关于上帝的思想一样,希腊、印度和中国哲学家的重要见识并不是神话。理性和理性地阐明的经验向神话发起一场斗争(理性反对神话),斗争进一步发展为普天归一的上帝之超然存在,反对不存在的恶魔,最后发生了反对诸神不真实形象的伦理的反抗。宗教伦理化了,神性的威严因此而增强。[4]

雅斯贝斯这段话中提到了先知也就是犹太,同时又提到了希腊、印度和中国,显然是将其所说的各轴心区域"一网打尽",企图用一杆标尺解释所有文明。雅斯贝斯这段话的要义大致可归结为:所有这些地区呈现出理性反对神话,而后发展出普天归一的上帝,并取代不存在的恶魔,最终导致宗教伦理化,由此神性的威严得到增强。雅斯贝斯这里实际上是将两个毫不相关的"典范"拼凑在了一起,即希腊典范与犹太典范。其中理性反对神话是希腊典范,而出

---

〔1〕　卡尔·雅斯贝斯:《历史的起源与目标》,第21页。
〔2〕　扬·阿斯曼:《文化记忆:早期高级文化中的文字、回忆和政治身份》,第181页。
〔3〕　同上书,第191页。
〔4〕　卡尔·雅斯贝斯:《历史的起源与目标》,第9页。

现上帝、取代恶魔、宗教伦理化以及神性威严得到增强则是犹太典范。然而很明显的是,这样的典范根本就不"适应"中国。中国早期理性反对的并不是神话而是巫术,之后也并未出现上帝,与此同时,恶魔即巫术也并未被替代或驱逐,无论是宗教伦理化或者伦理宗教化在中国都没有出现,自然,与一神教密切相关的神性威严得到增强也根本不会在中国出现。而且我们同样可以认为,这样的典范也不"适应"印度。事实上,雅斯贝斯说的这两个典范也同样不存在内在的"勾连"。作为希腊典范的理性反对神话根本没有导致上帝及后面所有环节的出现,而作为犹太典范也根本不是建立在理性反对神话这个起点或起因之上。因此,从雅斯贝斯所提供的这个"典范"就可以看出,它不具有普遍的"真实性"和"适应性",换言之,它是雅斯贝斯"虚构"的一个"典范"。

罗哲海说,雅斯贝斯也承认"人类的历史性"总是"多元的历史性",但其更重视"多元顺从大一(the One)的律令"[1]。我以为这正是雅斯贝斯的失误所在,因为如上述例子所见,这种"大一的律令"就是一杆以西方历史建立起来的标尺,或者就可以说是"西方的律令"或"西方的典范"。而就哲学史和历史学理论而言,我们会注意到这样一种"西方的律令"或"西方的典范"的提倡者都是德国人,所以我们或者也可以将这样一种"大一的律令"视作一种"德国式"的理念,"德国式"的教条,黑格尔如此,兰克如此,雅斯贝斯同样也不例外。然而,恰恰是这样一种"多元顺从大一的律令"禁锢了"轴心期"理论的初衷,使雅斯贝斯美好的愿望、真诚的态度、精心的设想一并化为乌有。因为遵从"典范",结果陷入"排他"。

(二)"轴心期"理论遭遇的困境:
从典范向度演变为类型向度

"轴心期"理论遇到的第二个困境来自后续研究者对这一理论或问题方向上的改变,罗哲海称之为规范性视角为描述性视角所取代,我在这里概括为从典范向度演变为类型向度。

罗哲海教授在《轴心时代理论》一文中为雅斯贝斯辩护时指出:在雅斯贝斯看来,轴心时代的世界-历史意义在于证明,互相独立的人类在相似的

---

[1]　罗哲海:《轴心时代理论》,《思想与文化》第16辑,第8页。

境况之下有能力在精神上超越自身以及自身的文化,并且这一点也是与他人进行交流的基础。换言之,轴心时代与其说是以社会学的方式加以描述的事实,倒不如说它构成了"永恒精神的统一王国",它让人想到一个古老的人文主义观念:对一切时代的"高尚心灵"进行无限的"探讨"。这就是雅斯贝斯的立意:轴心时代的精神是同时发生的,偶然性中体现了必然性,即对普遍原则的共同追求。为此罗哲海还具体指出:"我们需要注意到,雅斯贝斯之所以认为把轴心时代压缩到公元前五世纪前后的几个世纪很重要,原因有二。第一,他要找到一个比较早的时期,这时在几大文明中心之间传播思想依然还是不大可能的,这样,我们就可以从相互独立的进展中看出人性的内在统一。第二,雅斯贝斯所追溯的轴心时代之所以不包括基督教的形成时期,那是因为他怀疑宗教内容是可以普遍化的。"[1]按照罗哲海的说法,这就是雅斯贝斯的视角:典范性,即轴心时代的"典范性"。

　　然而罗哲海指出,雅斯贝斯的"轴心期"理论提出之后,包括哲学、历史在内的人文学科领域的反响似乎比较冷淡,倒是社会科学领域的反响相对比较积极,主要是指社会学和人类学,而这首先要归功于艾森斯塔特。但"社会科学在对轴心时代理论做出贡献的同时也带来了负面的影响"。这其实是指"轴心期"思考路径的"修正"或"偏离"。因为,在社会科学领域,雅斯贝斯的规范性视角已经大体上被一种解释性与描述性的视角所取代,即关注全人类的"精神"起源的视角被关注伟大"文明"之多样性的视角所取代,而面向未来的视角则被代之以回溯历史悠久的文明类型的形成过程的视角。在下面的论述中,罗哲海还说道:后来轴心时代理论的发展其实"在相当大的程度上丧失了最初的理论内涵,已经蜕变为一种历史-社会学功能主义的解释工具"。即"轴心"已不再强调典范性,而是关注"轴心"是形成不同文化进程的历史时刻,这些不同的文化进程形成了长期发展的多元基本模式,这种多元性最终又产生了具有鲜明文化差异的"多元"现代性。简而言之,就是后续关于"轴心期"问题的讨论,学者们更多地不是在关注雅斯贝斯所强调的人类精神的"典范性",而是关注不同文明的"差异性"即"类型性",这就使得"轴心"进路成了变相的文明比较研究。[2]

　　罗哲海还指出在文化学科中也是如此,而这方面的功劳要更多地归于马

───────────────

〔1〕〔2〕　罗哲海:《轴心时代理论》,《思想与文化》第 16 辑,第 8 页。

克斯·韦伯或韦伯兄弟而不是雅斯贝斯,因为马克斯·韦伯常常被视为轴心时代理论的真正鼻祖,尽管他明确阐述的乃是一种对比性的"理想典型"而非适应性的比较。的确,在社会科学或文化学科,人们经由雅斯贝斯"轴心期"这一理论实际找到了这一理论更好的替身:韦伯兄弟的学说。[1]这便是罗哲海所担心的"社会科学在对轴心时代理论做出贡献的同时也带来了负面的影响"。

不过在我看来,罗哲海教授的这样一种"取代"说或"变相"说似乎有失合理,与此相应,他的担心也是多余的。

首先,客观地说,上述这种状况其实是与不同学科几十年来的发展趋势相吻合的。我们知道,随着殖民时代的崩解和远离,文化多样性日益为社会及人文学科领域的学者所关注,相关理论日益受到重视。而雅斯贝斯"轴心期"理论中多元框架的意义与社会科学领域文化或文明多样性认识实际存在共振的关系,由此为这个或这些学科结合自己所需加以"利用"就十分正常。与此同时,二战以后,社会及人文学科受英美话语的影响,总体是刮实证之风,哲学历史化,思想材料化。因此,雅斯贝斯这种"德式"宏阔思维的文明观或历史观又不为主流方式所器重,我想类似的还有斯宾格勒的《西方的没落》,甚至包括黑格尔。何况社会科学研究与哲学研究的性质本不相同,规范性视角本不是其核心观念。

其次,更重要的还在于,我们应当看到,"轴心期"问题虽然由从事哲学的雅斯贝斯所提出或引发,换言之,尽管雅斯贝斯认为"轴心期"的主要成果在于理性或精神的进步,但是,"轴心期"并非哲学的专利。不仅如此,假设我们取用雅斯贝斯审视"轴心期"的另一个重要标准——"突破"(这里是指突破传统的意义上,而非精神突破的意义上),那么,思想或哲学甚至根本不处于"轴心期"问题的核心层。就"突破"传统来说,希腊的社会与知识形态、犹太的宗教形态都不属于思想或哲学,这其中也包括伦理与道德现象。换言之,在我看来,思想或哲学其实并非论证"轴心期""突破"的最合适范例,因为就"突破"的形式而言,思想或哲学其实并非典型,它们具有更多的模糊性和复杂性。

---

[1] 罗哲海:《轴心时代理论》,《思想与文化》第16辑,第6、7页。

（三）困境的延伸：以"突破"为例

"轴心期"理论的困境似乎还不止于此。客观地说，一种理论一经产生，其影响、成功以及困境就可能不限于该理论本身了，这就是创造与再创造的关系。从某种意义上说，理论困境或困惑越多，也就意味着其张力越大。"轴心期"理论即是如此。

我们不妨就选择上面所提到的"突破"问题再加以深入考察。

在《历史的起源与目标》一书中，雅斯贝斯反复谈到"突破"问题。例如："根据各民族对轴心期突破的反应方式，他们中间出现了一道深深的分界线。""有些古代文明的伟大民族，他们早于实现突破的民族，甚至与他们同时存在，但却没有参与突破。""尤其在埃及，仿佛是突破就要开始，接着又什么也没有发生。""中国和印度居有与西方平起平坐的地位"，"因为它们实现了突破"。[1]"所有民族都被划分为在突破世界中有其基础的民族，和与突破世界保持距离的民族。前者是历史的民族，后者是原始的民族"。"一旦产生轴心期的突破，在突破中成熟起来的精神一旦被思想、著作和解释传送给所有能倾听和理解的人，突破的无限可能性一旦变得可以觉察，由于掌握了突破所具有的强烈和感受到了突破所表达的深度而跟在轴心期后面的所有民族，都是历史的民族"。"伟大的突破就像是人性的开始"，"在它之后，只有开始展现人性的个人和民族才是在正史的进程之内"。[2]"西方有不断的突破。在突破中，各种各样的欧洲民族轮换地拥有其创造的时代。然后，从突破中，欧洲整体获得了它的生命。"[3]由此，这也引起了一系列关于"突破"的讨论，如精神的突破、哲学的突破、制度的突破，其中也包括由"突破"这一语词和概念引发出的另一个语词和概念——"超越"，如时代的超越、精英的超越、内在的超越。我将相关讨论概括为以下几个方面。

第一，哲学的突破，这是帕森斯的直接用语。之后，史华慈、彼得·瓦格纳、余英时等沿着这一路径加以思考，并使用"超越"这一语词。如史华兹《超

---

[1]　卡尔·雅斯贝斯：《历史的起源与目标》，第 62、63、64 页。
[2]　同上书，第 64、65、66 页。
[3]　同上书，第 72 页。

越的时代》（"The Age of Transcendence"）一文中认为，轴心文明的相同之处，就在于都表现出"超越"。而"超越"的英文表达就是"Standing back and looking beyond"，这被译作"退而瞻远"或"撤身向后与远眺前瞻"，其实就是对现实采取一种反思和批判的态度。[1]而余英时则在其《论天人之际——中国古代思想的起源试探》一文中专门谈到了"儒家的突破""墨家的突破""道家的突破"。[2]应当说，轴心时期出现了普遍的反思与批判也即出现了哲学是毫无疑问的，但问题是，哲学的出现能否被称作"突破"，或能否被称作"超越"。如果一种思想的出现就可以被视作"突破"，或一个学派的出现就可以被视作"突破"，那么"突破"真是无所不在，它还有何重大意义？这自然涉及对于"突破"一词语义的理解问题，我的看法是，之于哲学，用"产生"或"出现"比用"突破"更加清晰和准确。[3]

第二，社会或制度的突破也即革命，这是艾森斯塔特的观点。按照艾森斯塔特，雅斯贝斯、史华慈以及沃格林（Eric Voegelin）等人都没有系统说明"轴心文明的一连串革命到底是如何冲击着人类社会与历史的组成的"。而艾氏的关注点主要在于：探寻轴心文明的超越视野的制度化条件，特别是知识精英在其中所发挥的作用。[4]在我看来，艾森斯塔特关于社会或制度"革命"即"突破"的认识要优于帕森斯、史华兹等人关于哲学"突破"的认识，因为就词义而言，制度"突破"要比哲学"突破"更加确切。与此同时，艾森斯塔特也特别关注和强调知识精英也即我们今天所说的知识分子在制度变革中的作用，余英时也明显受到艾氏这一观点的影响。应当说，从各轴心期的经验来说，知识精英在其中所体现出的重要作用或巨大意义是毋庸置疑的。不过，知识精英显然不是"突破"的先决条件或关键因素，古代埃及与巴比伦一样有知识精英，但并未导致"突破"；欧洲中世纪教会也由精英构成，同样与"突破"无关。可见精英并非"突破"的首要条件。

第三，中国的"突破"问题。按照罗哲海的说法，中国成了检讨轴心时代理论是否正确的一个重要经验实例。然而尽管雅斯贝斯将中国与西方并列，但

---

〔1〕　余国良：《轴心文明讨论》，《二十一世纪评论》2000 年 2 月号；罗哲海：《轴心时代理论》，《思想与文化》第 16 辑，第 5 页。

〔2〕　余英时：《论天人之际——中国古代思想起源试探》，中华书局 2014 年。

〔3〕　参见拙文《轴心时期：是否存在"哲学的突破"》，《学术界》2017 年第 4 期。

〔4〕　余国良：《轴心文明讨论》，《二十一世纪评论》2000 年 2 月号。

一些学者已经看到或指出中国与西方的差异性。如朔特兰德认为发生在希腊的某些东西"看起来和在中国与印度所发生的并无二致",但实际上"没有可比性"。他认为"在希腊和东方形态的关系上"的差异比雅斯贝斯所承认的要"更为深刻"。又如沃格林与布劳耶都强调了中国"突破"的不完全性,也即不彻底性。沃格林认为中国只有"不完全"的突破,和希腊不同,中国停留在"宇宙论文明"之中,政治秩序和宇宙秩序的"同质性"和"共同延续性"并没有遭受质疑。[1]布劳耶也认为中国并没有打破融万物为一体的"本体论连续统",只有犹太文化和希腊文化同时抛弃了这一观念。因此布劳耶认为更应该把轴心时代理解为"朝着不同方向的文化转型"。[2]这实际使得"轴心期"理论受到质疑。

第四,雅斯贝斯本人对"突破"的理解。需要指出的是,雅斯贝斯的"突破"其实与德国历史学界对"突破"问题的理解有关。如阿尔弗雷德·韦伯在叙述19世纪与20世纪之交的世界情势时就使用了这样的标题:"C.大战结束时的历史情势与突破""Ⅰ.突破""Ⅱ.突破的深刻之处",并说"如今,每个人都在谈论突破及其重要意义"。[3]这很容易让我们联想到那个时代的共同话题。而兰克则更明确地指出:运动变化是确定历史之成为历史或"正史"的标准。按照兰克所说,革命"是欧洲世界的一个部分"。[4]与此形成对照,"东方民族国家是永恒静止不变的,这对探求世界历史的内在运动的历史学家而言,毫无意义。因此,这些东方民族国家不是世界历史研究的对象"[5]。这几乎成为西方历史学理论的信条或圭臬。应当看到,兰克或西方历史学理论对于"突破"及运动变化的看法并非不合理。但如果仅将"突破"作为唯一衡量历史的尺度,或仅将西方具有跳跃性的历史视作"正史",除此之外别无"正史",那就是有问题的。而这也延及或关乎"轴心期"理论。

显然,以上这些方面都在不同方向和不同程度上给"轴心期"理论增加了困境。

---

〔1〕〔2〕 罗哲海:《轴心时代理论》,《思想与文化》(第 16 辑),第 9 页。

〔3〕 阿尔弗雷德·韦伯:《文化社会学视域中的文化史》,上海世纪出版集团 2006 年,第 368 页。

〔4〕 列奥波德·冯·兰克著、罗格·文斯编:《世界历史的秘密:关于历史艺术与历史科学的著作选》,第 58 页。

〔5〕 同上书,第 334、335 页。

（四）可 能 的 进 路

　　如此,讨论似乎已经进入了一个诡异的闭环也即怪圈之中。在这个闭环中,"轴心"或"中枢"其实都是建立在西方历史学理论基础之上,因此围绕它的运动都是向心的,而非离心的,只要身处这个闭环,就不可能跳出"如来的掌心"。以德国历史学界为例,广义地来说,黑格尔是在这个闭环中,兰克是在这个闭环中,布克哈特是在这个闭环中,马克斯·韦伯是在这个闭环中,阿尔弗雷德·韦伯是在这个闭环中,雅斯贝斯也是在这个闭环中。这个闭环对于一位西方学者或德国学者是再正常不过的事情,因为西方的历史就是他们所看到的这样一幅图景。由此研究似乎陷入困境。那么,"轴心期"理论的出路究竟何在?

　　由雅斯贝斯所揭示的轴心"多元性"或起源"独立性",或更进而言之就是历史"平等性"无疑仍是最具价值的一个思考方向,这是雅斯贝斯的初衷,也是冲击"西方中心论"的一个有效突破口。罗哲海认为:轴心时代理论必须转变为一种现代性理论,而"多元现代性"乃是目前对雅斯贝斯的轴心时代假说最具影响力的阐发。援引轴心时代就不得不接受它的标准,也就是说,在一个"现代的"、全面交流的向度上超越自身的历史与文化框架。"多元现代性"理论把现代性内在地与"扎根"于不同"轴心"的不同文化类型联系起来,试图绕开轴心时代所面临的主要挑战:援引过去、传统、"根源"或"起源"都需要按照可普遍化的标准进行合理性证明。[1]虽说雅斯贝斯最后仍难免"西方中心论"或"排他主义"的泥沼,但只要能坚持雅斯贝斯"轴心期"理论的初衷,我们就能够避免重蹈覆辙。

　　"典范性"也仍是思考"轴心期"问题的重要维度,并且"典范性"同时又是与起源问题密切相关的,对"典范性"问题的思考实际也就是在追溯各轴心区域的"精神"源头。然而"典范性"也即"起源"问题必须在关注共同性的同时注意不同区域的多样性或差异性。客观地说,"轴心期"的时间线索较之雅斯贝斯的认识有着更大的张力。在此,不能使用欧洲或西方也即希腊或犹太作为标尺来"一刀切"。以中国哲学为例,对道德问题的自觉反思早在商周之际已

---

〔1〕　罗哲海:《轴心时代理论》,《思想与文化》(第16辑),第19页。

经开始,而自然哲学或观念还可以追溯到更为久远的年代。另外,"轴心期"与此前的文明之间是保持着密切联系的,就此而言,将早期文明全然排除是不可取的。如希腊与犹太就都受到周边埃及、巴比伦及波斯等诸大文明的刺激或影响,而中国与印度"轴心期"的观念同样也无法与之前自身的观念相割断。

"轴心期"理论由典范向度衍生出类型向度并非"偏离",而是"发展"。事实上,我们应该看到,雅斯贝斯的《历史的起源与目标》一书已经蕴含了这种类型向度,对此我们只需看一下章节标题就一目了然,如第一篇第五章之四"西方历史",第六章"西方的特殊性",第七章"东方和西方,东方世界和西方世界"。这样的安排显然同样具有文化类型描述与比较的特点。这也包括以下这样的具体论述:"在这数千年变迁中,西方世界以中国和印度所不了解的方法,向前迈出了决定性的步子。"[1]雅斯贝斯指出:"西方给例外以活动的余地。""西方是一个永远把自己引向一个普遍原则,但不被任何普遍原则封闭起来的世界。""因此,西方具有不屈不挠的特征,即决心把事物带到极端。"[2]在这里,我们能够清晰感受到雅斯贝斯的类型思考向度。

自然,类型向度首先值得关注的就是马克斯·韦伯的研究路径。对于马克斯·韦伯或韦伯兄弟的研究与"轴心期"研究的关系,学者有不同的认识,如罗哲海就担忧"轴心"进路因此有可能成了变相的文明比较研究,并且罗哲海还认为,"韦伯以社会学方式丰富并重构了与黑格尔一模一样的看待非欧洲文化的观点,后者正是雅斯贝斯所要批判的"[3]。然而问题或许没有如此简单。在我看来,马克斯·韦伯的学说不能也不应只从消极意义或视角来理解。其实马克斯·韦伯提供了一个始于轴心期信仰分化的极有价值的研究范本,这包括印度教、佛教、儒教、道教以及犹太教。尽管其中有些资料或许并非十分可靠和准确,但韦伯的洞察力令人惊叹,他对以上信仰形态做出了"传统主义"与"祛魅"也即"革命"的类型划分,我认为这是合理的,简单地认为韦伯是重构黑格尔历史观的看法过于武断。

与此相关,我们也应当结合关注张光直的路径。如我们所知,张光直的"连续性""突破性"理论是对西方史学界的普遍识见所做的正面回应,当然它

〔1〕 卡尔·雅斯贝斯:《历史的起源与目标》,第69页。
〔2〕 同上书,第76、77页。
〔3〕 罗哲海:《轴心时代理论》,《思想与文化》(第16辑),第7页。

直指的主要是亚细亚理论。虽然张光直的工作与"轴心期"问题表面上看几无任何"牵连",但是考虑到西方文明与东方文明是"轴心期"理论的核心问题,也是张光直"连续性""突破性"理论的核心问题,这两者之间实际就有了密切的"交集"。其实,这同样关系到东西方文明或文化的比较问题。如上所见,这也是韦伯兄弟所关心的问题,而广义地讲,包括黑格尔、兰克、布克哈特在内的一干德国思想家和历史学家其实都普遍关注这一问题,只是他们用的都是西方的标准或尺度,这是一种"单边"的尺度,而张光直所提供的则是一个"双边"的尺度。在我看来,这是目前回应西方传统历史学理论的最有效理论框架。

此外,"突破"作为"轴心期"理论的一个重要语词或核心概念,理应值得深入研究。这不仅在于它是"轴心期"理论或世界历史理论中的核心语词,也是因为不同学科学者的使用大大增加了它的复杂性或歧义性。我们应注意,"突破"这一概念其实是西方历史理论的"支柱",也可以说是"西方中心论"的支柱,因为西方历史最具备"突破"的特征。兰克、布克哈特、马克斯·韦伯、阿尔弗雷德·韦伯以及雅斯贝斯等历史学理论无不是建立于"突破"这个基石之上,并用它来对比和评价东方的。中肯地说,西方历史学对于"突破"的理解不乏合理之处,但面对 20 世纪之后新的"世界观",这一历史观必须加以"调整",包括其准确含义,否则无法客观叙述和评价一部完整的人类历史。而这也正是张光直"连续性"理论的意义所在,它赋予东方以进入历史或"正史"的合法性。

张灏说,今天从人类文化长程的发展去看轴心时代,"就其特征而言,我们必须不要以一些概括性的认识,如超越性、批判性、反思性等观念自限"[1]。我认为张灏言之成理。总之,像"轴心期"这样的理论,其牵扯的内容复杂,问题众多,绝非一个概念可以囊括,也绝非两句批评可以解决。我们只得耐心地进入这一理论深处,在纷繁的头绪中厘清真正的问题所在,包括在共同性中寻找差异性和在差异性中寻找共同性,如此方能期望一点点积累起进展。

---

〔1〕 张灏:《从世界文化史看枢轴时代》,《二十一世纪评论》2000 年 4 月号。

五、在"轴心说"的深处*

引　言

评估雅斯贝斯的"轴心说",离不开对黑格尔哲学史观或"精神"发展史观的了解与认识。按照黑格尔所说,人类"精神"发展的历史经历了一个由东方而西方的过程,或由中国、印度而希腊的过程,更极端地说,东方的"精神"或哲学尚不能登"精神"或哲学的"大堂"。黑格尔的看法集中在其《哲学史讲演录》第一卷的"导言"和"东方哲学"中。例如"导言"的"哲学和哲学史的起始"一节之(二),黑格尔就直接以"东方及东方的哲学之不属于哲学史"为题,并说道:"由此得到结论:我们在这里尚找不到哲学知识","所以这种东方的思想必须排除在哲学史以外。"〔1〕又"东方哲学"中,黑格尔简单甚至"粗暴"地下结论:"我们所叫作东方哲学的,更适当地说,是一种一般东方人的宗教思想方式——一种宗教的世界观","东方哲学是宗教哲学。"〔2〕

雅斯贝斯明确反对黑格尔的这种哲学观或历史观,他否认黑格尔"世界精神"从落后的东方发展到先进的西方的说法,并提出相反的看法,真正普遍的世界历史乃是由不同的独立起源所构成。雅斯贝斯指出:黑格尔将中国、印度和西方并列为精神发展的辩证序列的诸阶段,反对意见认为,这三个地区的历史发展中实际上并不存在这样一种递进的联系,而西方历史发展的不同阶段却存在这种联系。雅斯贝斯说道:其论点所涉及的是完全不同的范畴。"我们恰恰不承认从中国到希腊这一系列阶段的真实性。无论在时间上还是意义上,都不存在这种系列。真实情况倒是它们是同时代的、毫无联系地并列存在着一个整体。起先几条道路似乎从毫无联系的起源通向共同的目标。三种形

　　＊　本文原发表于《新史学》第二十三辑,大象出版社 2019 年。
　　〔1〕　黑格尔:《哲学史讲演录》第一卷,第 95、97、98 页。
　　〔2〕　同上书,第 115 页。

态中都存在多样性,一部历史有三个独立的起源。"〔1〕

这即是"轴心期"理论或"轴心说",即"要在公元前500年左右的时间内和在公元前800年至前200年的精神过程中,找到这个历史轴心。正是在那里,我们同最深刻的历史分界线相遇,我们今天所了解的人开始出现。我们可以把它简称为'轴心期'"〔2〕。雅斯贝斯几乎带着歌颂般的语气赞美道:"最不平常的事件集中在这一时期。"包括中国的孔子、老子、墨子、庄子、列子等不同学派,印度的《奥义书》、佛陀、怀疑主义、唯物主义、诡辩派、虚无主义,伊朗的琐罗亚斯德,巴勒斯坦即以色列的以利亚、以赛亚、耶利米、以赛亚第二,希腊的荷马、巴门尼德、赫拉克利特、柏拉图、修昔底德和阿基米德,等等,"在这数世纪内,这些名字所包含的一切,几乎同时在中国、印度和西方这三个互不知晓的地区发展起来"〔3〕。雅斯贝斯说:这一时代的新特点是"世界上所有三个地区的人类全都开始意识到整体的存在、自身和自身的限度"〔4〕。"一切皆由反思产生。""人们试图通过交流思想、理智和感受而说服别人,与此同时就产生了精神冲突。""讨论,派别的形成,以及精神王国分裂为仍互相保持关系的对立面,造成了濒临精神混乱边缘的不宁和运动。"总而言之,"无论在何种意义上,人类都已迈出了走向普遍性的步伐"。〔5〕

按照罗哲海的评价,"雅斯贝斯的轴心时代说之所以超越前人的理论,乃是因为他系统地赋予了轴心时代理论对于重新确定西方学术研究方向的重要性",这也包括接受二战这样的教训,并且雅斯贝斯坚信,"其中的一个教训就是要采取一种新的进路来理解历史"。总之,"普遍历史的语言"必须避免"排他主义"这一"西方的灾难"。〔6〕显然,雅斯贝斯的"轴心说"就正是在于力图超越"西方中心论"即"排他主义"的思维定式。这正是雅斯贝斯的贡献或"轴心说"的辉煌所在!雅斯贝斯极力主张东方有与西方一道分享创造哲学或"精神"的权利,并通过经验证明彻底颠覆了黑格尔的哲学史观,仅此一条,就足以让我们向雅斯贝斯表达敬意!

但是,我们又应看到,雅斯贝斯的"轴心说"虽然颠覆了黑格尔的哲学史

---

〔1〕 卡尔·雅斯贝斯:《历史的起源与目标》,第18页。
〔2〕 同上书,第7、8页。
〔3〕〔4〕 同上书,第8页。
〔5〕 同上书,第8、9页。
〔6〕 罗哲海:《轴心时代理论》,《思想与文化》第16辑,第3页。

观,却并未能彻底颠覆或超越"西方中心论"即西方的"排他主义",也因此其"轴心说"又备受诟病。何以如此? 我的看法是:雅斯贝斯仅仅是在颠覆黑格尔的哲学史观这一点上取得了"突破",然而进入西方历史理论的深处,他仍会自觉或不自觉地遵循那些基本或普遍的看法,结果便是最终同样掉进了"西方中心论"的陷阱。由此可见,仅仅从一点上"突破"就想撼动全部观念那是根本不可能的。

事实上我们要看到,"轴心期"理论或"轴心说"中的许多核心观念与理论并非雅斯贝斯本人的,在"轴心说"的深处,有着德国哲学与历史的遗产,也就是有着德国思想界或历史学界所奠基的理论,正是这些思想遗产,成了雅斯贝斯"轴心说"的观念根源。就此而言,我们进入雅斯贝斯"轴心说"深处的同时,其实也就一并了解了西方(本文主要涉及德国)历史学观念与理论,包括这些观念所内含的问题及合理性。换言之,要想真正弄清雅斯贝斯的"轴心说",不了解这一根源是做不到的。

所以,我们在向雅斯贝斯付出的努力、做出的贡献表达敬意的同时,也即看到他颠覆黑格尔哲学史观的同时,还应深入他的理论或思想深处了解他失误的原因所在。而阅读雅斯贝斯《历史的起源与目标》,我们会发现以下观念或概念具有核心的意义,包括精神、突破或运动与静止、多样与单一、西方与东方,我们就从这些概念或范畴入手分析。

(一)"精　神"

"精神"毫无疑问是雅斯贝斯"轴心说"的一个核心概念,在《历史的起源与目标》中反复出现。如"这一人性的全盘改变可称为精神化"[1]。"与这个新的精神世界相一致,上述三个地区表现出类似的社会学情景","在这三个地区分别建立了精神传播运动",等等。[2]

不过正如我们所知,"精神"这个概念或观念是德国古典哲学的(虽然它也能追溯到更为久远之处),确切地说就是黑格尔的。如黑格尔在《哲学史讲演录》中说道:"精神的发展是自身超出、自身分离,并且同时是自身回复

---

〔1〕　卡尔·雅斯贝斯:《历史的起源与目标》,第9页。
〔2〕　同上书,第11页。

的过程。""精神的这种内在性或自身回复,也可以说是它的最高的、绝对的目的。"[1]而"一个民族的精神文明必须达到某种阶段,一般地才会有哲学"[2]。"一个民族的这种丰富的精神是一个有机的结构",如一个大教堂以及它的拱门、走道和立柱,"这一切都出于一个整体、一个目的"。尤其是哲学,"它是精神整个形态的概念,它是整个客观环境的自觉和精神本质,它是时代的精神、作为自己正在思维的精神"。[3]黑格尔的《历史哲学》更是大谈精神,如"绪论"中说道:"从世界历史的观察,我们知道世界历史的进展是一种合理的过程,知道这一种历史已经形成了'世界精神'的合理的必然的路线——这个'世界精神'的本性永远是同一的,而且它在世界存在的各种现象中,显示了它这种单一和同一的本性。"并且,在黑格尔看来,"这种本性必须表现它自己为历史的最终的结果。同时我们又不得不完全接受这种实际存在的历史"。[4]黑格尔又说:"这个精神世界便是实体世界,物质世界是隶属于它的。"在黑格尔看来,整个世界的最后的目的,都应当作"是'精神'方面对于它自己的自由的意识"。[5]他还说,世界历史就是"专门从事于表现'精神'怎样逐渐达到自觉和'真理'的欲望"[6]。黑格尔也在"精神"问题上评价了东方,就像在哲学问题上一样,在他眼里,东方人还不知道"'精神'——人之所以为人的本质——是自由的",并且正是"因为他们不知道,所以他们不自由"。[7]

黑格尔的"精神"或"理念"对德国思想界和历史学界的影响极其深刻。拿被称为德国历史学之父的兰克来说,尽管他不同意黑格尔的历史观,但"精神"和"理念"却同样是其历史学的核心语词。如他指出:初看起来,世界充斥着漫无目的,然而历史其实并非如此,"它还存在力量,真正精神的、创造性的力量及生命本身"[8]。"这种精神力量的影响力惊人,事实上,没有人能在全部历史中找到一种与人类精神力量相似的历史影响力。这种自远古以来的精神力

---

〔1〕　黑格尔:《哲学史讲演录》第一卷,第28页。

〔2〕　同上书,第53页。

〔3〕　同上书,第55、56页。

〔4〕　黑格尔:《历史哲学》,上海书店出版社1999年,第10页。

〔5〕　同上书,第20页。

〔6〕　同上书,第56页。

〔7〕　同上书,第18页。

〔8〕　列奥波德·冯·兰克著、罗格·文斯编:《世界历史的秘密:关于历史艺术与历史科学的著作选》,第201页。

量是一场带着某种坚定性而持续不断向前发展的运动"。"这种持续运动变化关系到那支配掌控着人类的伟大精神趋势","并且这一伟大精神趋势最后落入特定安排好的模式之中"。[1]在这里我们依然看到黑格尔"理性"和"目的"的影子。兰克又说:"在这些精神趋势中,通常会有某一趋势胜过其他的精神趋势占据主导地位。"[2]兰克将这种占主导地位的精神称作历史中的"主导理念"。可以看出,兰克虽强调其与黑格尔的区别,但我们仍不难见到一种由"德国精神"所贯穿的内在联系。

类似的还有布克哈特,他也不同意黑格尔对于历史的看法,不过却同样是在"精神"的照耀之下。如布克哈特说,"首先,一切精神的东西,不管它们是在哪个领域感受到的,都具有历史的一面";"其次,所有发生过的事情都具有精神的一面,这种精神的成分使得发生过的事情可能永垂不朽"。[3]布克哈特谈到"精神"的特征,他把它概括为两个方面:第一,"精神虽然处于不断变化的过程中,但是它摆脱了稍纵即逝的命运";第二,"属于精神的东西除了处于经常的变化之外,它们的另一个特征就是多样性"。[4]如果说以上的"精神"有较多布克哈特自身文化史研究的属性,那么下面的"精神"似乎就更像黑格尔了。"在所有的因素中,只有精神是掘进者,它不断进取,永不停止。""过去构成了我们所拥有的精神上连续统一体的一部分。""我们人类拥有精神,而自然赋予了精神认识世界的高超本领。""精神是以理想的形式对所有尘世的东西进行理解的能力。精神在本质上就是理想的。"[5]精神认识世界、精神本质上是理想的,这些表述显然都浮现出一种黑格尔的面貌。

受影响的还有阿尔弗雷德·韦伯,他的《文化社会学视域中的文化史》一书中就专门辟有关于"精神"问题的论述。如在"精神对世界的理解"中,阿尔弗雷德·韦伯这样表述:"至今为止,精神对世界理解的发展轨迹呈直线型","精神对世界的这种理解和阐释在某些地方击退了所有超验性的理解和阐释。"[6]与此相关,他还引用了雅斯贝斯我们发现了自己的极限的看法。[7]

〔1〕 列奥波德·冯·兰克著、罗格·文斯编:《世界历史的秘密:关于历史艺术与历史科学的著作选》,第 206、207 页。

〔2〕 同上书,第 207 页。

〔3〕〔4〕 雅各布·布克哈特:《世界历史沉思录》,北京大学出版社 2007 年,第 5 页。

〔5〕 同上书,第 6、7 页。

〔6〕 阿尔弗雷德·韦伯:《文化社会学视域中的文化史》,第 378、379 页。

〔7〕 同上书,第 381 页。

而在《精神与精神》这篇附言中,阿尔弗雷德·韦伯又特别围绕"精神"概念做了专门的说明:"本书尽可能避免认同和使用任何一种哲学观点。"阿尔弗雷德·韦伯申明这是因为他在哲学方面的外行,不过我想这在很大程度上应是受到兰克对黑格尔批评的影响。但尽管如此,阿尔弗雷德·韦伯仍说:"当然,仍然有某些整体哲学态度支持书中所有内容。"而"精神"这一概念毫无疑问就是其中之一,"它们在人身上,也在'人的背后',是内在的超验性力量"。阿尔弗雷德·韦伯说,我将它们称为人身上的"思想精神性的东西","除此之外,我找不到更合适的词"。[1]不难看出,这同样有黑格尔的影子。

因此,雅斯贝斯的"精神"乃是德国"精神"这个锁链中的一环。我们应当看到,在雅斯贝斯这里,"精神"这一概念无疑就应是来自黑格尔的哲学,因此它一定会被刻上黑格尔的"烙印"。例如雅斯贝斯说:"轴心期潜力的苏醒和对轴心期潜力的回忆,或曰复兴,总是提供精神动力。"生活在轴心期三个地区以外的人们,要么和这三个精神辐射中心保持隔绝,要么被拖进历史。[2]这意味着,唯有"精神"方能够成就历史,显然,这就是黑格尔的基本看法。又如雅斯贝斯说:"轴心期奠定了普遍的历史,并从精神上把所有人吸引过来。"[3]很明显,在这里,"精神"被赋予了普遍性,而这样一种普遍性在一定程度上应当与"绝对理念"有关,其中也不排除黑格尔的"合目的性"因素。此外,雅斯贝斯还这样评价古代即早期文明:"在前数千年中,历史具有不同的意义,它缺乏后来轴心期首次感受到的精神作用力。""前轴心期文化,像巴比伦文化、埃及文化、印度河流域文化和中国土著文化,其本身规模可能十分宏大,但却没有显示出某种觉醒的意识。""与轴心期光辉的人性相比,以前最古老的文化十分陌生,似乎罩上了面纱,人仿佛仍未真正苏醒过来。"[4]一言以蔽之,古代文明"缺乏奠立我们新人性基础的精神革命"[5]。这样一种对古代文明的评价其实也是与黑格尔有关"精神"发展的看法相同的。

不过尽管如此,我们仍应注意雅斯贝斯所说"精神"与黑格尔所说"精神"的不同。雅斯贝斯的"精神"毕竟不是"绝对的理念",不是"精神"的自身运动

---

〔1〕 阿尔弗雷德·韦伯:《文化社会学视域中的文化史》,第 406、407 页。
〔2〕 卡尔·雅斯贝斯:《历史的起源与目标》,第 14 页。
〔3〕 同上书,第 28 页。
〔4〕 同上书,第 13 页。
〔5〕 同上书,第 55 页。

和自我发展,而是发生于世界各地区、各民族历史上的真实文化现象或经验,它是与文明"突破"过程密切相关的。更重要的是,我们在这里务必要看到雅斯贝斯"轴心说"与黑格尔思想的重大区别。就像雅斯贝斯不同意黑格尔的哲学发源或哲学史观一样,雅斯贝斯也不同意黑格尔的精神发源或精神史观。在雅斯贝斯这里,一部"轴心期"的哲学发展也就是精神发展是由东西方诸区域共同参与和构成,它绝非西方的"专利"。

（二）运　动　与　静　止

雅斯贝斯"轴心说"的另一个核心概念是"突破"。雅斯贝斯视"突破"为历史的"正道",而所谓"突破"也即运动变化而非静止的历史进程。如雅斯贝斯认为,古代文明普遍来说是静止的,而轴心期则是运动的、变化的,或即富于"突破"的,他说:"根据各民族对轴心期突破的反应方式,他们中间出现了一道深深的分界线。"虽说突破对历史是决定性的,但它并没有普遍发生,"有些古代文明的伟大民族,他们早于实现突破的民族,甚至与他们同时存在,但却没有参与突破"。[1]一个典型的例子就是,埃及和巴比伦文化"都缺乏那种改变人类的反思的特性,它们没有在各轴心民族的影响下经历质变,它们对其生活范围外发生的突破不再做出反应"。[2]我们可以看出,雅斯贝斯借此将轴心文明与古代文明区分了开来。而这也是划定可以进入历史或正史的标准:那些"掌握了突破所具有的强烈和感受到了突破所表达的深度而跟在轴心期后面的所有民族,都是历史的民族"。"伟大的突破就像是人性的开始","在它之后,只有开始展现人性的个人和民族才是在正史的进程之内"。[3]雅斯贝斯还进一步将运动或"突破"作为西方文明的"标签",与东方加以区别,他说西方世界"不怕激烈的决裂和突然的跳跃,把彻底性引入了世界","西方有不断的突破。在突破中,各种各样的欧洲民族轮换地拥有其创造时代。然后,从突破中,欧洲整体获得了它的生命"。[4]相比之下,"那些古代文明缺乏任何特殊

---

〔1〕　卡尔·雅斯贝斯:《历史的起源与目标》,第62、63页。

〔2〕　同上书,第63页。

〔3〕　同上书,第66页。

〔4〕　同上书,第69、72页。

的历史运动。在最初的显著创造之后,比较起来没多少精神运动的几千年过去了"[1],"我们虽然被埃及和巴比伦文化的壮丽所吸引,但它们缺乏突破所带来的一切,这造成了鸿沟"[2]。同样,"中国和印度总是在延续自己的过去时存活"。例如儒教,其"精神生活变成了静止干瘪的木乃伊"[3]。

但我们应当看到,"突破"的观念其实同样源自德国思想界,如与雅斯贝斯大抵同时期的阿尔弗雷德·韦伯也使用这一语词,如"第二阶段的发展带来突破,这种突破在第一阶段的发展中已初露端倪","这就是信仰上的突破所带来的影响"。[4]观察阿尔弗雷德·韦伯以上论述的背景,他的"突破"似是激活和复苏的意思。另阿尔弗雷德·韦伯也在叙述19世纪与20世纪之交的世界情势时专门涉及"突破"问题,包括这样的标题:"C.大战结束时的历史情势与突破""Ⅰ.突破""Ⅱ.突破的深刻之处"。这里的"突破"主要是在论述世界或人类面临的巨大变化。阿尔弗雷德·韦伯还说道:"如今,每个人都在谈论突破及其重要意义。本书也是以此为出发点的。"[5]"每个人都在谈论突破",这很容易让我们联想到雅斯贝斯,联想到那个时代的共同话题。

不过就历史学理论而言,尤其值得我们关注的可能还是兰克史学中与此相关的思想。按照兰克的观点,真正的历史应体现运动发展变化,也就是"进步",这意味着运动变化而非静止是历史的衡量准则。兰克也将"进步"称为"革命",他说:"革命对世界以及每一个个人都是至关重要的,对革命以及与其相反的力量进行调和,这是欧洲世界的一个部分。"[6]在兰克看来,拉丁与条顿民族(也作罗马与日耳曼民族)"就曾经形成过这些伟大历史性的发展因素(elements of great historical development)"。他说,在拉丁和条顿民族身上"有一种进化的精神力量,这种精神力量是呈阶段性、一步步地逐渐发展着的"。兰克不乏"武断"地认为:"人类中只有一个系统整体参与了这种普遍性历史运动";而"其他的人被排除在这一历史运动之外"[7]。如果理解不错的话,"只有

---

〔1〕　卡尔·雅斯贝斯:《历史的起源与目标》,第61页。

〔2〕　同上书,第63页。

〔3〕　同上书,第71页。

〔4〕　阿尔弗雷德·韦伯:《文化社会学视域中的文化史》,第255、256页。

〔5〕　同上书,第368页。

〔6〕　列奥波德·冯·兰克著、罗格·文斯编:《世界历史的秘密:关于历史艺术与历史科学的著作选》,第58页。

〔7〕　同上书,第206页。另见兰克《历史上的各个时代》,北京大学出版社2010年,第6页。

一个系统"就是指欧洲,而"其他的人"就是所有欧洲以外的民族。以此为标准,就必然会得出另一个相关的结论:东方那种永恒或静止不变的历史就是没有意义的,它不是历史学家研究的对象。兰克在其《世界史》第1卷的前言中就清晰地表达了这一观点:"某些东方民族自原始社会传承下来的专制国家被视为人类所有文明发展之源。实际上,这些东方民族国家是永恒静止不变的,这对探求世界历史的内在运动的历史学家而言,毫无意义。因此,这些东方民族国家不是世界历史研究的对象。"[1]并且,按照兰克的观点,在历史进程中的各个民族并非都处于进步之中,"以亚洲为例,那儿曾经是文化产生之地并经历过多种文化阶段,然而正是在亚洲,这种变化从整体上看却呈现着一种倒退。亚洲文化在人类历史的最初阶段最为繁荣,但到了希腊和罗马文化占优势的人类历史的第二和第三阶段就不再那么辉煌了,随着野蛮的蒙古人的入侵,亚洲文化甚至完全结束了"[2]。兰克的这一历史观对德国乃至整个西方历史学界、思想界的影响极其巨大,事实上,我们在其中也可以看到黑格尔的影子。

之后,布克哈特则将西方的发展变化归因于内部不断的冲突或斗争。他说:"西方的发展具有生命最真切的特征:出于其各种对立面的斗争,某些确实新颖的东西发展起来;新的对立取代了旧的;它不是军人、宫殿和王朝革命纯粹无意义的、几乎一成不变的重复,像七百年来在拜占庭以及更长时间在伊斯兰所发生的。"在布克哈特看来,每次斗争或冲突,民众都有所改变,后人或历史学家能够洞察到无数个体的灵魂并记录下那一时代的精神风貌,在此过程中,"民族、宗教、地区等等元素增加了精神上的无数细微差别"。尽管这些东西在当时并不惬意和令人愉悦,而是生死斗争。[3]为此布克哈特强调:"历史学的职能不是哀叹这一欧洲西方的斗争,而是研究并展现它。"并且"考虑到当时斗争的惨烈和对毁灭对手的渴望,我们这些好心的后来者无法对任何一方保有绝对的同情,即便是我们认为属于我们的一方"。[4]这一点非常重要,它意味着布克哈特的历史观首先是遵从客观性这一法则,而非某种主观好恶,包

---

〔1〕 列奥波德·冯·兰克著、罗格·文斯编:《世界历史的秘密:关于历史艺术与历史科学的著作选》,第334、335页。但由吉林出版集团股份有限公司于2017年出版的兰克的《世界史》中,同样内容的翻译却比较温和,见其第1卷,第3页。

〔2〕 利奥波德·冯·兰克:《历史上的各个时代》,第6页。

〔3〕 雅各布·布克哈特:《历史讲稿》,第180、181页。

〔4〕 同上书,第180页。

括自以为是的道德感或者正义感。总之,在"冲突"与"和谐"的价值天平上,布克哈特更倾向于前者。"历史学最好完全抛开那些仅仅是迫切需要的东西,并投入到对过去的斗争、冲突和多样性之尽可能客观的思索和描述中。""因为西方的生活就是斗争。"〔1〕布克哈特为此举述了一系列冲突或斗争的例证。〔2〕

而这些正是雅斯贝斯"突破"思想或理论的深刻根源。

(三) 多 样 与 单 一

在雅斯贝斯对"轴心"问题的考察中,还有一对重要的概念,这就是多样与单一。雅斯贝斯认为,东方文明是相对单一的,而西方文明则是多样或丰富的。按照雅斯贝斯的看法,"导致多种语言和民族的分化在印度和中国可能并不少",但是,"这种分化没有在斗争过程中变成社会和文化实体所采取的各种形式间的三维对照的基础,没有变成一个世界的历史结构"。〔3〕然而,西方恰恰适成对照。雅斯贝斯认为,单单在地理上就有巨大差异。"同中国和印度封闭的大陆疆土相比,西方因其地理环境的极其多样化而形成特点。"这包括半岛、岛屿、地中海气候地区、北部高山区和漫长的海岸线。而与此相关的是"民族和语言的多样性"。于是,"每个民族和每种语言轮流地接替充当行动和创造的主要角色。通过这些,它们创造了历史。西方的各个国家和各个民族描绘了独一无二的画面"。〔4〕雅斯贝斯指出:"像所有文化一样,西方意识到一种普遍原则的形式。但是在西方,这种普遍原则并没有凝结成一种限定的制度和观念的固定教条,也没有凝结成在种姓制度与和谐秩序之内的生活。"〔5〕雅斯贝斯强调,开放是西方一个基本的卓越的因素,在西方"没有造成一个占统治地位的人类模式,而是造成了许多对立的模式。没有一个人等于一切,每一个人都有其位置"〔6〕。不过总体而言,在多样与单一问题上,雅斯贝斯的思考没有像"精神"和"突破"那样丰富和深入。

其实,关于西方文明的丰富多样性,同样也是不少德国历史学家所思考的

〔1〕 雅各布·布克哈特:《历史讲稿》,第187页。
〔2〕 同上书,第182—187页。
〔3〕 卡尔·雅斯贝斯:《历史的起源与目标》,第69页。
〔4〕 同上书,第74页。
〔5〕 同上书,第76页。
〔6〕 同上书,第78页。

重要问题,因为这一问题与"突破"问题密切相关,即与运动和静止问题密切相关,所以我们同样可以找到其德国理论的根源,如兰克就指出:"每个西方国家都由各自的民族组成,有着本民族的任务。"〔1〕这揭示了欧洲社会的一个重要特征就是差异性或多样性,它与多民族息息相关。

在这方面,布克哈特的《历史讲稿》有着近乎"经典"的论述。布克哈特指出:"庸常的历史价值判断习惯于要求某一种元素迅速和彻底的胜利。它不能忍受多样性。"这包括各种名目的神职人员、通俗哲学家、君主,以及激进的政治家,他们"在历史中不能忍受看到各种竞争力量"。〔2〕而布克哈特则带着激情但又不乏冷静地说道:"无论我们为之喜悦或悲哀,有一件事情是我们无须期盼而只能作为一个现实而遭遇的,即欧洲作为多种生活的一个古老和崭新的中心,作为产生了最为丰富的形态的地方,作为融入这么一个整体的所有对立面的家园,一切知识见解都在这里发出声音,得到表达。""这就是欧洲:在丰碑、图画和言辞中,在制度、政党,直至在个人中,所有力量的自我表达。"〔3〕不难看出,布克哈特的见解与兰克的见解如出一辙。

布克哈特尤其强调,欧洲"不去默默服从各种世界君主制和神权政治,就像东方因其一元化君主制而做的那样"〔4〕。为此,布克哈特将西方与东方、欧洲与亚洲做了对比,"各古老民族曾在亚洲建立更庞大和强力的帝国,诸如伊朗和亚述,一个接一个",但这些东方帝国都一样,"只拥有一种力量、精神和风格。它们也不得不作为特定文明的土壤而存在"。他想象道:"或许是一种懵懂的冲动驱使印欧语系种族的一些分支走向落日、来到西方,因为此处等待他们的是一片不同的土地和一种不同的气候(自由的和多样的),一个满是岬角岛屿的崎岖世界。"我们在这里可以看到雅斯贝斯的论述与布克哈特的论述的近似性。布克哈特由此而做出结论:欧洲人"创造了希腊、罗马、凯尔特和日耳曼诸文明,且是在不断的转变和冲突中做到的",虽然这往往很痛苦,但它"总是伴随着新力量的释放,不像在拜占庭所发生的情况",在那里,历史以同样方式反复更迭。因此,布克哈特认为,欧洲或西方"远远优越于亚洲诸文明,它们形式多样,在它们之中个体能充分发展并为整体做出最大贡献"。〔5〕

〔1〕 利奥波德・冯・兰克:《历史上的各个时代》,第41页。
〔2〕〔3〕〔4〕 雅各布・布克哈特:《历史讲稿》,第179页。
〔5〕 同上书,第179、180页。

　　布克哈特仍嫌不"过瘾",他继续强调说,欧洲的敌人只有一个,即"只有一件事总显得对欧洲是致命的,这就是压倒性的机械力量,无论它出自一个征服性的野蛮民族,还是出自本地积聚起来的权力手段,这些手段或服务于某单一的国家(路易十四的野心),或服务于某单一的拉平化倾向,无论它是政治的、宗教的或社会的","欧洲总是得竭尽全力反对这些压倒性的力量"。[1]正因如此,"欧洲的救星首先是这样的人",当威胁到了它的特质,或威胁到了它精神的丰富多样时,他就会"把它从一种强加的政治-宗教-社会统一体和强制拉平化的危险中解救出来"。[2]我们能够看到,在布克哈特这些说法与雅斯贝斯西方"普遍原则并没有凝结成一种限定的制度和观念的固定教条""没有造成一个占统治地位的人类模式,而是造成了许多对立的模式"的说法之间具有极大的相似性。

　　为此布克哈特说:"历史学应对这一丰富性感到高兴,而把单纯追求胜利的欲望留给那些磨刀霍霍的人。"[3]一个历史学家应做的,就是"从一个高远的有利位置听去,钟声美妙和谐,无论从近处听它们是否会杂乱无章:Discordia concors(杂乱变得和谐)"。并且"将在杂乱中感受到和谐"。[4]但我想要指出,布克哈特的说法虽说不算错,不过在其"美妙和谐的钟声"中却似乎能听出一种"目的论"的音符。

　　此外,阿尔弗雷德·韦伯也对西方的多样性特征有过论述。如阿尔弗雷德·韦伯指出,在西方的发展过程中,产生了许多讲各种各样语言的新民族,而"随着不同语言区的形成,不同的思想区也形成了"[5]。为此,他还对印度和中国做了比较,"在东方,印度和中国同西方一样,也是由许多民族组成的",但与西方所不同的是,"那里只存在不同的技术性语言,并没有在此基础上出现思想与民族之间的紧张关系"。[6]反观西方,"就在于各个语言区渐渐发展成文学和思想区域,这是与东方的不同之处。在日常语言书写文学作品时,正在形成中的各个民族意识进入到他们各自的特性和特殊本质"。"就这样,语言区成为思想区,因而也承载着、巩固着各种价值观念,它包含着上述各种紧

---

〔1〕　雅各布·布克哈特:《历史讲稿》,第 181 页。
〔2〕　同上书,第 182 页。
〔3〕　同上书,第 180 页。
〔4〕　同上书,第 179、180 页。
〔5〕　阿尔弗雷德·韦伯:《文化社会学视域中的文化史》,第 241 页。
〔6〕　同上书,第 241、242 页。

张关系"。[1]我们在前面雅斯贝斯的论述中也看到对语言与多样性关系的思考,不知两位思想家是否在此问题上有过讨论和交流。阿尔弗雷德·韦伯得出结论:"世界上没有哪个历史发展区域像西方内部那样显现出多姿多彩、外观形态差别分明的文化表现","哪里也没有这样的文化表现。"[2]而在雅斯贝斯这里,我们也已经看到这样的结论:"西方的各个国家和各个民族描绘了独一无二的画面。"[3]

以上我们同样可以看到雅斯贝斯思想与之前和同代思想的联系。

（四）西 方 与 东 方

而上述所有观念或概念,又都指向一对重要范畴:西方与东方。其实,西方与东方,或反之,东方与西方,乃是世界历史学研究中的一个永恒的话题,从事世界史研究的历史学家很难或者说根本不可能回避和绕开这一话题,也因此,自18或19世纪以来,这已经成为世界历史学研究中的核心范畴或概念。

以兰克为例,他在谈到罗马帝国的衰亡时说,世界由此完成了两种变化,其中之一就是"西方国家包括意大利、西班牙、高卢、不列颠和日耳曼完全与东方国家分离了",并且,"自从那时起,日耳曼因素和罗马因素相互交融而自成一系。正是在这一基础上才有了延续至今的发展变化"。[4]而在判断东方民族或文明的特点时,兰克特别提到宗教,"东方最重要的变化来自宗教。东方民族在宗教方面相当活跃"[5]。谈到欧洲即西方,兰克认为:"整个欧洲历史正是建立在特殊的和普遍的对立基础之上的。"[6]兰克这样对比东方与西方在政治层面的区别:"东方国家永远不会实现全民化,因为国家和教会都没有深入到基层的民众,处于基层的民众总是被国家和教会排除在外。而西方的普遍原则主张教会和国家的全民化。"兰克认为,这一点正是西方面对东方时的优势所在:"东方虽然拥有辉煌的崛起,但西方拥有更为扎实可靠的发展。"[7]而历

---

〔1〕 阿尔弗雷德·韦伯:《文化社会学视域中的文化史》,第242页。
〔2〕 同上书,第243页。
〔3〕 卡尔·雅斯贝斯:《历史的起源与目标》,第74页。
〔4〕 利奥波德·冯·兰克:《历史上的各个时代》,第34页。
〔5〕 同上书,第37页。
〔6〕 同上书,第40页。
〔7〕 同上书,第41页。

史地看,"当西方出现上述这种非常奇特的发展变化的时候,东方即地中海以东国家却正衰退为彻底野蛮状态"。例如"在文明开化的阿拉伯人之后出现了不文明的突厥人"。[1]但客观地说,兰克的《世界史》并不具有真实的"世界"性质,它只是兰克眼中,或欧洲人和西方人眼中的"世界图景",严格地说,这是一部捎带着其他文化的"欧洲史"。当然,这与兰克的历史观有关,如前所见,按照兰克的观点,永恒静止不变的东方民族国家的历史对探求世界历史运动的历史学家而言毫无意义,因此"世界史"就只能写成"欧洲史",或"欧洲史"就等于"世界史"。

而站在今天的历史高度,关于这对范畴的关键问题无非可以归结为究竟如何看,即"双边"地看,还是"单边"地看。如黑格尔就是"单边"看的典型,兰克关于东方永恒或静止不变的历史不是历史学家研究对象的结论同样也是"单边"看的典型。事实上,19世纪末以前,几乎所有的西方历史学家都具有"单边"即从西方看世界的特征。[2]

此外我们还须了解,东方与西方问题其实也就是文明或文化类型问题。众所周知,在德国思想界,对于世界文明或文化类型做最深刻思考与最充分论述的应当就是韦伯兄弟。并且我们必须看到,无论最终结论正确与否,韦伯兄弟的"世界观"即视野要比他们的德国前辈开阔得多,它是真正"全画幅"的,即是真正世界意义上的,或接近真正世界意义上的。这一工作始于马克斯·韦伯所做的世界宗教比较研究,相关著作包括《儒教与道教》《印度教与佛教》《古犹太教》以及《宗教社会学》几本著作。[3]

阿尔弗雷德·韦伯的《文化社会学视域中的文化史》一著同样是"全画幅"的,其结构安排已经充分照顾到东方与西方在历史上各自的地位,例如第二章"初级发达文化"与第三章"二级文化第一阶段:小亚细亚和地中海文化"就具有并列的逻辑性质,第四章"二级文化第二阶段:公元1500年之前的东方世

〔1〕 利奥波德·冯·兰克:《历史上的各个时代》,第79页。

〔2〕 这里不妨引用一下当代英国历史哲学家沃尔什的一个概念:集体的偏见。沃尔什说:"我们作为一个集体的成员所做出的种种假设,比起它们我们个人的好恶来,是更不易于察觉的,因而是更不易于改正的。它们作用起来是更加微妙而又广泛的,而且正由于它们为集体所普遍接受,所以就更缺少一种鞭策,使我们能意识到它们从而克服它们。"沃尔什:《历史哲学——导论》,广西师范大学出版社2001年,第103页。

〔3〕 广西师范大学出版社出版有《韦伯作品集》,其中包括:《中国的宗教、宗教与世界》(其中含有《儒教与道教》),2004年;《印度的宗教——印度教与佛教》,2005年;《古犹太教》,2007年;《宗教社会学》,2005年。

界"与第五章"二级文化第二阶段：公元 1500 年之前的西方"也具有严格的对应性。这些都清楚地体现了文化类型及比较性质。具体来说，如阿尔弗雷德·韦伯有这样的表述："在西方，忍耐和宽容从来都流于表面。"[1]"基督传教是一种罕见的事物，只为基督教所特有。""东方没有任何宗教具有这样的特性。"[2]不过阿尔弗雷德·韦伯这段话正好可以作为划分东西方的复杂性或随意性的一个例证，在我看来，基督教首先产生于东方即应归属东方。尤其值得一提的是，阿尔弗雷德·韦伯在第五章"二级文化第二阶段：公元 1500 年之前的西方"中所列的第一节内容便是对西方特点做专门的描述，其标题为"A.西方的特点和几个时代"。而对比一下雅斯贝斯的《历史的起源与目标》的标题，我们就会发现二者关注的问题颇具相似性。阿尔弗雷德·韦伯在里面分析道："西方经历的基本历史情势的特点，必定充满着矛盾、紧张关系或紧张关系的萌芽。"[3]其中在谈到接受教会所产生的紧张关系时，阿尔弗雷德·韦伯说道：宗教教义或学说"这种辩谬理论标志着西方人觉醒了，它将西方人推向一种欲念与思想分离的特殊的矛盾状态，使他们好像处在一种压力下"，又"使他们的欲念和潜意识中的意愿在某种程度上从侧面的渠道突然释放出来"，"那些突然爆发出的欲念和意愿，……向各个方向释放，极具活力"。[4]这样的描述真是充满诗意，而这种诗意我们也同样可以在雅斯贝斯这里看到。

　　客观地说，雅斯贝斯的"世界观"更接近于韦伯兄弟。在雅斯贝斯的《历史的起源与目标》一书中，西方与东方始终是一对相互对立又相互伴随的范畴。雅斯贝斯说："从希腊时代以后，西方就开始在东方和西方的精神对立中建立起来了。"又说："从希罗多德起，人们就意识到了西方和东方的对立，它们是永远以崭新形式再现的永恒对立。"还说："西方理解东方并脱离东方。它把东方文化的各种因素接收过来，将它们一直重新改造到成为它自己的文化为止。西方投入到东方的斗争；在斗争中，时而西方占到上风，时而东方占到上风。"[5]而为了说明东西方的差异，特别是西方的特殊性，雅斯贝斯有意识地安排了一些相关章节，这包括第一篇第五章之四"西方历史"，第六章"西方的

〔1〕　阿尔弗雷德·韦伯：《文化社会学视域中的文化史》，第 77 页。
〔2〕　同上书，第 154 页。
〔3〕　同上书，第 233 页。
〔4〕　同上书，第 235 页。
〔5〕　卡尔·雅斯贝斯：《历史的起源与目标》，第 79 页。

特殊性",第七章"东方和西方,东方世界和西方世界"。这样的安排同样具有文化类型描述与比较的特点。例如雅斯贝斯这样赞美西方:"在这数千年变迁中,西方世界以中国和印度所不了解的方法,向前迈出了决定性的步子。"[1]雅斯贝斯指出:"西方给例外以活动的余地。它经常容纳绝对新颖的生活和创造的模式,然后,恰恰能从根本上毁灭新模式。""西方是一个永远把自己引向一个普遍原则,但不被任何普遍原则封闭起来的世界。""因此,西方具有不屈不挠的特征,即决心把事物带到极端。"[2]在这里,我们能够清晰感觉到雅斯贝斯与阿尔弗雷德·韦伯以及兰克看法的相似性,也能够清晰感觉到雅斯贝斯作为西方一员的那种溢于言表的自豪感。

结　　论

通过以上考察,我们实际已经进入了雅斯贝斯"轴心说"的深处,这既包括进入"西方中心论"或"排他主义"观念的深处,也包括进入德国或西方历史学理论的深处。

如果把德国历史学理论比喻为一幢大厦,那么这幢大厦是由许多部分组成的,这包括诸多核心范畴或概念,如运动与静止、多样与单一、西方与东方,这就像古代希腊神庙如帕特农的立柱,而在它的上方则赫然矗立着巨大的山墙即三角楣:精神。雅斯贝斯的确在世界历史由不同的起源所构成、哲学或精神有各自独立的源头、不同文明共同享有精神创造的权利和荣耀这一点上取得了"突破",但是,这样一个"突破"却无法撼动德国历史学理论的整幢大厦。事实上,从《历史的起源与目标》一书我们可以看到,雅斯贝斯本人同样也是出入于这幢大厦的"常客",其哲学观与历史观仍然与这幢大厦的基础理论密切相关。

因此,雅斯贝斯就自然无法避免在德国或西方历史理论深处普遍隐含着的"西方中心论"或"排他主义"观念。客观地说,"西方中心论"的出现也实属必然,它是伴随着近代欧洲社会的进步而产生的,是伴随着 18、19 世纪西方世界的节节胜利而产生的,自然也是伴随着欧洲或西方文明对全世界的征服

---

〔1〕卡尔·雅斯贝斯:《历史的起源与目标》,第 69 页。
〔2〕同上书,第 76、77 页。

而产生的。毫无疑问,在此过程中,作为欧洲人或西方人,必定会站在欧洲或西方的立场上,用西方的视野或欧洲的视野来观察世界,也用西方的标准或欧洲的标准来考量世界。以历史理论或历史观而言,将变化性和多样性作为唯一的历史评价法则就是典型的"西方中心论"的,它必然,然不合法!

但我们也必须看到,西方历史理论又是一幢结构谨严且异常坚固的大厦,其中包含许多合理的部分,这绝非可以"西方中心论"一词简单而随意加以概括的。就拿"精神"来说,虽说在黑格尔这里被赋予了"绝对理念"的性质,具有"目的论"的特征,但兰克、布克哈特、阿尔弗雷德·韦伯以及雅斯贝斯一干思想家都纷纷以此作为各自历史理论的核心概念,那就不能轻易判定它是错误的。同理,即使像运动、变化、丰富、多样这些历史观念也不能简单就说是错误的,因为里面包含着大量合理性,包含着对社会历史发展的深刻认识。当然,如果以此作为唯一标准,或以西方作为唯一标准,那是有问题的。

总之,对雅斯贝斯"轴心说"的判断就应当置于这样的背景下着手进行:我们既要看到他所取得的"突破",又要看到囿于"西方中心论"而造成的不足,还要看到西方历史理论不能简单以"西方中心论"概括,它包含有许多内在合理性。关键在于,20世纪以前建立在西方或欧洲视域基础上的世界历史评价标准不应当再成为今天历史学研究的唯一标准!

六、西方学者眼里的中国
"轴心"及"连续性"
——以韦伯兄弟、雅斯贝斯、艾森斯塔特为代表的考察

"轴心期"由雅斯贝斯提出,它对于考察古代文明的重要意义已为学者所普遍熟知。"连续性"则由张光直提出,他在文明史研究中,曾用"连续性"和"突破性"(也作"断裂")来区分中国(包括中国所代表的大部分古代世界文明)和西方,也就是说,"连续性"(包括"突破性")的概念是由张光直明确提出并清晰表述的,不过张光直的理论总体只涉及事实判断。事实上,"轴心期"与"连续性"(包括"突破性")之间存在着密切的关联。并且,"连续性"(包括"突破性")作为这样重大的问题,西方不少历史学家、社会学家、思想家、哲学家也都分别有过各自的触及。本文主要选择韦伯兄弟、雅斯贝斯、艾森斯塔特这几位学者作为代表,通过这些西方学者的眼光来看中国的"轴心"及"连续性"问题。通过考察我们会发现,从韦伯兄弟到雅斯贝斯再到艾森斯塔特,都对中国文明的"轴心"及"连续性"问题有过深入的思考,并且不仅涉及事实判断,还涉及价值判断。

(一)雅斯贝斯论中国"轴心"与"连续性"

首先,我们来看雅斯贝斯《历史的起源与目标》一书[1]对于中国"轴心"与"连续性"的论述。

就轴心期而言,雅斯贝斯认为中国与印度实际是发生了"突破"的。这里的"突破"具体就是指轴心时代所呈现出的若干面貌或特征,亦即《历史的起源

---

〔1〕 此著国内目前的译本有两种:《历史的起源与目标》,魏楚雄、俞新天译,华夏出版社 1989 年;《论历史的起源与目标》,李雪涛译,华东师范大学出版社 2018 年。考虑到与之前研究的连续和对应,本文引文仍以魏楚雄、俞新天的译本为主,根据需要部分地方会附上李雪涛的译文以做参照。

与目标》第一章"轴心期"之一"轴心期之特征"的主要内容,包括:中国、印度和西方三个地区的人类几乎同时开始探询根本性的问题,神话时代一去不返,人性显现出精神化的改变,哲学家首次出现,人的理论思辨得以提升,由此造就了特殊的人性,社会学图景呈现出独立自主的生活,精神相互交流与传播,人类的存在作为历史而成为反思的对象,等等。[1]当然,这也是与埃及和巴比伦比较而言。雅斯贝斯说,尽管埃及和巴比伦被视作西方文明的源头,印度和中国距离西方如此遥远,但后者与西方显然要接近得多。"我们同中国人和印度人远远比同埃及人和巴比伦人接近得多。埃及和巴比伦世界的宏伟壮观是独一无二的,但我们所熟悉的首先只是突破的新时代。"[2]而这种相互之间的接近也决定了不同文明相互之间的平等。"中国和印度居有与西方平起平坐的地位,不仅因为它们存活了下来,而且因为它们实现了突破。"[3]

但接下来,当雅斯贝斯将目光转向轴心期之后的东西方文明比较时,中国与印度曾经在轴心期所呈现出的"突破"图景显然在雅斯贝斯的视觉内"消失"了,这也就是《历史的起源与目标》一书第四章"古代历史文明"、第五章"轴心期及其后果"、第六章"西方的特殊性"及第七章"东方和西方,东方世界和西方世界"所思考和论述的问题,在此,雅斯贝斯做了比较性的考察。

如雅斯贝斯在第四章"古代历史文明"中讲:"轴心期的中国古代文明的继承人,在古老的文明中看到他们自己的往昔。他们代代相传,连续不断;他们没有生活在新时代的感觉;他们按照具有神话特征的理想化形态,把过去看作一个在创造性幻想中展开的典范。"[4]他又讲:"那些古代文明缺乏任何特殊的历史运动。在最初的显著创造之后,比较起来没多少精神运动的几千年过去了。"[5]又如雅斯贝斯在第五章"轴心期及其后果"中讲:"与中国和印度相比,西方的新开端似乎惹人注目得多。和东方有时变得很弱的精神持续相并列,西方出现了一系列完全不同的精神世界。""亚洲无疑是稳定的,像我们的

〔1〕　卡尔·雅斯贝斯:《历史的起源与目标》,第 8—11 页。

〔2〕　同上书,第 63 页。

〔3〕　同上书,第 64 页。

〔4〕　同上书,第 61 页。李雪涛译本这段文字翻译如下:"轴心时代晚期的中国人,在古代高度文化中看到了他们自己连绵不断、没有断裂的过去,他们没有处在新时代的感受,他们将过去看作在创造性的幻想中展开的、具有神话性质的、理想化形态的典范。"见第 60 页。李雪涛翻译中"连绵不断""没有断裂"这些用语可以说最大程度贴合了张光直中国文明"连续性"的判断。

〔5〕　同上书。李雪涛译本这段文字翻译如下:"然而这些古代高度文化缺乏真正的历史运动。在最初非凡的创造之后,随后的数千年是比较而言在精神方面并不活跃的时代。"见第 60 页。

各族大迁移一样,中国和印度沉寂了数世纪。在此期间,一切似乎都在混乱中消失了。""公元1500年,当欧洲迈出其前所未有的步伐时,中国和印度却准确地同时进入了文化衰退。"〔1〕"在这数千年变迁中,西方世界以中国和印度所不了解的方法,向前迈出了决定性的步子。它不怕激烈的决裂和突然的跳跃,把彻底性引入世界。"〔2〕"中国和印度总是在延续它们自己的过去时存活。另一方面,希腊则超出了自己的过去。"〔3〕在西方,"文化一元形式的倾向并不像中国儒教中大量发生的情况那样,致使精神生活变成了静止干瘪的木乃伊。西方有不断的突破。在突破中,各种各样的欧洲民族轮换地拥有其创造的时代。然后,从突破中,欧洲整体获得了它的生命"〔4〕。这就是说,在"轴心期"的辉煌之后,中国便停滞了、止步了、不再发展。可以看出,作为历史观点或理论,这与张光直有关"世界式"或"连续性"的理论非常相似,其实,更进一步说,在很大程度上也与兰克"正史意味着运动变化"的历史观非常相似,甚至可以说,这似乎就是兰克历史观的延续。

不过,雅斯贝斯又时时提醒自己勿陷入以西方为中心的历史观的泥沼。如他就西方史学界有关中国和印度没有正史的看法所提出的批评:"这是个陈旧的论点,即与西方相比,中国和印度没有正史,因为正史意味着运动、内在性质的改变和新的开端。西方有西亚古代文化,接着是希腊罗马文化,然后是日耳曼-拉丁文化。那里有地理中心、地区和民族的不断变更。另一方面,亚洲的情形持续不变;它改变自己的表现形式,在大灾难中垮掉,又在永远不变的唯一的共同基础上重建。"雅斯贝斯指出:"这种观点导致一个概念,它把印度河和兴都库什山脉的东部描绘成非历史的稳定,把印度河和兴都库什山脉的西部描绘成历史的运动。"〔5〕由以上我们又可以看出,雅斯贝斯对"正史意味着运动变化"的历史观也保持着警惕,尽管这在实际论述中很难避免矛盾或悖论。

并且,雅斯贝斯还就世界的未来及亚洲的作用提出了自己的展望:"我们再也不能忽视伟大的亚洲文化世界,把它当作由处于永久精神停滞状态的非

〔1〕 卡尔·雅斯贝斯:《历史的起源与目标》,第66页。
〔2〕 同上书,第69页。
〔3〕 同上书,第71页。
〔4〕 同上书,第72页。
〔5〕 同上书,第64页。

历史民族构成的世界。"〔1〕雅斯贝斯提醒,不要"轻而易举地为其不确定的观念所欺骗",这包括"它(亚洲)人口众多,疆域辽阔。它是无边无际的、持久而缓慢的运动。……西方一旦获得意识,它不断有可能再陷回亚洲的危险"。并且,"如果陷回亚洲的危险要在今天实现,那么这种危险就将在要改造和毁灭的新工业技术条件下实现";届时,"西方的自由、关于个人的思想、大量的西方范畴和西方清醒的意识将被丢弃",而"亚洲的永恒特点将取代它们并保存下去:有存在的专制形式,有宿命论精神的安定,没有历史的决心"。〔2〕然而雅斯贝斯说道:"这种与对衰退的想象力联系在一起的形象对比或许掌握一时的证据,但事实上它们是不真实和不恰当的。"〔3〕但我们也可以看出,这种展望同样充满着疑虑和矛盾。

(二)韦伯兄弟论中国社会、宗教或文化的"连续性"

事实上,在雅斯贝斯之前,马克斯·韦伯的《儒教与道教》一著〔4〕已经讨论过中国文明或轴心的"连续性"问题。这里有两个问题需要说明:第一,马克斯·韦伯的理论中并没有直接涉及"轴心"概念,但韦伯所关注的中国宗教、印度宗教及古犹太教形成的年代都是在"轴心期",就此而言,他在很大程度上确与雅斯贝斯"轴心期"理论所关注的问题暗合;第二,马克斯·韦伯也没有使用过"连续""突破"这样的语词或概念,但韦伯有关宗教社会学的研究又的确涉及或包含了"连续""突破"这样的问题。韦伯的《儒教与道教》《印度教与佛教》《古犹太教》以及《宗教社会学》几本著作,虽零散却清晰地论述了"连续"与"突破"问题,并且,这些研究就在于试图揭示或解释不同宗教之间所存在的根本差别。其中,《儒教与道教》这部著作的主旨就是对中国宗教进行考察与研究,韦伯在里面涉及了中国宗教乃至社会传统的"连续性"问题,只是韦伯在论述中使用了"传统"或"传统主义"这样的语词,但很明显,这样一种语词或表述与

---

〔1〕 卡尔·雅斯贝斯:《历史的起源与目标》,第82页。

〔2〕 同上书,第82页。李雪涛译本这段文字翻译如下:"取而代之的是永恒的亚洲特色的残留:专制形式的生存状态、非历史性与非抉择性、宿命论精神的安定化。"见第82页。

〔3〕 同上书,第83页。

〔4〕 马克斯·韦伯:《儒教与道教》,商务印书馆1995年,广西师范大学出版社2004年出版有《韦伯作品集》,其中《中国的宗教、宗教与世界》含有《儒教与道教》,这里引用广西师范大学出版社《中国的宗教、宗教与世界》的译文。

张光直的"连续性"概念在意指上其实是一致的或相似的,即都在于说明后世社会与前世社会之间的"联系"或"接续"。

按照韦伯的观点,中国人的"信仰附着于所有与祭祀的发展有关的巫术里"[1]。而此种宗教意识"是中国特有的",它看上去"永恒不变"。[2]韦伯注意到:在中国,"所有不好事故的发生,都是一种神佑的天地和谐受到巫术力量之干扰的征兆。这种乐天的宇宙和谐观对中国人而言是根本的,也是从原始的鬼神信仰逐渐蜕变而来的"[3]。这样一种巫术崇拜具有强烈的现实性或功利性,即"中国的宗教——无论其本质为巫术性或祭典性的——保持着一种此世的心灵倾向。这种倾向此世的态度较诸其他一般性的例子,都要远为强烈并具原则性"[4]。也因此,在中国,便"容许那些承袭自古,并且是个别人民所不可或缺的私人职业巫师阶层的存在"[5]。而巫术之能够延续,主要就在于它广泛或普遍地影响着社会绝大多数"个人的命运",否则它就不会有生命力,而且是旺盛的生命力。如果没有外力强大到无法抗拒的干预(就像犹太民族或文明那样),这一崇拜或思维就根本不会阻断。显然,韦伯的判断与张光直关于中国古代文明是所谓萨满式(shamanistic)文明的判断是相一致的。

这样一种特征也深刻体现在所有其他具体形态的宗教,即道教、儒教中。

虽说韦伯对儒教的理性给予了肯定:"儒教徒,原则上,与犹太教徒、基督教徒和清教徒一样,怀疑巫术的真实性。""凡是以古典的生活方式过活的人,就不必畏惧鬼神。"[6]然而韦伯又明确指出:"我们必须提醒自己,巫术在正统的儒教里有被认可的地位,并且也自有传统主义的影响力。"[7]韦伯特别提到了祭祀与占卜,尤其是后者,"由皇帝与官吏来主持的官方祭典和家长来主持的祖先祭祀,被儒教预设为既有俗世秩序的构成要素。《书经》里的君主在做决定时,不仅要征询国中的诸侯以及'国人'的意见,而且还要征之于两种传统的占卜方式"。结果,"因为教育阶层所抱持的这种态度,想要得到心灵之慰藉与宗教之指引的个人需求,便停留在巫术的泛灵论,与崇拜功能性神祇的

---

〔1〕《韦伯作品集》卷五《中国的宗教、宗教与世界》,第 62 页。
〔2〕 同上书,第 63 页。
〔3〕 同上书,第 64 页。
〔4〕 同上书,第 210 页。
〔5〕 同上书,第 212 页。
〔6〕 同上书,第 224 页。
〔7〕 同上书,第 283 页。

水平上"。〔1〕韦伯在这里强调了精英阶层对于整个社会的"负面"引导。的确,我们看到,从西周的《易经》到战国的《易传》,再到汉代的《易纬》,再到宋代对于《易》的形形色色的解说,仅此就是一条延绵两千多年的强大传统,这一传统奔流不息一直延续到当今,我们也有理由相信,它会一直奔流下去。

韦伯又指出道教比儒教更传统。他说:"道教,因其非教养、非理性的性格,甚至比儒教还更传统主义。道教没有自己的'精神';巫术,而非生活态度,决定人的命运。"〔2〕又说:"就其作用而言,道教在本质上甚至比正统的儒教更加传统主义。观其倾向巫术的救赎技巧,或其巫师,即可知别无其他可以期望的。为了整个经济上的生存打算,这些巫师直接将关注点放在维持传统,尤其是传布鬼神论的思想上。"〔3〕韦伯进一步指出,道教"从巫术那儿推衍出来的是传统的不可动摇性——传统被当作已经证明的巫术手段,以及最终,所有自传统而来的生活样式都是不可变更的"〔4〕。韦伯还明确指出:道教的源头在原始巫术那里,或者说要直接在原始巫术那里寻其根脉。为此,韦伯阐述了巫术与道教之间的关系:"巫术的施行,此处也和世界各处一样,仍然是忘我、迷狂的。巫与觋、古代的郎中与祈雨师,至今仍然存在并且史不绝书。在庙社的祭祝里,他们仍进行着狂乱的舞蹈。起先,他们吸取巫术的'力',再来是'灵',最后则是'神'到自己身上,然后借此而产生作用。巫与觋给予后世'道教的'印象,而今人也还如此认定他们。"〔5〕一言以蔽之,道教的核心内容就是"巫术"。因此在韦伯看来,如果要给道教这样一个宗教下定义的话,那么,"道教不过是个巫师的组织"〔6〕。

并且,韦伯强调,儒教与道教其实在"传统"上有共同之处。在韦伯看来,道教与儒教之所以有这些共同之处,一个很重要的原因就在于它们有共同的原始宗教的源头。他说:"孔子与老子,或者至少他们的继承者,都共同有鬼神信仰并接纳官方的万神殿。"〔7〕这当然也涉及儒道二教面临巫术与鬼神时的共同立场。韦伯指出,即便儒学再经过理性的熏陶和洗礼,即便儒学再有理性

〔1〕《韦伯作品集》卷五《中国的宗教、宗教与世界》,第 236、237 页。

〔2〕同上书,第 277 页。

〔3〕同上书,第 282、283 页。

〔4〕同上书,第 325 页。

〔5〕同上书,第 255、256 页。

〔6〕同上书,第 307 页。

〔7〕同上书,第 261 页。

的精神传统,或者说"无论它怎么轻蔑道教,当儒教面对巫术的世界图像时,是无可奈何的。这种无可奈何,使得儒教徒无法打从内在根除道教徒根本的、纯粹巫术的观念。与巫术交锋,总会有危及儒教本身势力的危险"〔1〕。他又指出:"道教难以根绝的理由,在于作为胜利者的儒教徒本身从来没有认真想要根除一般的巫术或特别是道教的巫术。"因为"所有的士人阶层都一再地因为畏惧惊扰'鬼神'","而对鬼神论与巫术让步"〔2〕。他还说:"对于鬼神之报复的认同信仰,迫使每一位官吏在面对可能造成自杀危险的群众狂乱的情况时,不得不让步。"〔3〕而这确与犹太先知的不懈斗争形成鲜明对照。

之后,马克斯·韦伯的弟弟阿尔弗雷德·韦伯也以其兄长的立场作为基础,论述过中国文化的"连续性"特征。

阿尔弗雷德·韦伯关于中国文化"连续性"的思想主要体现在他的《文化社会学视域中的文化史》一书第二章"初级发达文化"中。阿尔弗雷德·韦伯这一章的第二小节即 B 中专门列了"各初级发达文化的共同特征"这样的标题。在此标题下,阿尔弗雷德·韦伯首先对各初级发达文化所共同具有的"神魔主义"与"保守主义"特征做了阐述。"在各初级文化中,神魔主义都是一个有力的建构性因素。"这里所谓"建构性因素",我理解为基础性的、初始性的,也即原始性的。这种神魔主义"将这些初级文化置于无法攻破的羁绊之中,将类似于原始人不受时间束缚的初级文化的命运置于无法解脱的束缚中",而"这一切造就了初级文化在内容和形式上独特的、类似于原始时期的长久性,也造就了长达几千年之久的保守主义。在这种保守主义的主导作用下,一切行为都未表现出阶段性的发展"〔4〕。显然,阿尔弗雷德·韦伯所使用的"神魔主义"和"保守主义"这类语词很类似马克斯·韦伯所使用的"传统主义"这一语词。

这一章的第四小节即 D 是关于中国与印度的。阿尔弗雷德·韦伯如是说:"由于印度和中国地理范围宽广,渐渐有成百上千万的人生活在这里,虽然今天这两个文化的长久性遭到啃噬,但这种长久性没有发生根本性变化。"〔5〕并且同样地,"从中国和印度文化包罗万象的整体存在来说,二者作为初级文

〔1〕《韦伯作品集》卷五《中国的宗教、宗教与世界》,第 277 页。
〔2〕 同上书,第 270 页。
〔3〕 同上书,第 242、243 页。
〔4〕 阿尔弗雷德·韦伯:《文化社会学视域中的文化史》,第 33 页。
〔5〕 同上书,第 35 页。

化,具有神秘的特征"〔1〕。他在论述中国时又专门说道:"在所有敏感关键处,原始魔怪和各种大大小小、神秘的原始鬼怪便会出来纠缠不休。"并且,"官员统治遵循的是一种包围在各种奥秘之中的、完全原始性的神魔主义",〔2〕"儒学的内容及其载体已经暗示出它高度理性而神秘的性质"。至于道教,"就像在印度一样,中国满腹道教经义的传道士虽然不像佛教僧侣和隐修者那样生活,但他们同时扮演着巫师辅助师的角色,运用一切神秘的占卜方法,帮助人们掌控和理解塑造了中国人全部存在、完全原始性的自然力"。〔3〕不难看出,除了用语不同外,阿尔弗雷德·韦伯对于中国文化"连续性"的判断几与其兄长如出一辙。

(三)艾森斯塔特论中国轴心文明的"连续性"

最后,我们来看当今以色列著名学者艾森斯塔特对于中国"轴心"及"连续性"的看法。这里需要指出的是,艾森斯塔特所从事的主要是基于社会学对比较文明及现代性问题的研究,"轴心"问题应当是其整个研究的附属问题,"连续性"更是"轴心"问题之附属看法。但尽管如此,作为雅斯贝斯"轴心"问题的延续,艾森斯塔特的相关研究及看法依然具有举足轻重的地位。

艾森斯塔特对于中国"轴心"问题的讨论,首先是建立在对韦伯的批评之上的。艾森斯塔特声称,或在艾森斯塔特看来:韦伯是否认中国存在轴心文明的。其《反思现代性》与《日本文明》两书都包含有这一判断或结论。例如其在《反思现代性》中讲:"考虑到它强烈的现世取向(韦伯已经强调了这一点),关于中国是否确实可以划归为一种轴心文明,人们通常表现出种种怀疑。分析这一问题的起点,是要认识到韦伯对中国的阐释(即否认在儒教中国存在任何超越的紧张)可能犯了重要的原则性错误。"艾森斯塔特认为:"与看似韦伯式的观点相反,中国人——主要在儒教传统中——并不否认存在这种超越的紧张。"〔4〕

---

〔1〕　阿尔弗雷德·韦伯:《文化社会学视域中的文化史》,第48页。

〔2〕　同上书,第49页。

〔3〕　同上书,第50、51页。

〔4〕　S.N.艾森斯塔特:《反思现代性》,生活·读书·新知三联书店2006年,第272页。在《日本文明——一个比较的视角》一书中也同样有这段话,译文如下:"关于中国事实上可否认定为一种轴心文明,即韦伯业已强调过的,只要具有其强烈的现世取向,人们常常对此表示出怀疑。分析这一问题的出发点在于,认识韦伯对中国文明的阐释中可能出现的主要原则上的错误是什么——在儒教中国否定任何超验张力的存在。""同似乎是所谓韦伯的观点相反的是,中国人——首先是在儒教传统中——并没有否认这一张力的存在。"商务印书馆2008年,第491页。

再如以下这段对韦伯的批评:"在中国传统的信仰体系中,超越秩序与现世秩序之间的紧张是用相对世俗的术语表述出来的,也就是根据一种形而上的或伦理的——而不是宗教的——区别表述出来的。"〔1〕但在我看来,韦伯对于中国的阐释总体正确,并不存在艾森斯塔特所说的什么"主要原则上的错误",反倒是艾森斯塔特用"超验张力"来评判或要求韦伯存在着问题。因为"超验张力"并不是韦伯思考的主要问题,韦伯思考的主要问题是"传统"与"革命"或"连续"与"突破"。一言以蔽之,就是:为什么犹太民族发生了宗教革命,而印度与中国却没有,这背后的复杂原因是什么。就此而言,艾森斯塔特并未抓住韦伯思想的要旨。所以,或许不是什么韦伯对中国的阐释犯了重要的原则性错误,而是艾森斯塔特对韦伯阐释的理解犯了重要的原则性错误。同时,我们也要注意,在"轴心"概念使用上,艾森斯塔特与雅斯贝斯存在着不同。雅斯贝斯讲"轴心期"或"轴心时代",这是一个时间概念;但在艾森斯塔特这里却转换成了"轴心文明",这不是一个时间概念,而是一个族群概念、文化概念、共同体概念。如果以雅斯贝斯理论为准绳,那么在艾森斯塔特这里已经产生了"误用",并且这个"误用"也直接导致其对韦伯的"误解"评价。

当然,若去除艾森斯塔特对韦伯本不存在的"错误"的质疑,忽略艾森斯塔特在轴心概念上的"误用",我们会看到艾森斯塔特与韦伯及雅斯贝斯看法的高度一致。

例如在《反思现代性》一书的第九章"中国的历史经验和中国现代性的某些方面"中,艾森斯塔特表达了如下这样一些看法:"中华文明最为独特的特点,首先是在轴心文明中,其政治集中稳定,领土、政治和文化的连续性几乎独一无二;其次,是其政治领域被神圣化为实现流行的超越图景的主要的、几乎唯一的领域。"〔2〕这可以说是艾森斯塔特的一个基本判断。

具体地,艾森斯塔特说道:"主要的政治斗争和次要的宗教或异端(像佛教和道教)之间的关系,的确没有对中国社会和政治秩序施加任何深远的起变革作用的影响(唐代除外,那时,佛教受到中心的推崇),尽管它们在特殊制度领域带来了许多变化。因此,在中国产生的变化模式,其特点是政治体制的重建和各种经济制度或阶层的重建之间的融合处于相对较低的水平,即使后者的

---

〔1〕 S.N.艾森斯塔特:《反思现代性》,第273页。
〔2〕 同上书,第272页。

确影响到中心所采纳的政策。"〔1〕他又说道:"尽管显而易见,需要维持正常的经济状况、孕育足够的政策构成了对统治者的持续挑战,但政治边界的变化和朝代的递嬗与农业或商业的经济制度的变化间的结合,远不如某些其他帝国体系中那样强有力。"〔2〕他还说道:"不像在其他轴心文明中,正像我们已经看到的,政治领域构成了实现超越图景、乌托邦运动的主要领域;在中国,社会基本制度前提的重构,不会导致关键文化概念的重组(特别是在制度层面上的重组)。""与欧洲形成对照,然而与日本一样(某种程度上与印度相同),在中国很少看到对主要社会角色和制度领域的重新界定,或合法性基础方面的变化。直至现代,整个中国历史上大部分时期,正统儒教对不同活动模式的评价在宏观社会学的层次上一脉相承。相应地,历史进程中的突变意识发展的程度相对较低。这种变化大多数是按照一种循环的方式来理解的,因此相应地没有产生任何深远的、原则性的突变意识。""传统的重建方式和对其他文明的冲击的反应方式,更接近于印度而不是欧洲。"〔3〕艾森斯塔特以上这些论述,都意在说明,古代中国鲜有深刻、重大亦即"强有力"的变化,说到底可以归结为:中国没有发生"突破",即保持着"稳定性",这也就是韦伯所说的"传统主义",或张光直所说的"连续性",并且它与雅斯贝斯做东西方文明比较时所下判断也是一致的。

并且在艾森斯塔特看来,这样一种稳定、静止的状态在很大程度上是有意为之。"中华文明的连续性,某种程度上是这一历史经验的缩影,它构成了一个巨大的谜团,其症结是中国有能力将大部分内在的、结构性的和意识形态的变化,……纳入儒法体系的基本前提之中,进而允许这些前提在避免根本性变化的同时,自身经历不断的重述过程"〔4〕。"避免根本性变化""自身经历不断的重述过程",这正是"中华文明的连续性"的生动体现。

值得注意的是,作为社会学学者,艾森斯塔特从中心与边缘或外围的关系对中国文化的"稳定性"做了独特的解释。例如:"最重要的是,在制度的边缘兴起的抗议运动和宗教运动表明,不管这一方向的初始倾向,在与中心的政治斗争相结合并且催生新的意识形态和行动架构(特别是有关主要制度综合体

〔1〕 S.N.艾森斯塔特:《反思现代性》,第 276 页。
〔2〕 同上书,第 277 页。
〔3〕 同上书,第 277、278 页。
〔4〕 同上书,第 278 页。

的定义和建构方面)上,这些运动的能力微乎其微。类似地,在主要的异端、各种发源于中心的意识形态和政策与其他更大众化的运动之间,几乎很少产生持久的组织、结构、意识形态联系。确实,许多(通常是没有录用的)文人、绅士参与了秘密会社和反叛,但是,这些人要么阐述天命思想,要么给主流思想提供不同的附属性解释。"〔1〕以上主要是关于宗教问题。又如:"中华帝国的政治体制的变化与阶层构成的变化之间所产生的最紧密关系,对所有的帝国社会来说是共同的——这种关系也就是存在于自耕农的力量和地位与各种上层社会成员或绅士的力量和地位之间的关系。但是,在中国——例如,区别于拜占庭帝国,甚至这种联系也更多地表现在统治者的政策发展上,而不是从这些阶层的要求的政治表达上表现出来。同样地,甚至宋代大城市和商业的发展,或晚明和清代经济的日益分化,尽管与政府政策的变化结合在一起,但都不如各自的经济集团对于中心的冲击方式那么明显。"〔2〕以上主要是关于经济问题。再如:"在儒教礼制的中国,政治文化中心被界定和视为试图维护宇宙和谐的主要场所。这种自主的、专制主义的中心倾向于根据自己的前提,通过动员和沟通铸造(不过只是部分地)边缘。这一中心原则上与边缘具有一个共同的文化架构,但它调节着接近其神圣的奇里斯玛属性的优先权,进而控制边缘对中心的倾向性,假如不是直接控制边缘自身的物质生活的话。"〔3〕在此过程中,文化集团与政治集团、文明架构与政治架构形成高度的统一:"中心的这种结构,与主要的集团和次要中心的结构紧密相关。这一点首先从政治架构的意识形态中心地位和制度力量鲜明地表现出来,当文明的架构与政治的架构在制度上被相互交织在一起时,政治架构的这种特点与文明架构的制度性的软弱无力恰成对照。在所有轴心文明中,我们发现,在中国,文化集团和政治集团在认同上天衣无缝地水乳交融在一起,有时接近一致,而所有独特的、有可能在定义社会的属性和边界上与政治中心一较高下的文化或宗教中心,相应地软弱无力。"〔4〕以上主要是关于文化问题。这就是说,政治集团、政治架构牢牢地支配着宗教生活、经济活动以及文化集团乃至整个文明的架构,中心对边缘的控制也就是集权及专制极为稳定,后者或为前者附庸,或为前者注

---

〔1〕 S.N.艾森斯塔特:《反思现代性》,第 276 页。
〔2〕 同上书,第 277 页。
〔3〕 同上书,第 279 页。
〔4〕 同上书,第 280 页。

脚,总之,一切都是趋向于集权与专制这个中心的,社会的所有方面都根本不具有独立的身份和品格,因此也不具有或丧失了历史推动力。

在《日本文明——一个比较的视角》一书第十六章"比较框架中的日本历史发展"中,中国虽用于参照,但艾森斯塔特也表达了相同的看法。例如:"中国在所有制度领域里所经历的变化,远远超过在其他非轴心文明中所能见到的变化,这并不仅仅是改朝换代与帝国的倾轧分裂,而且是经济中农业和城市领域的结构方面日益分化,以及在城市的重要性方面、在不同文化和社会集团(诸如贵族)的相对权力和地位方面与在同官僚相对的皇帝主政方面所出现的变化。"但注意,这是与"非轴心文明"相比。"不过,不像在其他文明中所发生的情形那样,在制度领域里没有出现任何重大进展。在唐朝及整个帝国的漫长历史时期中,从儒家-法家的皇室体制的制度化来看,整个政治的形成和政治经济的模式没有任何深刻的变化……就像在欧洲、印度和日本在各个方面所发生的情形那样。"[1]即若与"轴心文明"相比,中国"整个政治的形成和政治经济的模式没有任何深刻的变化"。如经济生活与政治生活的关系方面,"在宋朝城市和商业的巨大发展,或在明朝末年和清朝末年经济的日益分化,都与政府政策方面的变化相关,而在各经济集团对中心冲击的方式方面都不那么明显"。文化领域方面,所有变化都"局限于中心——局限于文人学士、官僚和皇帝",而"不像在罗马帝国或拜占庭帝国,在这些运动中几乎没有广泛的阶层或次要精英的参与,因此这些变化至少没有正式地被认为是包含了深刻的政治思想立场"。[2]总之,"与欧洲相对照,除像在日本(某种程度上像在印度)一样外,中国几乎很少对主要作用和制度领域在其合法性的基础方面的变化进行重新界定"。在中国历史进程中,只"产生了较低水平的断层意识。这种变化多半是以循环的方式来认知的,因而没有产生任何深刻的原则上的断层意识"。反映在时间观念上,"对宇宙变化的认识与对世俗变化的认识结合起来,但只要这一认识是循环性质的,那么如朝代更迭就不会被认为是断层或非连续性的,而是宇宙变化与世俗变化之间关系的周期性出现的模式"。[3]的确,尽管《易传·革卦·象辞》中有"汤武革命"之说,但这里的革命实指"革"前朝的"命",而非西方意义上的"revolution"。事实上,中国只有朝代更迭,而从

---

〔1〕 S.N.艾森斯塔特:《日本文明——一个比较的视角》,第493页。

〔2〕〔3〕 同上书,第495页。

未有过革命。因此,"传统重构的模式与对其他文明影响的回应模式更接近印度的模式而非欧洲的模式"〔1〕。可这不正是韦伯的观点吗!

　　由以上考察可以看出,在对中国文化或文明的基本看法或判断上,艾森斯塔特与韦伯并无二致,也与雅斯贝斯并无二致,换作张光直的表述,就是具有"连续性"。

　　由以上考察可以看到,尽管马克斯·韦伯和阿尔弗雷德·韦伯兄弟、雅斯贝斯、艾森斯塔特各自的关怀有所不同,各自的研究有所不同,但他们的确都涉及"轴心"问题,我们看到,"轴心"问题或"明"或"暗"地蕴含于他们的思考之中;同时,他们也的确都涉及中国"轴心"及"连续性"问题,并且又都从不同方向就中国"轴心"及"连续性"得出了大抵相同的结论或看法。这种现象本身就十分有趣,它提示我们这一问题的重要性。

---

〔1〕 S.N.艾森斯塔特:《日本文明———一个比较的视角》,第495、496页。

七、中国自然哲学起源的方向与进程^{*}

到目前为止,有关哲学发生或起源的认识基本是以古代希腊作为范式或标准的。然而应当看到,哲学的发生或起源虽有某种共同性,但实则十分复杂。本文选取了中国自然哲学作为研究对象,通过对其进程的详细分析,考察其与希腊自然哲学起源的不同之处。文章具体包括了八个方面内容或问题进程的考察,分别是:"类""象、数""五行""阴阳""天人""天道""天""气"。最后以这些考察为基础,概括出中国自然哲学阶段方向与进程的某些特征。

(一)"类"

"类"观念从根本上说就是逻辑问题,具有方法意义。古代中国围绕"类"观念而形成的逻辑与古代希腊围绕属性问题而形成的逻辑有许多相似之处,但也有很大的不同。中国的逻辑系统确立于战国时期,就逻辑思想或理论成果而言,当时最重要的学者与学派包括公孙龙、后期墨家以及荀子等,都对"类"的问题做了深入的思考,并归纳概括出区分"同异"的一些重要准则。以此为基础,又出现了许多重要的命题,如《墨经·小取》讲:"以类取,以类予。"事实上,"类"的问题在战国时期乃为各家各派所普遍重视,如《易传·系辞上》讲:"引而伸之,触类而长之。"战国末年,《吕氏春秋》中大量使用"类"这一语词,再稍后的《黄帝内经》也是一样,这意味着"类"观念进入了真正的应用阶段。至此,中国古代的"类"观念及相关逻辑思想已经完全成熟。然而,这样一个进程是可以前推的。如在春秋战国之交,孔子说过:"举一隅不以三反,则不复也。"(《论语·述而》)墨子也说过:"义不杀少而杀众,不可谓之类。"(《墨子·公输》)再进一步,春秋时期,"类"这一语词已经广泛出现,具体包括分类、种类、族类、同类、异类、别类、类属等含义,一些已具有高度概括性,如:"名有

*　本文原发表于《中国哲学史》2018 年第 2 期。

五:有信,有义,有象,有假,有类。"(《左传·桓公六年》)更重要的是,我们需看到这样的"类"观念与同期知识活动的联系。以《管子·地员》和《尔雅》这两部代表性著作为例,我们可以看到这一时期"类"观念沿地理学和生物学两个知识门类展开。如在地理方面,《管子·地员》将丘陵分为15种类型,将山地分为5种类型,《尔雅》中则有《释地》《释丘》《释山》《释水》诸篇。在植物分类上,《管子·地员》中已经有十分成熟的植物地理概念,它已经注意到地势与植物的对应关系。而《尔雅》中关于生物分类的概念更加丰富,涉及这方面的内容共有七篇,分别是《释草》《释木》《释虫》《释鱼》《释鸟》《释兽》《释畜》。其中《释草》《释木》两篇第一次明确地将植物分为草本和木本两大类,这样一种分类与现在分类学的认识是基本一致的。推而广之,这样一种知识和观念也向社会活动领域延展,如《孙子》中《地形》和《九地》两篇就分别考察了不同的作战地形。事实上,了解了这样一种分类,我们也就不难理解公孙龙的白马非马理论,即不难理解其对语词的严格规定或区别。但春秋时期的"类"知识与思维又明显是三代的延续,《管子·地员》中的"类"观念其实是由《禹贡》以及《周礼》的传统发展而来,如《禹贡》将九州的土壤分成白壤、黑坟、白坟、赤埴坟、涂泥、青黎、黄壤、坟垆等八个种类。之后,《周礼·夏官》中《职方氏》一篇与《禹贡》非常相似。类似的分类活动还有许多,如据温少峰、袁庭栋研究,甲骨文中马的名称有白马、赤马等,牛的名称有黄牛、黑牛等,[1]公孙龙的理论一直可以上溯至此。"类"观念的产生时间还可以再向前追溯,追溯到早期人类的采集和狩猎年代及相关的观察活动。记录中国原始先民采集、狩猎及观察活动最早也最经典的文献材料就是《山海经》。《山海经》通常被认为是商周乃至春秋战国时期的成果,然而有理由相信,此书中大量的内容很可能是经历了数千或数万年时间遗传而至。而以观察为背景,原始人又会对被观察对象的特点、特征、特性加以辨别或识别,这样,早期知识活动便又逐步培育或发展出分辨或即辨别、辨识这样一种思维样式。如果对比《山海经》与列维-斯特劳斯的《野性的思维》,我们便会看到这两者之间的相似性。[2]

---

〔1〕 温少峰、袁庭栋:《殷墟卜辞研究——科学技术篇》相关内容,四川省社会科学院出版社1983年。

〔2〕 参见吾淳《中国哲学起源的知识线索——从远古到老子:自然观念及哲学的发展与成型》,第三编第五、六章相关内容。

（二）"象、数"

"象"与"数"观念虽非逻辑问题,却同样具有某种方法的意义。其中,"象"作为一种方法或观念,就是通过现象来探索消息,即通过某种表象来把握潜藏的东西,这是古代中国所培养起来的非常独特的思维;"数"则具有某种法则或规律的含义,古代中国人认为,宇宙具有一定的法则或规律,而且可以通过某种方法例如解卦获得。一般认为,"象""数"上升至一门"学问"是战国中期之后的事情。在《易传》中,"象"与"数"已高度结合,如《易传·系辞上》中说:"大衍之数五十,其用四十有九。分而为二以象两,挂一以象三,揲之以四以象四时。""天数二十有五,地数三十,凡天地之数五十有五。""二篇之策,万有一千五百二十,当万物之数也。"但事实上,"象""数"观念或概念早在西周末年至春秋时期就已经开始逐渐结合,例如《左传·僖公十五年》中说:"龟,象也;筮,数也。物生而后有象,象而后有滋,滋而后有数。"当然,这则例子也表明"象""数"观念与筮占活动有着密切的关系。但我们务必要看到这两个观念背后的知识因素。《易传·系辞下》说"古者包牺氏之王天下也,仰则观象于天,俯则观法于地"正此谓也。在春秋时期,这样一种因素遍布在许多生产与生活知识中。以"象"观念为例,《周礼·冬官考工记·栗氏》中记载:"凡铸金之状,金与锡,黑浊之气竭,黄白次之;黄白之气竭,青白次之;青白之气竭,青气次之,然后可铸也。"这里说的是对冶铸火候的掌握,其中充分运用了观"象"这一方法。观"象"方法也被用于探矿活动,如《管子·地数》中记载管子曰:"山上有赭者其下有铁,上有铅者其下有银,一曰上有铅者其下有鉒银,上有丹砂者其下有鉒金,上有慈石者其下有铜金。此山之见荣者也。"医疗活动更是使用观"象"方法的重镇。《史记·扁鹊仓公列传》中引春秋末年名医扁鹊(一说姓秦名越人)的话说:"越人之为方也,不待切脉、望色、听声、写形,言病之所在。"扁鹊的诊断疾病使用了包括切脉、望色、听声、写形在内的多种观察也即观"象"方法。事实上,西周末年特别是春秋时期,建立于知识活动之上的"象""数"概念也已经形成。以"数"为例,《国语·周语下》中有以下两则:"凡神人以数合之,以声昭之。数合声和,然后可同也。故以七同其数,而以律和其声,于是乎有七律。""天六地五,数之常也。"并且很明显,这里的"数"具有某种本原的意义。显然,这必定是以"数"知识的广泛应用为前提的。如《易经》中就有明显的排列组合思想。《易经》中最基本符号就是阳爻和阴爻。阳爻和阴爻按两个一组排列起来,就得到"四象";按三个一组排列起来,就得到"八卦";按六个一组排列起来,就得到六十四卦。用现代数学语言来表达,"四象"的组成是从两个不同的元素中每次取两个元素的排列,"八卦"的组成是每次取三个元素的排列,而六十四卦的组成则是每次取六个元素的排列。另外,西周时期,数学已成为贵族子弟必修的"六艺"(礼、乐、射、御、书、数)之一,而后世流传两千多年的"九九歌"很可能在西周时期就已经产生。[1]若再朝前,商代已经使用一、二、三、四、五、六、七、八、九、十、百、千、万等十三个单字记录十万以内的任何自然数,甲骨文中现已发现的最大的数字是三万,复位数已记到四位,这样一种记数法显然是遵循十进制的。更朝前,我们同样可以追溯至原始先民的知识活动,如陕西西安半坡、青海乐都柳湾、上海马桥等地出土的陶器上,一些刻画符号就已经具有数字意义。[2]

(三)"五　行"

一般而言,说到"五行",我们通常会立即想到《尚书》,特别是《洪范》篇,想到其中有关"五行"的论述:"五行:一曰水,二曰火,三曰木,四曰金,五曰土。水曰润下,火曰炎上,木曰曲直,金曰从革,土爰稼穑。"我比较同意王世舜的看法,即"从《洪范》内容本身以及联系西周及春秋战国时代意识形态的发展历史来看,它当是西周末叶到春秋中叶以前的产物"[3]。"五行"说正是在这一时期完成了最后抽象——由事物属性进一步抽象至事物本原或起源。考虑到春秋时期已经有诸如"天六地五,数之常也"这样的观念或语境,那么"五行"的本原意义就显得更为突出。之后如我们所知,"五行"学说在春秋末年、战国、秦及西汉早中期发展成为一门显学,概念固化,学说泛滥。然而仅仅了解这些又是远远不够的。我们需要了解,"五行"概念及其学说并不是突兀地出现的,应当有漫长的知识与观念积累作为基础,经历了一个由具体而一般的过程。因

---

〔1〕 杜石然等:《中国科学技术史稿》上册,科学出版社 1982 年,第 72 页;袁运开、周瀚光:《中国科学思想史》(上),安徽科学技术出版社 1998 年,第 179—181 页。

〔2〕 参见吾淳《中国哲学起源的知识线索——从远古到老子:自然观念及哲学的发展与成型》第三编第七、八章相关内容。

〔3〕 王世舜:《尚书译注》,四川人民出版社 1982 年,第 115 页。

此,我们还必须进一步追寻"五行"观念的根源,包括到更早的年代。研究表明,"五行"观念的产生过程中有"五星"和"五材"这样一些知识或观念的背景或因素。如詹剑峰就认为,"五行"作为"洪范九畴"首项,并非指构成万物的五种基本元素,而是反映了人们对五类生活物质材料的高度重视。[1]刘起钎则认为,"五行"一词原本只用于占星活动,即指辰星、太白、荧惑、岁星、填星等五大行星的运行。[2]"五行"或许在很大程度上正是这两者的结合所致,这个时间与王世舜所说的时间大抵吻合。当然,"五行"一词一定还有更多的知识支撑,例如:"气为五味,发为五色,章为五声。""是故为礼以奉之:为六畜、五牲、三牺,以奉五味;为九文、六采、五章,以奉五色;为九歌、八风、七音、六律,以奉五声。"(《左传·昭公二十五年》)若进一步向前追溯,则"五行"观念中有"五方"观念的基础。不过我认为,在"五行"概念与"五方"观念之间,很可能还经历了一个"五"观念的普及与传播时期。在这个时期,"五"观念是纷繁或具体的。但正是通过这一时期,建立在"五方"观念之上的"五"这一观念便可以固定下来,由此我们实际已经追溯到了殷代,对此,甲骨卜辞中有充分的证据可以说明,例如"五臣""五臣正""五工臣""五丰臣"等语词。这还不够,因为"五方"观念是以"四方"观念或知识作为基础的,在新石器时代的彩陶上有大量"四方"观念和"八方"观念的证据,包括图纹和符号,还有墓葬,其实"十"字与"米"字就应是由此而来。随着大的统一的中央王朝的建立,作为相对应的语词或概念,卜辞中已经出现"中商"的概念。常正光指出,"殷人据出日入日测得的四方"就是"以东西线与南北线相交点为中心的四方,这两条线相交构成'十'字形。""与中心点结合的四方才是事实上的四方。""也正因为四方是这种特性,人们便把这个起决定作用的中心点也加上'方'的称号,由四方而为五方了。"[3]但这仍不是真正或最初起点,因为新石器时代彩陶与墓葬所呈现出的"四方"或"八方"观念是农耕文化的产物,但方位知识与观念其实早在狩猎和采集的年代就已经获得了,在这方面,《山海经》就能够提供相应的证据,

---

〔1〕 詹剑峰:《驳"原始五行说"是朴素的唯物论》,《中国哲学》第 4 辑,生活·读书·新知三联书店 1980 年。

〔2〕 刘起钎:《五行原始意义及其纷歧蜕变大要》,见艾兰、汪涛、范毓周主编:《中国古代思维模式与阴阳五行说探源》,江苏古籍出版社 1998 年,第 140 页。相应的观点在其《释〈尚书·甘誓〉的五行与三正》《〈洪范〉成书年代考》等文中也已经有所表述。

〔3〕 常正光:《阴阳五行学说与殷代方术》,见艾兰、汪涛、范毓周主编:《中国古代思维模式与阴阳五行说探源》,第 256、257 页。

另外在世界范围内,列维-布留尔的《原始思维》与列维-斯特劳斯的《野性的思维》都能够提供早期思维以及文化人类学研究的佐证,而这才是"五行"或方位观念的真正源头。至此,中国的这一知识和观念发生发展史已经与人类普遍的知识和观念发生发展史相对接,中间没有重大缺环。[1]

(四)"阴　阳"

"阴阳"观念的本质乃是以"阴阳"语词为核心的对立思维或辩证思维,这一思维在古代希腊只是表现于赫拉克利特等少数哲学家的思想之中,但在中国它却如洪波涌起,成为普遍的认识与智慧。通常来说,"阴阳"学说的完全确立被认为是在战国中后期,《易传·系辞上》里"一阴一阳之谓道"是为标识,而后如"五行"学说一样,成为显学。不同的是,"阴阳"作为中国哲学的一个基本概念或范畴并没有中途被废黜,而是持续贯通整部中国哲学史,甚至直抵今日。但我们当然又不会认为"阴阳"观念始于《易传》或战国。此前,春秋末年的孙子、范蠡、老子的思想中都已经将大量对立语词或概念加以固化,从而实际已经完成对立思维抽象化或形上化的进程。特别是老子,对辩证思想做了充分的展开,如:"故有无相生,难易相成,长短相形,高下相倾,音声相和,前后相随。"(《老子·二章》,以下仅列章名)"曲则全,枉则直,洼则盈,敝则新,少则得,多则惑。"(《二十二章》)"知其雄,守其雌,为天下溪。""知其白,守其黑,为天下式。""知其荣,守其辱,为天下谷。"(《二十八章》)"祸兮福之所倚,福兮祸之所伏。""正复为奇,善复为妖。"(《五十八章》)尤其是"万物负阴而抱阳"(《四十二章》),这些论述都对辩证思想做了高度的概括或提炼。然而,对立思维的这一抽象化或形上化进程的始点却可以再往前追溯,例如春秋时期的"清浊、小大、短长、疾徐、哀乐、刚柔、迟速、高下、出入、周疏,以相济也"(《左传·昭公二十年》);"物生有两,有三,有五,有陪贰。……体有左右,各有妃耦。王有公,诸侯有卿,皆有贰也"(《左传·昭公三十二年》)。但这样的观念其实在西周时期就已经十分清晰,如我们所熟知的《国语·周语上》中周太史伯阳父有关地震的论述:"阳伏而不能出,阴迫而不能烝,于是有地震。"当然,周代对立

---

[1]　参见吾淳《中国哲学起源的知识线索——从远古到老子:自然观念及哲学的发展与成型》第四编第十、十一章相关内容。

思维最经典的例证莫过于《易经》。《易经》中的辩证思维突出地表现在其转化观念上，也即体现在"物极必反"观念的理解与阐释上。例如《泰卦》："泰：小往大来，吉亨。……九三，无平不陂，无往不复。"又如《否卦》："否之匪人，不利君子贞，大往小来。……上九，倾否，先否后喜。"《泰》与《否》在《易经》中是一对立卦组。在这里，我们看到了当时作者——有关对立问题第一代思想家的思想：泰与否不仅对立，而且可以相互转化。泰可以转化为否，否也可以转化为泰。这即是说，任何事物发展到尽头就必然会向相反的方向转化。同时，《易经》的辩证思维还在于阴、阳二爻中所体现出的观念，这既属于对立观念的符号阶段，也属于该观念形上化的雏形。然而符号化阶段仍不是中国对立思维或观念的起点，再往前追溯，我们可以看到距今 4500 年屈家岭文化陶轮上的∽形旋纹，距今 7000 年左右仰韶文化彩陶上的几何图纹，这实际就是对立观念的图形阶段，其中前者得益于天文观察，后者得益于陶器制作。需要说明的是，∽形旋纹其实就是后世所谓太极图，但它并没有后人所传说的那么玄虚。考古学研究足以证明，中国这一时期的原始先民已经能够以二分二至概念以及四季周期循环观念作为基础，在圆盘上标出一年 365 或 366 天的刻度或大致刻度；同时，只要每日按顺时针方向移动一个刻度并标出投影点，或规定数日移动相应刻度并标出投影点，便能够获得后世所谓太极图。自然，我们在这一阶段还可以得到更多的考古学证明。至此，中国对立思维与观念的起源同样已经和列维-斯特劳斯《野性的思维》等提供的例证相吻合，即与文化人类学研究相衔接。[1]

（五）"天　人"

天人观中最核心的内容就是人与天的关系，最核心的概念包括"时""因""宜"等。这样一种观念在春秋时期逐渐趋向成熟。例如《左传·昭公七年》："务三而已：一曰择人，二曰因民，三曰从时。"这里就包含了"时"这一概念以及观念，由此延伸出的词语还有"顺时""审时"等。又如"则天之明，因地之性"（《左传·昭公二十五年》）；"因天材，就地利"（《管子·乘马》）。这里就包含了

---

〔1〕　参见吾淳《中国哲学起源的知识线索——从远古到老子：自然观念及哲学的发展与成型》第四编第九章相关内容。

"因"这一概念以及观念,由此涉及的语词包括"因天""因地""因时"等。在此基础上,天人相参、天人相分、自然无为等观念或思想都已经充分展开。最终,人与天的关系在战国时期以《易传》为代表的哲学思想中得到高度概括。然而这样一些观念、概念及思想实际都可以向前延伸。早在周代,这样的观念其实在经验层面都已经相当成熟。我们知道,在《周礼》这部典籍中,"宜"语词就已经被大量使用。例如《夏官司马·职方氏》中说:东南扬州,"其畜宜鸟兽,其谷宜稻";正南荆州,"其畜宜鸟兽,其谷宜稻";河南豫州,"其畜宜六扰,其谷宜五种"。《地官司徒·大司徒》中说:山林"其动物宜毛物,其植物宜早物";川泽"其动物宜鳞物,其植物宜膏物";丘陵"其动物宜羽物,其植物宜核物"。并且《周礼》中对"宜"语词也有更为一般或概括的使用,如"以土宜之法辨十有二土之名物"(《地官司徒·大司徒》)。除此之外,《诗·大雅·生民》记载了周人始祖后稷的故事,其中讲到"诞后稷之穑,有相之道"。这里"有相之道"就含有地宜观念。《国语·周语上》中"虢文公谏宣王不籍千亩"章也为我们生动地呈现了西周末年的"时"观念。宣王即位,不籍千亩。虢文公以为不可,指出:"古者,太史顺时覛土。"我们看到,虢文公在这里明确提出了"顺时"的思想。若再往上追溯,《禹贡》中记载有各地与土壤相宜的种植情况,如兖州"厥土黑坟,厥草惟繇,厥木惟条",徐州"厥土赤埴坟,草木渐包",扬州"厥草惟夭,厥木惟乔,厥土惟涂泥"。《夏小正》中专门列举的各个月物候现象的记载,如:"囿有见韭,时有俊风,寒日涤冻涂,田鼠出,农率均田,獭祭鱼,鹰则为鸠。"在这里,"时"观念十分明显。而《尚书·尧典》中则专门说道:"历象日月星辰,敬授民时。"更往前,我们还可以得到考古学、人类学或民族志等方面材料的支持。例如山东莒县陵阳河、河南濮阳西水坡、江苏连云港将军崖,这些遗址所包含的意义都可以做双重理解,特别是连云港将军崖岩画与莒县陵阳河陶尊很可能都具有宗教与知识双重意义,也即意味着自然"天人观"在宗教"天人观"中的萌芽,或意味着由宗教"天人观"向自然"天人观"过渡的开始。这表明,伴随着农耕时代的到来,原始自然"天人"观已经逐渐开始体现在农耕活动中。并且毫无疑问,这些也正是对"时""宜"问题关注的最初起点。当然,最早的天人观一定源自宗教观念。远古时期的天人关系是从神人关系开始的,因此我们考察古代中国人的"天人"观必须从这里开始。对此,《国语·楚语下》有清晰的记载:"及少皞之衰也,九黎乱德,民神杂糅,不可方物。夫人作享,家为巫史,无有要质。""颛顼受之,乃命南正重司天以属神,命火正黎司地以属民,使复旧常,无相侵渎,是谓绝地天通。"如今,远古时期的神人关系也已经可以得到考古材料的充分证明,这其中最为典型的就是浙江瑶山与反山良渚文化遗址。并且它与后世在观念上也存在着连接,如余杭反山遗址中出土有大量祭天地的玉璧、玉琮等礼器,根据《周礼》,"苍璧礼天""黄琮礼地"。[1]

（六）"天　道"

天道观毫无疑问是在老子这里达到了思考的巅峰,并引申出有关"道"的形上思考,如老子以下最具代表性的五个表述:"万物并作,吾以观复。"(《老子·十六章》,以下仅列章名)"天乃道,道乃久,没身不殆。"(同上)"寂兮寥兮,独立而不改,周行而不殆。"(《二十五章》)"大曰逝,逝曰远,远曰反。"(同上)"反者道之动。"(《四十章》)之后,它一直维持在一个较高的思想平台上,并在秦汉之际开始逐渐具体知识化。但是要完整理解"天道"观念的发生发展同样必须进一步向早期回溯。自然"天道"观中的法则观念在春秋时期已经确立,例如:"盈而荡,天之道也。"(《左传·庄公四年》,邓曼语)"盈必毁,天之道也。"(《左传·哀公十一年》,伍子胥语)以上这两条可以说是春秋时期物极必反思想的典型论述。范蠡也有相关的思想和论述,如"天道盈而不溢,盛而不骄,劳而不矜其功"(《国语·越语下》)。而所有这些都是与同一时期对于天文知识的掌握密切相关的。如《国语·晋语四》中的这段记载:"天事必象,十有二年,必获此土。二三子志之。岁在寿星及鹑尾,其有此土乎!天以命矣,复于寿星,必获诸侯,天之道也。"又如《左传·昭公二十一年》:"二至二分,日有食之,不为灾。日月之行也,分,同道也;至,相过也。"这又表明,"天道"观念其实是以"天数"知识及观念作为基础的,天文学的研究表明,这一知识及观念可以追溯到殷商甚至更早。特别是殷商以后,与占星有关的天数知识获得了迅速的发展,这包括十二辰、二十八宿、十二次以及五星等。[2]正是以此为基础,到了春秋战国时期,"天数"知识已经相当成熟。以五星运行周期为例,这一数据

---

〔1〕 参见吾淳《中国哲学起源的知识线索——从远古到老子:自然观念及哲学的发展与成型》第六编相关内容。

〔2〕 相关内容见陈遵妫:《中国天文学史》第2册,上海人民出版社1982年。

的测算已达到当时天文学量化研究的最高水平。如甘德和石申已经测出木星的恒星周期为12年(应为11.86年)、火星为1.9年(应为1.88年)。此外,乐律同样具有某种天数的性质。最晚在周代,十二律已经形成,《国语·周语下》中记载了伶州鸠对十二律的解释,即黄钟、大吕、太蔟、夹钟、姑洗、仲吕、蕤宾、林钟、夷则、南吕、无射、应钟。我们也已知道,一个律就是一个半音,十二律就是十二个半音。其中六个单数的半音被称之为"六律",六个双数的半音被称之为"六吕"。二者又合称为"律吕"。在古代希腊,毕达哥拉斯对于乐律的认识也是与此相同的。而"天数"知识及观念又是"天象"知识及观念的必然发展。在一定意义上,"天道""天数""天象"是同一问题的不同表述,例如:"天事必象,十有二年,必获此土。"(《国语·晋语四》)"天事恒象,今除于火,火出必布焉,诸侯其有火灾乎。"(《左传·昭公十七年》)"岁及大梁,蔡复,楚凶,天之道也。"(《左传·昭公十一年》)这一知识与观念又能追溯到更早的时期,《尚书·尧典》《夏小正》以及卜辞中都有大量材料。例如卜辞中对日食与月食都多有记载,这是殷商时期天象观察与记录的重要内容。其中关于日食,最重要的是下述这则记载:"癸酉贞:日月㞢食,隹若?"(《佚》374)意思是癸酉日占,黄昏有日食,是不吉利的吗? 董作宾曾推得此次日食为日偏食,时间是公元前1217年5月26日,陈遵妫也得出了大致相应的结论。因此,这基本上可以被确定为古代中国第一次最可靠的日食记录。[1]关于月食,根据《殷历谱》的推测,其中最早的一次是发生在公元前1361年8月9日的月全食。[2]并且这一观察还能再追溯到庙底沟文化、大河村文化彩陶片上的天象图纹。其实,这样的观察在世界范围内是普遍相似的,这正是"天象""天数"知识及"天道"观念的源头。[3]

(七)"天"

"天"观念既可以是宗教的,也可以是自然的。自然哲学中的"天"观念实际就是"天"作为自然现象的呈现,或即对于作为自然现象的"天"的认识;同

---

[1] 陈遵妫:《中国天文学史》第3册,第858页注释。
[2] 同上书,第1005页。
[3] 参见吾淳《中国哲学起源的知识线索——从远古到老子:自然观念及哲学的发展与成型》,第六、七、八、九编相关内容。

时,它也伴随着将宗教含义从"天"观念中剔出或驱逐出去,显然,这又属于通常所说的无神论或弱神论思想领域的内容。先秦诸子思想中,老子的"天"具有典型的自然性质或无神论特征,例如"人法地,地法天,天法道,道法自然"(《老子·二十五章》);"道之尊,德之贵,夫莫之命而常自然"(《老子·五十一章》)。此外,与老子大抵属于同一时期的范蠡,他所说的"天"也明显属于自然之天:"古之善用兵者,赢缩以为常,四时以为纪,无过天极,究数而止。天道皇皇,日月以为常。""古之善用兵者,因天地之常,与之俱行。""必顺天道,周旋无究。"(《国语·越语下》)另一位同时期的思想家孙子也是如此。战国中期,庄子从"天性"的视角延续并深化了老子的自然之天观念,其中最经典的就是《庄子·秋水》中的这则寓言。河伯曰:"何谓天?何谓人?"北海若曰:"牛马四足,是谓天;落马首,穿牛鼻,是谓人。故曰:无以人灭天,无以故灭命,无以得殉名。"至战国末年,荀子更是将自然之"天"推向极致,如以下这些著名论述:"列星随旋,日月递炤,四时代御,阴阳大化,风雨博施,万物各得其和以生,各得其养以成。不见其事而见其功,夫是之谓神;皆知其所以成,莫知其无形,夫是之谓天。""天不为人之恶寒也辍冬,地不为人之恶辽远也辍广。""天行有常,不为尧存,不为桀亡。""夫日月之有蚀,风雨之不时,怪星之党见,是无世而不常有之。""故明于天人之分,则可谓至人矣。"(《荀子·天论》)然而,正如我们所熟知,这些自然之"天"或即无神论观念早在春秋时期就已经有了思想的铺垫。例如《左传·昭公十八年》记载子产曰:"天道远,人道迩。"又如《左传·昭公二十六年》记载齐有彗星,齐侯使禳之。晏子曰:"无益也,只取诬焉。天道不谄,不贰其命,若之何禳之?且天之有彗也,以除秽也。君无秽德,又何禳焉?若德之秽,禳之何损?"公说,乃止。再如《左传·僖公十六年》记载十六年春,陨石于宋五,陨星也。六鹢退飞,过宋都,风也。周内史叔兴聘于宋,宋襄公问焉,曰:"是何祥也?吉凶、焉在?"叔兴退而告人曰:"君失问。是阴阳之事,非吉凶所生也。吉凶由人。"而通常,我们又会将这样一种观念追溯到《诗经》中的例子,如:"昊天不佣,降此鞠讻。昊天不惠,降此大戾。"(《小雅·节南山》)"荡荡上帝,下民之辟。疾威上帝,其命多辟。"(《大雅·荡》)当然,这些怨神的话大都是情绪性的。事实上,西周时期对于自然之"天"的了解已经相当深入,在《周礼·春官宗伯》所记载的各种职官中,就有不少与天文观察有关,如"冯相氏:掌十有二岁、十有二月、十有二辰、十日、二十有八星之位,辨其叙事,以会天位。冬夏致日,春秋致月,以辨四时之叙"。由此往上追溯,殷商时期天文知识就已获得很大的发展。《中国思想通史》将殷人的天文知识成果大致概括为五个方面:纪日、纪旬、纪月、纪时、纪祀。[1] 而讲到殷商的天文学,又不能不提巫咸。再往上,我们知道,夏代的历法已为天文学史界所普遍承认,如《尧典》中对四仲中星的记载及与四时或分至日的关系的论述就十分重要。近年,山西襄汾陶寺夏文化遗址的发掘研究取得重大进展,[2] 其不仅为我们提供了十分重要的材料,也可以与《尧典》的记载互相印证,并且又与世界天文学史上的重要发现,如英国索尔兹伯里巨石阵这样的考古遗存及其意义相吻合。[3]

(八)"气"

"气"观念并非中国所独有,以希腊哲学为例,阿那克西米尼学说的核心语词就是"气",又恩培多克勒的四元素说也包括"气"。我们完全可以想象,早期哲人之所以关心"气",乃在于自然世界和人类活动中都有大量"气"的现象。就中国而言,西周末年,"气"语词已经明确形成,例如《国语·周语上》:"阳瘅愤盈,土气震发,农祥晨正,日月底于天庙,土乃脉发。"《国语·周语下》:"川,气之导也;……疏为川谷,以导其气;……气不沉滞,而亦不散越。"春秋时期,阴阳二气说已经完全确立,例如《左传·昭公元年》:"天有六气,……曰阴、阳、风、雨、晦、明也。"《左传·昭公二十五年》:"生其六气,用其五行。"《国语·周语下》:"气无滞阴,亦无散阳,阴阳序次。"由上述材料我们又可以清楚地看到,"气"有阴阳二分;而所谓六气,其实是由二气衍生而来,其分别由三对二气语词或范畴组合而成,即阴阳、风雨、晦明;其中阴阳二气是最基本的,风雨、晦明应是当时的人们结合生活与生产知识将阴阳二气进一步具体化。但事实上,这样一种阴阳二气的认识又可以追溯到更早。我们都知道,《国语·周语上》中那段伯阳父论地震的著名论述,堪称最为经典:"幽王二年,西周三川皆震。伯阳父曰:周将亡矣! 夫天地之气,不失其序,若过其序,民乱之也。阳伏而不能出,阴迫而不能烝。"这里的"阳伏而不能出,阴迫而不能烝"即是指阴阳二

---

[1] 侯外庐、赵纪彬、杜国庠:《中国思想通史》第一卷,人民出版社 1957 年,第 67 页。

[2] 分别见《山西襄汾县陶寺城址遗址发现陶寺文化大型建筑基址》,《考古》2004 年第 2 期;《山西襄汾县陶寺城址祭祀区大型建筑基址 2003 年发掘简报》,《考古》2004 年第 7 期;《山西襄汾陶寺城址天文观测遗迹功能讨论》,《考古》2006 年第 11 期。

[3] 参见吾淳《中国哲学起源的知识线索——从远古到老子:自然观念及哲学的发展与成型》第七编第十七、十八、十九章相关内容。

气。这里尤为重要的,是这些观念都赋予"气"以自然的属性。此外还值得我们注意的是,"气"观念在周代的表达很可能也与《易经》有关,即与《易经》中的阴爻和阳爻这两个符号有关。更早,则又涉及"气"这个语词或符号的产生以及其与自然现象的关系。日本学者前川捷三在前人研究甲骨文的基础上概括指出,甲骨文中"三"字当作"气"解,李存山也同样指出了这一点。其实,许慎《说文解字》也早已认为,"气"与"三"形近。并且,许慎进一步指出,"三"与"云"形近,故"气"可释为"云气也,象形"。[1]此类材料在殷墟卜辞中非常之多,例如:"寮于帝云。"(《续》2.4.11)"寮于二云。"(《林》1.14.18)"寮豕四云。"(《库》972)当今的考古研究也对此提供了相应的证明,山东莒县陵阳河畔发掘出土的陶尊上的图纹或被认为有燎祭的火焰,四川广汉三星堆遗址有明显的燎祭遗存,事实上,那时以及后来相当长一段时间的中国人认为,燎祭所升腾的火焰能够直达天神。我的基本看法是,判断"气"语词(这里是指文字或概念)在商周或三代时期产生可能偏早,但判断"气"观念在商周或三代时期产生可能偏晚。从观念与语词的关系来看,应当是先有观念,后有语词,并且在观念与语词之间可能存在着一个漫长的历史过程也即时间段。就先民对于"气"这一现象的关注来说,新石器时代的到来应当是一个非常重要的因素,因为这时人们学会了制作陶器,制作陶器过程中产生的"火气"现象应当开始引起先民的注意;这时人们也学会了使用陶器,使用陶器过程中产生的"水气"现象也应当开始引起先民的注意。事实上,"气"这一现象在人类最初的生活与生产中可能在很大程度上就与这两类事物有关,由沸腾的水(不止于此)所导致的气是水气,由燃烧的火(也不止于此)所导致的气是火气(即火焰)。此外,如上所见,伴随着农耕的展开与进步,人们会越来越依赖天气的变化,在这种情况下,人们自然会对云、雨等现象给予更多的关注,于是"云"这样一个自然现象也一定会与"气"观念建立联系。总之,"气"观念在原始社会或思维时期就应当已经产生。[2]

(九) 简单的结论

这里,我想先要特别指出的是,上述"类""象数""五行""阴阳""天人""天

〔1〕 参见小野泽精一、福永光司、山井涌等编著的《气的思想》,上海人民出版社1990年,第14—16页;李存山《中国气论探源与发微》,中国社会科学出版社1990年,第16—21页。

〔2〕 参见吾淳《中国哲学起源的知识线索——从远古到老子:自然观念及哲学的发展与成型》第五编第十二、十三章相关内容。

道""天""气"诸观念或概念的发展过程,完全能够符合或满足梯利关于哲学是推理;探索自然的原因;以理性代替幻想,用智慧代替想象;以经验的事实作为探究和解说的基础这样一些最基本的标识或要求![1]

考察表明,中国自然哲学起源的进程主要体现为以下这样一些特征。

首先,中国自然哲学在方向上并非像希腊自然哲学一样主要围绕本原、属性、实体、存在来展开。中国自然哲学中有本原问题,例如"五行""气",也有相关的逻辑问题,例如"类",但其中还包含有更多的内容:"象"所关心的主要是征兆与实质的相关性,"数"所关心的是宇宙秩序与法则,"阴阳"所关心的是对立现象的普遍性及规律意义,"天人"所关心的是自然规律与人类活动的对应关系,"天道"所关心的是自然法则问题,"天"所关心的是天的自然属性并由此延伸出无神论思想。此外,本原或法则又与结构或世界图式密切相关,并且中国自然哲学没有像希腊自然哲学那样最终划分出唯物与唯心的阵营。

其次,中国自然哲学也不像希腊自然哲学那样奇峰突起,而是呈现为一个漫长的过程,换言之,作为进程它不是一个点,而是一条线。这个漫长过程的终点作为哲学思想是毋庸置疑的,但作为哲学思想的起点,我们却几乎可以无限向前延伸,延伸至思想的雏形,延伸至相关的观念,再延伸至相关的思维;也就是说,在这个漫长的过程中,中国自然哲学呈现出一种思维—观念—思想的连续进展结构,对这样一个连续进展结构我们很难用一种简单粗暴的方式横加分割。这正是中国自然哲学起源区别于希腊自然哲学起源的一个最重要的地方。就此而言,雅斯贝斯的"轴心说"并不适合中国自然哲学的起源及发生状况。

再次,便是具有典型的连续性特征。中国自然哲学后发生的思想是与早发生的观念密切相关的,进一步向前追溯,后发生的观念又是与早发生的思维密切相关的。在思维—观念—思想这个结构中存在着如张光直所说的"连续性",也就是原始思维即早期文化中萨满或巫术的内容。尽管希腊也没有经过宗教革命的洗礼,越来越多的学者也已经注意到或指出了古代希腊作为理性的哲学与非理性的崇拜之间的联系;但比较起来,中国哲学中非理性的成分或许更加突出,客观地说,这正是"连续性"的必然体现和结果;这固然不局限于起源阶段,也对日后的发展产生深刻影响,这是我们务必要注意的。

---

[1] 梯利:《西方哲学史》,商务印书馆1995年,第7页。

八、中国自然哲学起源的若干特征 [*]

在一般的哲学史著作中,希腊自然哲学(或作宇宙论哲学,也被称为前苏格拉底哲学)主要是围绕本原、始基、基质问题也称实在、实体、存在问题来展开的。[1]并且如雅斯贝斯所说其整体起源或发生于"轴心时期"。[2]以往中国哲学史的叙述通常也以此为参照,但结果必然是捉襟见肘、不伦不类。我们应当了解:哲学的发生或起源虽有某种共同性,但实则非常复杂;作为哲学最重要部分的自然哲学尤其如此,古代中国自然哲学的起源其实与古代希腊自然哲学的起源相当不同;古代印度在一定意义上说甚至不存在自然哲学,或对自然的关注并没有生长成为自然哲学。本文拟对中国自然哲学起源阶段的特征加以考察,具体主要包括以下方面:

---

[*] 本文原发表于《兰州学刊》2019年第9期。

[1] 如策勒尔《古希腊哲学史纲》(山东人民出版社1992年),其中说到伊奥尼亚哲学"首先提出作为万物基础的基质问题",之后"赫拉克利特和巴门尼德对于解决这个问题所做的两种针锋相对的努力为恩培多克勒、阿那克萨戈拉和原子论者这三种折中论体系所接替",见该书第25页;文德尔班《哲学史教程》(商务印书馆1987年),其中说到"希腊哲学起源的直接背景是宇宙起源说",最后出现了这样的问题:"超越时间变化的万物始基是什么? 万物始基如何变成特殊事物,特殊事物又如何变成万物始基。"见该书第42页;梯利《西方哲学史》(商务印书馆1995年),其中说到"所有早期的希腊哲学家都隐涵地肯定实在是有生命的:原来的实体内部拥有运动和变化的起因(物活论)。他们用这一观点来解释变化的事实本身",见该书第11页;罗素《西方哲学史》(商务印书馆1963年),其中说到"实体"这个字在巴门尼德"直接的后继者之中并不曾出现,但是这种概念已经在他们的思想之中出现了。实体被人设想为是变化不同的谓语之永恒不变的主词。它就这样变成为哲学、心理学、物理学和神学中的根本概念之一,而且两千多年来一直如此",见该书第83页。

[2] 但根据G.S.基尔克、J.E.拉文、M.斯科菲尔德所著《前苏格拉底哲学家》(华东师范大学出版社2014年)第1章"哲学宇宙生成论的先驱们",古代希腊对宇宙生成问题的探究或思考也被追溯到神话年代:"它们在种类上是神话的而非理性的,却仍然可以看作起始于泰勒斯的那种解释世界的尝试的有意义的前奏。"并且指出:"这里我们关心的不是纯粹的神话,而是概念,它们尽管是以神话的语言、通过神话的人物来表达的,但却是一种更为直接的、经验性的、非象征的思维方式的结果。"见该书第9页。其实,梯利在其《西方哲学史》中也说过类似的话:"神谱虽然不是哲学,却为哲学做了准备。在神话的观念中已经出现哲学思想的胚种。"见该书第7页。

（一）中国自然观念的参天之树最初植栽于
原始文化的肥沃泥壤之中

中国自然哲学首先的一个基本特征,就是其参天之树直接种植于原始文化的肥沃泥壤之中,就源头的久远及经验的直接性而言,中国自然哲学远比希腊早期神话思维典型。[1]

以"五行"观念为例。研究表明,"五行"观念与"五方"观念密切相关,而"五方"观念的前身则是"四方"观念。因此,"五行"观念的最初源头必须要在原始文化的泥壤中寻找。中国早期这方面的材料已经非常丰富,在文献中、在卜辞中、在墓葬中、在城垣中、在各种彩陶和玉器图纹中、在大量数字符号中。如《尧典》关于四中星的记载:"乃命羲和,钦若昊天。""分命羲仲。""申命羲叔。""分命和仲。""申命和叔。"又云:"月正元日,舜格于文祖,询于四岳,辟四门,明四目,达四聪。"甲骨卜辞中也有类似的记载,如:"西方受禾,北方受禾,癸卯贞,东受禾,西受禾。"(《戬》26.4)再往前,1987年在安徽含山凌家滩一处距今约4500年(一说距今5500年前后)的新石器时期遗址中发掘出一长方形玉片,其正面刻有两个大小相套的圆圈,大圆圈外的四个箭头意味着"四方",而大圆圈内的八个箭头则意味着"八方"。[2]又1988年考古学者在河南濮阳西水坡发现一座仰韶时期的墓葬(45号墓),墓葬中的龙虎摆塑左右对称,这样一种摆放与汉代的"四灵"观念(东方青龙、西方白虎、南方朱雀、北方玄武)非常相似。中国早期这样一种观念无疑可以得到人类学或人种学研究的普遍支持。列维-布留尔在《原始思维》一书中就大量引用了存在于世界各地原始民族中的各种方位观念的材料,并且他普遍突出"4"这个数字,例如"几乎在一切红种人印第安人部族那里,4及其倍数都具有神圣的意义,因为它们专门涉及东南西北四方和从这四方吹来的风"。在纳发觉人的长篇史诗中,"所有的神都是4个一组地出现,他们全都按4个方位排列并被涂上每个方位所固有

---

〔1〕前面所见梯利和G.S.基尔克等人有关希腊神话的考察实际也已经赋予哲学起源朝前追溯以合理性,但希腊神话包括荷马的《伊利亚特》《奥德赛》和赫西俄德的《神谱》大抵都是公元前8世纪的产物,且远不如中国早期观念这样直接植栽于知识或经验的土壤。

〔2〕见于锦绣、杨淑荣《中国各民族原始宗教资料集成》(考古卷),中国社会科学出版社1996年,第361、362页。

的颜色"。在苏兹人中间,"动力神塔库斯坎斯坎被认为是住在四方的风中,四个夜黑魔执行着他的命令……四方的风则是由'某些运动着的东西'发遣下来的"[1]。列维-斯特劳斯也在《野性的思维》一书中列举了原始方位观念及其与颜色、动物、鸟类、树木、花卉等的关系,例如西北主黄色,西南主蓝或绿色,东南主红色,东北主白色,天顶为黑色等。[2]对于类似这样的分类,列维-斯特劳斯还说道:"我们都十分乐意归于一种自然哲学,这种自然哲学是由继承了近千年的文化传统的专家们经过漫长岁月才创立起来的,但这类知识竟几乎一模一样地在异乎我们的社会中被重复着。"[3]我们由此可以清楚地看到,"五行"观念的最早源头就是在原始思维的泥壤之中。

其他观念也大抵相同。"阴阳"观念的最早形态就是二分或对称思维,中国这一思维的发展与人类普遍的发展应当是相吻合的,涂尔干、列维-斯特劳斯、格罗塞、博厄斯都曾提供过原始思维中这样的例证,魏尔也对此做过理论说明。[4]还有"类"观念最早可以追溯到原始采集活动,"象"观念最早可以追溯到原始农耕活动,"天"及"天人"观念在人类早期信仰-知识构成中也具有普泛性,只是它们在中国这里有着不间断的连续发展。总之,这些观念都可以找到其他民族对应的材料,即与文化人类学研究相衔接。

(二)进程漫长,进步缓慢,呈现出梯度性或层叠性

由此必然导致的一个现象是进程漫长,并且,一些观念的进程呈现出明显的梯度性,层层向前推进。

以"阴阳"观念为例。需要指出的是,"阴阳"观念的本质乃是以"阴阳"语词为核心的对立思维或辩证思维。伴随着发达且成熟的原始农耕和制作技术的展开,中国原始先民有关对立现象的认识同样逐渐深入。[5]之后,对立观念的发展先后经历了图形、符号、概念、思想的不同发展阶段。图形阶段可以追溯至距今4500年屈家岭文化陶轮上的∽形旋纹和距今7000年左右仰韶文

---

〔1〕 均见列维-布留尔《原始思维》,商务印书馆1985年,第205页。
〔2〕 列维-斯特劳斯:《野性的思维》,商务印书馆1987年,第50页。
〔3〕 同上书,第51、52页。
〔4〕 例如列维-斯特劳斯:《野性的思维》,第47、48、58、67、106、160、247页。
〔5〕 吾淳:《中国哲学的起源——前诸子时期观念、概念、思想发生发展与成型的历史》,第161页。

化彩陶上的几何图纹。其中◡形旋纹其实就是后世所谓太极图,但它并没有后人所传说的那么玄虚。对考古学资料的研究足以证明,中国这一时期的原始先民已经能够以二分二至概念以及四季周期循环观念作为基础,在圆盘上标出一年 365 或 366 天的刻度或大致刻度;同时,只要每日按顺时针方向移动一个刻度并标出投影点,或规定数日移动相应刻度并标出投影点,便能够获得后世所谓太极图。[1]符号阶段即是《易经》中的阴、阳二爻。概念阶段则广泛出现于西周末年以后,至春秋末年,《老子》《孙子》中都已经有大量对立概念。在此过程中,对立观念及思想也不断得到发展,周代对立观念的最经典的例证体现于《易经》中的转化观念上,也即体现在"物极必反"观念的理解与阐释上。例如《泰卦》:"泰:小往大来,吉亨。……九三,无平不陂,无往不复。"又如《否卦》:"否之匪人,不利君子贞,大往小来。……上九,倾否,先否后喜。"在这里,我们看到了有关对立问题的思想:泰与否不仅对立,而且可以相互转化,思想阶段由此展开。其他还有如我们所熟知的《国语·周语上》中周太史伯阳父有关地震的论述:"阳伏而不能出,阴迫而不能烝,于是有地震。"再往后,就是春秋时期的相关重要思想:"清浊、小大、短长、疾徐、哀乐、刚柔、迟速、高下、出入、周疏,以相济也。"(《左传·昭公二十年》)"物生有两,有三,有五,有陪贰。……体有左右,各有妃耦。王有公,诸侯有卿,皆有贰也。"(《左传·昭公三十二年》),并且这明显已经达到形上化的高度。[2]最终,"对立"观念在老子这里呈现出高度概括的样式,如"故有无相生,难易相成,长短相形,高下相倾,音声相和,前后相随"(《老子·二章》,以下仅列章名);"曲则全,枉则直,洼则盈,敝则新,少则得,多则惑"(《二十二章》);"祸兮福之所倚,福兮祸之所伏"(《五十八章》);尤其是"万物负阴而抱阳"(《四十二章》)。之后,《易传·系辞上》里又表达为"一阴一阳之谓道"。辩证思想由此得到高度概括和提炼。

　　中国早期其他观念也几乎无一例外地经历了漫长的发展过程。例如"五行"观念的发展同样也具有明显的梯度和层次性,它首先发端于方位观念并固定于四方观念,而后发展为五方观念,之后又加入了五材、五星的内容,再与类、数观念相结合发展出五类、五数观念,最终定格于"五行"观念与概念。此

---

　　[1] 吾淳:《中国哲学起源的知识线索——从远古到老子:自然观念及哲学的发展与成型》,第133、134 页。
　　[2] 这以上或更早一些,若以雅斯贝斯"轴心期"理论来划定范围,则大抵属于"前轴心时期"。

外,"气"观念也可以追溯至农耕与定居的生产和生活方式,"天人"观念中"宜地""宜时""顺时""因"等具体观念也是迭出的,而从"天"到"天象""天数"再到"天道"同样是一个逐步递进的过程。

(三) 方向数端,问题多样

我们已经知道,古代希腊自然哲学乃至整个哲学的最重要或最基本问题就是世界本原问题,或称基质与存在问题。古代希腊人对于本原问题的追究在很大程度上其实是与事物属性问题密切相关的,就是说,最基本问题是建立在事物属性问题基础之上的,这也就是"是"的问题。在进一步的深入发展中,这一问题与对具体和一般关系问题的思考有关,也与对实存和观念关系问题的思考有关,还与对真理和意见关系问题的思考有关。在这一哲学问题的生成与发展过程中,几何学、生物学、形式逻辑、学者群体甚至辩论术以及后来的一神论观念都起过重要的作用。自然,古代希腊哲学也触及其他问题,但都没有成为主流,或没有撼动本原问题作为主流的地位。[1]正因如此,在一部西方哲学史中,世界本原问题或本体问题被视作哲学最根本的问题。也是受此影响,近现代以来许多中国哲学史家亦将这一问题当作中国哲学最根本的问题,或误以为这一问题也是中国哲学(乃至整个人类哲思)的最根本问题,并试图举出古代中国的相关例子。但事实上,中国的自然哲学观念真是判然有别,它更加呈现出问题或方向的多样性与丰富性。若就大类而言,或者可以归纳为两个主要方向,而其中又包含着许多具体方向或具体问题。[2]

中国自然哲学的一个主要方向大致可以包括"阴阳""五行""气""中""和"等观念。"阴阳"与"五行"观念已如上面所述。与"阴阳""五行"观念相似,"气"观念也是从各种自然知识中得到滋养。此外,地理、方位以及建筑的布局明显对"中"观念产生了深刻的影响,音律知识的发展也明显对"和"观念产生了重要的影响。值得注意的是,上述观念之间又是相通的,即观念之间存在着关联。如"气"有"二气"说和"六气"说,这其实对应"阴阳"以及"五行"观念。"中"与对立、对称密切相关,也即与"阴阳"有关联,"和"与杂、合密切相关,也

---

〔1〕 吾淳:《中国哲学起源的知识线索》绪论,第15页。
〔2〕 同上书,第12、13页。

即与"五行"有关联。此外,这一大的观念或概念群又与"类""象""数"有关,如"阴阳"观念就与"象"观念有关,"五行"观念也与"类""数"观念有关。由此,上述自然哲学观念又形成了某种结构性和整体性特征。这其中既包括普遍的对立、对称观念的形成以及对于中、平这类问题的认识,也包括基于五行乃至差异性问题而形成的对于和、杂事物性质的理解。结构性或整体性的观念自然也影响到思维方式,我们看到中国人在叙述中更喜欢使用比类、联想一类方法。总的来说,上述观念更加关注事物的关系问题,关注宇宙的结构或图式问题,也关注到世界的本原问题。无疑,中国人的这些自然观念明显有自己的特点。

"天人""天""天象""天数""天道""道"乃至广泛而普遍的法则观念是另一个重要方向。这一方向的源头起始于"天人"关系观念。"天人"关系有宗教与知识两条线索。就宗教线索而言,"天人"关系无疑就是了解天意;而就知识线索的源头来说,"天人"关系最初十分具体,它无非是在农耕活动或农业生产的背景下发展起来的,所要考虑的就是生产、生活与天即自然的对应关系,人需要了解天或自然的各种消息,也需要懂得人如何顺应天。之后,这即体现为"宜地""宜时"观念,"宜"与"时"这两个概念也由此产生,后来又发展出"因"这一概念。在此基础上,自然之"天"的观念便渐渐萌芽。伴随着农业的发展,物候、天象、天数等知识得到重视,进一步,规律或法则问题也慢慢凸现出来,由此,"天道"观念也就出现了,这包括秩序、周期、循环等观念。与此同时,"道"这一语词或概念也出现了,并逐渐融入上述观念系统。可以看出,上述观念之间有着紧密的相互衔接的关系。同样,上述观念系统与"象""数"观念也有着密切的关系,"天象"观念就是从"象"知识与观念延伸而来,"天数"观念也是从"数"知识与观念延伸而来。另外,数学、音律也都在不同程度上丰富了以上方向的内容。总体来说,以上这一方向更关注规律与法则,且与天文、音律、数学等知识密切相关。而与古代希腊自然哲学相比,这显然也成为中国观念乃至哲学的一个更为鲜明的特点。

可见,中国自然哲学的方向或问题与希腊自然哲学的方向或问题有着相当的不同。

(四) 关怀现实,关注现象

中国哲学十分关怀现实,自然哲学也不例外。在中国人的知识、思维与观念中,对现实问题的关怀占有极其重要的地位,这意味着在日常生活中,实践、实用、功用、功利以及内涵于其中的此世、世俗倾向都成为观念与思想形成与发展中十分重要的主导因素。"天人"观念就非常典型,可以说它完全是由关怀现实或应对现实而形成的观念。这种观念早在新石器时期就已经渐露萌芽或端倪,它体现在江苏连云港锦屏山将军崖新石器时期的岩画上,也体现在山东莒县陵阳河畔发现的大汶口文化陶尊刻符上,还体现在山西襄汾陶寺夏文化遗址的多功能建筑上。就功能而言,这些岩画、刻符、建筑与英国索尔兹伯里巨石阵所具有的观察或观测意义是相同的,它包含了对"天"或自然讯息的了解,是"宜时"观念的最初形态。同样,这一观念也体现在北方仰韶文化、大地湾文化、龙山文化对居住环境所做的防潮处理上,体现在南方广大地区的干栏式建筑上,这又是"宜地"观念的最初形态。以此为基础,从三代起,"宜地""宜时"观念广泛应用,到了周代特别是春秋,"宜""时"等语词或概念已普遍得到使用。以"时"为例,"顺时""审时""助时""审其四时""察其四时""以从四时""务其三时""惧以待时""各致其时""无夺民时""不逆天时""欲无犯时""不废时务"等语词和表述大量出现。我们可以看到,这些语词或表述中都清楚地体现出对现实的关怀,也即观念不离生活、不离生产。如此,不脱离或不远离现实,成为中国自然哲学的一个重要表现、特征、传统,并且在很大程度上成了中国哲学的优点和长处,即有十分明显的解决现实问题的智慧面向。与此相关,这样一个优点、长处以及面向、特征也同时反映在中国古代科学活动中。事实上,近现代以来哲学的分化及其应用化趋势已经印证了古代中国哲学的这种倾向的合理性与合法性。当然,对于现实的过分强调在一定程度上也会影响思维的抽象程度与理论水平。

　　中国自然哲学同样也十分关注现象,这突出表现在有关"象""天象"等观念上。需要指出的是,重视现象与观察活动密切相关,这其实是一个问题的两个方面:观察是其过程,现象是其目标。思维越是依赖观察和感觉的方式,那么也就会越是信任由观察和感觉所获得的现象;反之,思维越是信任现象并赋予其重要的地位,那么也就必然会更加信赖观察和感觉方式并赋予其重要的地位。因此,在中国哲学中,现象被赋予重要地位也就意味着观察被赋予重要地位。而在长期的观察活动中,中国思维逐渐培育起一种十分独特的方法:观"象"。中国人在长期的观察活动中注意到,许多事物或性质通常都有固定的"象"相伴随,由此意味着"象"具有各种提示作用。这既包括对于某种存在的提示,也包括对于某种性质的提示;既包括对即将发生什么的提示,也包括对应当怎样去做的提示。即是说,人们可以通过表面之"象"来把握某种潜藏的东西,也可以通过已有之"象"来推知某种未来的东西。就具体知识而言,"象"最初体现于农耕活动中的物候和天象观察,随着知识范围的扩大,也体现在冶铸、探矿、医疗等活动中,由此导致"象"观念的丰富性,并使得对现象的把握成为知识获得过程中一个不可缺少的部分,于是,"象"观念也就逐渐普遍化或方法化。不仅如此,"象"观念还进一步向社会领域延展,例如在《左传》和《国语》中,我们就可以清楚地看到这样一种观念:"百官象物而动,军政不戒而备,能用典矣。"(《左传·宣公十二年》)"服物昭庸,采饰显明,文章比象,周旋序顺,容貌有崇,威仪有则。"(《国语·周语中》)此外,与关注现象有关,中国思维以及哲学中也保存有十分丰富的多样性、复杂性观念,这样一种观念或思维是重要的,也是优秀的,因为它给予差异的存在以合理的认识。[1]而在方法上,与对现象或事物多样性与复杂性的认识相关,中国哲学发展出丰富的包括"因""宜"在内的针对性观念。

(五)具有典型的"连续性"特征

同时,由于植栽于原始文化的泥壤,也就必然导致或造就如张光直所说的"连续性"特征。关于"连续性"特征,张光直有过精辟的论述[2],其实这同样也反映于中国哲学之中。具体来说,中国哲学中的"连续性"主要指两个方面,即思维和观念。

就思维而言,"连续性"特征首先就表现为重视具体,重视感觉,重视经验。人类思维在童年期普遍重视具体性的事物,包括事物之间的差异性。列维-斯特劳斯指出:"支配所谓原始社会的生活和思想的实践——理论逻辑,是由于坚持区分性差异作用而形成的。"[3]列维-斯特劳斯这里所说的"差异"也就是"多样性"或"具体性"。列维-斯特劳斯同时也充分肯定了原始分类的逻辑

---

〔1〕 值得注意的是,这与政治哲学中取消差异性的趋势截然不同,由此也可见不同哲学领域观念的区别,不可混为一谈。

〔2〕 可参见张光直《考古学专题六讲》,文物出版社 1986 年;《美术、神话与祭祀》,辽宁教育出版社 1988 年;《中国青铜时代》二集,生活·读书·新知三联书店 1990 年。另生活·读书·新知三联书店已出版张光直作品系列。

〔3〕 列维-斯特劳斯:《野性的思维》,第 87 页。

性或合理性:"我们称作原始的那种思维,就是以这种对于秩序的要求为基础的,不过,这种对于秩序的要求也是一切思维活动的基础。"〔1〕列维-斯特劳斯为此特别将原始或早期知识命名为"具体性的科学"。其实中国早期思维正是如此,《山海经》《尔雅》,包括其中大量的地理学、生物学或植物学与动物学的分类都体现出具体性。同时,在人类早期,知识与经验是密不可分的,或者说在很大程度上是同义的。而这自然也会进一步影响到思维。在中国哲学中,感觉经验并非与理论思维截然对立或完全冲突,感觉与经验被认为是可靠的;重视现象,重视具体,就是重视感觉,重视经验。这些无疑都与起自原始思维的久远传统保持着绵长、密切的联系。由于对现象的关注以及所形成的兴趣,所以在思维上就表现出比较浓厚的具象、感觉、经验特征,包括概念的具象性以及偏向于具象或形象的叙述方式。"类""象""数"观念是如此,"五行""阴阳"观念也是如此。

　　"连续性"特征体现在观念上,主要就是知识与宗教交融,理性与巫术并存,即宗教中有知识,知识中有巫术。从某种意义上说,科学与宗教、知识与巫术是互相帮衬着发展的。反映在观念上,其中既有宗教的成分,又有知识的基础。也就是说,中国哲学与信仰或神秘性仍保持着十分密切的联系。例如阴阳观念与原始的占卜活动有关;五行观念与原始的宇宙图景有关;有关天人沟通的观念可以追溯至原始巫教;天命观念的源头在夏商时代的宗教信仰;天道观念具有充分的法则理性,但源头则是商周以后日渐成熟的占星术;气概念中知识因素虽十分突出,但作为直觉和猜测仍不免神秘的成分;并且,中国哲学具有明显的现实性与功利性,这之中同样可以看到巫术目的的魅影。这其中最典型的例子同样是与占卜活动密切相关的"象""数"观念:"龟,象也;筮,数也。物生而后有象,象而后有滋,滋而后有数。"(《左传·僖公十五年》)事实上,中国哲学日后的"象数"传统即由此而奠定。若再进一步刨根问底,我们又可以想象,作为主体,中国最早的思想家乃是一群巫师、巫酋;以后的知识分子与哲学家虽然不断为清除巫术做着不懈的努力,但由于中国社会与文化连续性的深刻制约,大多数知识分子与思想家同样不可能自己从这片泥壤上拔地而起,或从整个神秘环境与氛围中彻底解脱出来。按马克斯·韦伯的理解,就是祛魅"任务"并未完成。

---

〔1〕　列维-斯特劳斯:《野性的思维》,第14页。

　　不过,我们又不能过于"机械"地理解上述"连续性",或不能对"连续性"做简单的"图解"。应当看到在观念的"连续性"中实际存在着复杂性,也应当看到思维的"连续性"又恰恰会导致某种特殊性,而这正是以下所要考察的两方面内容。

(六) 曾孕育出成熟的无神论观念

　　一个十分有趣的现象是:尽管中国哲学就整体而言具有明显的"连续性",但在起源阶段却的确又曾孕育出一批清晰的"无神论"观念和典型的"无神论"思想家。设若与希腊比较,或者也可以这样认为:在逻辑思维所达到的理性高度上中国不如希腊;但就剔除神的彻底性而言,希腊却不如中国。这看似一种悖论,但它的确就是现实存在。

　　古代希腊哲学的理性程度普遍被认为达到一个相当的高度,但其实已有许多学者指出,其神秘或神学色彩仍相当普遍,包括一些以唯物论著称的思想家亦是如此。如策勒尔在谈到泰勒斯时说到,泰勒斯"把基质看成是具有生命和灵魂的,这一看法还在他的后继者那里重现,而且一直被恰当地称作物活论或泛神论。我们没有根据可以假设,他清楚地区分了物质与作为神性、精神或宇宙灵魂的创世力"[1]。策勒尔还指出:"希腊思想方式由于一种源于奥尔弗斯神秘主义的外来因素,从毕达哥拉斯学说开始转变,这种神秘主义对于希腊人的天性是一种格格不入的宗教崇拜,由于它和希腊思想的融合,产生了许多值得注意的新形式,对于随后的时期意义重大。"[2]这其中也包括中国学者的看法,如阮炜指出:及至轴心时代"古希腊脱魅程度仍然有限,怪力乱神思维仍然盛行,这就难免对新出现的理性化程度更高的精神样式 philosophia 产生影响,使'哲学家'新思维与神话旧式思维之间出现一种剪不断、理还乱的纠葛。这就是为什么不仅被视为保守的巴门尼德、柏拉图和亚里士多德的哲学带有浓厚的神学色彩,而且唯物论者如伊壁鸠鲁、卢克莱修的哲学也未能摆脱诸神的纠缠,甚至公认最彻底的古代唯物论者德谟克利特也不是严格意义上

---

[1]　策勒尔:《古希腊哲学史纲》,第 28 页。
[2]　同上书,第 32 页。

的无神论者,而可以说仍然是有神论者"〔1〕。雅斯贝斯曾认为,在轴心期,"理
性和理性地阐明的经验向神话发起一场斗争(理性反对神话)"〔2〕。但如果上
述学者看法是正确的话,那么"理性向神话发起一场斗争"这个提法就未必与
希腊的情况相符,在希腊人理性之侧,神明依旧伫立!

　　不过,雅斯贝斯这一看似夸大的理想或美好的愿望倒是部分地与中国的
情况相契合。在中国,从西周末年开始,神的地位及存在就开始遭到程度不同
却连续不断的质疑。到春秋时期,无神或弱神观念已相当普遍,这包括我们所
熟悉的季梁、申缙、史嚚、叔兴、子产、晏婴、楚昭王以及孔子等人的观点;其中
一些思想并非十分彻底,姑且可称作弱神;但有些思想却已相当彻底,完全可
称作无神。

　　自然,这一状况的出现是有深刻原因的。一个十分重要的原因当与自三
代以来发达的天文学知识密切相关,因为发达的天文学很容易导致人们对天
作自然性质的解释。我们知道,这一时期人们对于物极必反或转化问题的认
识在很大程度上就是建立在占星术或天文学知识基础之上的,例如邓曼语:
"盈而荡,天之道也。"(《左传·庄公四年》)又如伍子胥语:"盈必毁,天之道
也。"(《左传·哀公十一年》)以上这两条资料是物极必反思想的典型论述,同
时也是天道自然思想的典型论述。此外,范蠡也有相关的思想和论述,如:"天
道盈而不溢,盛而不骄,劳而不矜其功。""天道皇皇,日月以为常,明者以为法,
微者则是行。阳至而阴,阴至而阳;日困而还,月盈而匡。"(《国语·越语下》)
可以这样说,由于有对天的自然性质的充分了解,就有可能将神在天宇这个最
可能立足之处彻底驱逐出去。此外,其他知识活动也会产生重要影响,特别是
医疗和战争活动。例如《左传·昭公元年》记载:"晋侯求医于秦,秦伯使医和
视之,曰:'疾不可为也,是谓近女室,疾如蛊。非鬼非食,惑以丧志。良臣将
死,天命不佑。'"医和在这里讲疾病与鬼神无关。以后至战国时期,扁鹊更明
确指出:"信巫不信医,六不治也。"(《史记·扁鹊仓公列传》)又《孙子·用间》
讲:"先知者,不可取于鬼神,不可象于事,不可验于度,必取于人,知敌之情者
也。"这里明确指出战事判断"不可取于鬼神"。《孙子·九地》也讲:"是故其兵
不修而戒,不求而得,不约而亲,不令而信,禁祥去疑,至死无所之。"这里的"禁

────────

〔1〕　阮炜:《Philosophia:哲学抑或神学?》,《世界宗教研究》2012年第1期。
〔2〕　卡尔·雅斯贝斯:《历史的起源与目标》,第9页。

祥去疑"就是指去除鬼神迷信对于军事活动的干扰。可以这样理解,在医疗和军事活动中,尊重客观现实是唯一的选项。

以此为基础,无神论思想在道家老子这里和儒家荀子这里达到巅峰。如老子说:"道之尊,德之贵,夫莫之命而常自然。"(《老子·五十一章》)这里的"夫莫之命而常自然"就是否认"道"有意志性,防止将"道"人格化,天道就是自然,它与神无关。这个思想同样体现于"吾不知谁之子,象帝之先"(《老子·四章》)。荀子的思想也是一样,如:"治乱天邪?曰:日月、星辰、瑞历,是禹、桀之所同也;禹以治,桀以乱,治乱非天也。"(《荀子·天论》)又如:"星坠木鸣,国人皆恐。曰:是何也?曰:无何也,是天地之变,阴阳之化,物之罕至者也。怪之,可也,而畏之,非也。"(同上)也正因如此,老子与荀子都被视作典型的无神论思想家,这一点在学界似乎没有任何疑问。

以上例子是否可以说明:虽然有"连续性"的大背景,但在一个有限的"局部"和一个特定的"阶段",中国思想的确发生过十分彻底的"祛魅"。而中国与希腊之间的这样一种比较,又可以使我们在"理性"问题上有更为深入、细微而非笼统的认识。[1]

(七)本质不离现象,抽象不离具体,
形上不离形下,理性不离感性

与"连续性"相关的另一个问题是:具体、感觉、经验与抽象和理性的关系。哲学具有抽象和理性的特征,必定要对形上和本质问题进行追问,凡称得上哲学的大抵如此。中国哲学也不例外,其具体性特征同样不会阻止对于抽象、本质、形上问题的探索。只是中国哲学这样一种探索是以自己的面貌而非希腊的面貌出现,这一面貌具体来说,就是本质不离现象,抽象不离具体,形上不离形下,理性不离感性。

我们须知,抽象是分层级的,不能简单以较高的抽象否认略低的抽象;与此相关,抽象也是有差异的,不能简单以某一种抽象否认另一种抽象。在这方

---

〔1〕 当然,这一特征只具有同期"理性"比较的意义。"局部"或"阶段"的"祛魅"不可能持久,也不会对包括思维、观念、信仰及哲学在内的整体精神面貌有根本的改变,这也是战国中后期以后巫术或种种神秘因素普遍"死灰复燃"的原因。对此,拙著《中国社会的宗教传统——巫术与伦理的对立和共存》(上海三联书店 2009 年)、《中国哲学的起源》、《中国哲学起源的知识线索》中都做了相关论述。

面,列维-斯特劳斯有关"野性"思维与观念的研究可以说提供了一个非常好的样本。列维-斯特劳斯指出:"任何一种分类都比混乱优越,甚至在感官属性水平上的分类也是通向理性秩序的第一步。"[1]"即使是一种不规则的和任意性的分类,也能使人类掌握丰富而又多样的事项品目。"[2]列维-斯特劳斯还强调:"长久以来人们已经习惯于运用不包括表达'树'或'动物'这类概念的字词的语言。""这类情况被引用为'原始人'的所谓不善抽象思维的证据,同时却首先忽略了另一类情况,这类情况表明,丰富的抽象性词语并非为文明语言所专有。"[3]"像'橡树''山毛榉''桦树'等词与'树'这个词一样,也同样有资格被看作抽象词。"而且"一种包含有'树'一词的语言,在概念的丰富性上也不如那种虽然缺少这个词但却含有数十数百个个别物种与变种的词的语言"。[4]列维-斯特劳斯指出,原始人的类分思维与观念是驻足现象"多样性""差异性""具体性"的逻辑结果。但在持久的识别、区分乃至分类活动中,有关"类"的认识就有可能不断提升。一方面,"类"越来越精细化,由此使得知识越来越精确;而另一方面,"类"也可能越来越抽象化,即归属于某些基本或根本的原因或起源。[5]

中国思维与观念正是循着这条路径逐渐向上攀升并达至哲学层面的。从西周末年开始,我们已经可以清楚看到一些抽象或形上概念逐渐形成,"类"就是其中之一。而对照列维-斯特劳斯的看法或理论来考察中国"类"观念及概念的抽象化进程,我们会看到二者之间是如此吻合。例如《尔雅》就是沿《山海经》而来,在知识分类上越来越精细,类似的还有《禹贡》《管子·地员》,包括以后《周礼》的职官设置。与此同时,有关"类"的观念又不断被加以抽象。正是在不断分类的过程中,"类"这一语词、概念以及与此相应的种属观念便渐渐产生了。通观从西周末年到春秋时期"类"语词的用法,与自然事物或逻辑知识相关的大致主要有以下这样一些含义:分类、种类、族类、同类和异类、类别、类属。例如:"名有五:有信,有义,有象,有假,有类。"(《左传·桓公六年》)"声亦如味,一气,二体;三类,四物,五声,六律,七音,八风,九歌,以相成也。"(《左传·昭公二十年》)而这样两个方面再进一步发展便最终成为逻辑思想和学

[1][2]　列维-斯特劳斯:《野性的思维》,第21页。
[3]　同上书,第3页。
[4]　同上书,第5页。
[5]　吾淳:《中国哲学起源的知识线索》,第34页。

说。我们知道,分类的发展就直接导致了战国时期逻辑学中的"同""异"问题;
应看到,公孙龙有关名词差异性的思考就是与之前对于马、牛、羊的具体知识
分类密切相关的,这也包括后期墨家的相关思想。同时,包括公孙龙、后期墨
家、《易传》、荀子、《吕氏春秋》等在内的许多思想家与学派、典籍又对"类"概念
做了抽象层面的思考,出现了许多重要的命题,如《墨经·小取》讲:"以类取,
以类予。"又如《易传·系辞上》讲:"引而伸之,触类而长之。"当然,中国自然哲
学的抽象化进程还并不仅仅体现在"类"观念上,它同样也围绕"天""天数""天
道"以及"道"和法则等问题普遍或广泛展开。但反过来,我们看到,到了西周
末年以后,虽然概念等逻辑的形式已经普遍出现,但形象、象征、隐语、类比、联
想、直觉的方法或思维仍被广泛使用,即使在孙子、范蠡特别是老子的哲学中,
概念思维与具象思维也是并存的,这或许正表明中国哲学思维并未中断与早
期思维的联系。

　　以上考察表明,中国哲学对于本质、抽象、形上、理性有着自己独特的理
解,或形成了自己独特和鲜明的风格,这就是:本质不离现象,抽象不离具体,
形上不离形下,理性不离感性;也就是说,在中国哲学中,本质与现象、抽象与
具体、形上与形下、理性与感性是完全可以统一的。对此,我在《中国哲学的起
源》与《中国起源的知识线索》两书中已经有充分的论述,在此摘录于下:"虽然
中国哲学早在春秋时期已经达到相当抽象的高度,大量形上观念和概念也已
经出现,但是在具体的思考中,具象、具体、个别、形下的层面仍是哲学的重要
面向及方法。本质不离现象、形上不离形下、抽象不离具体、理性不离感性。
这些都成为中国式哲学或形上思维发展的重要形式与特征。"[1]"中国哲学
不乏对形上问题的关怀,特别是后来老子继承并发扬了这一点,并且将规律问
题与本原问题高度地统一了起来。此外,我们还要看到,中国哲学或自然哲学
并没有像希腊哲学那样强调现象与本质的对立,或者说,中国哲学虽重视法则
问题但又并没有剔除现象。总之,在中国的哲学中,现象与本原,变化与规律,
形下与形上是可以统一的,或可以共处的。"[2]这就是中国自然哲学中抽象
思维的特点,或是中国哲学有关本质、形上问题思考的特点,它与希腊自然哲
学相当不同。

────────────

〔1〕　吾淳:《中国哲学的起源》,第562页;《中国哲学起源的知识线索》,第18页。
〔2〕　吾淳:《中国哲学起源的知识线索》,第17页。

　　最后,我想再做一个简单的归结。通过以上考察,我们能够清楚地看到:哲学问题不仅与人这个"类"的普遍兴趣或关心有关,同时也与不同人这个特殊"类"对于世界的具体观察密切相关。环境不同、生活不同、经验不同、接触或切近的知识不同,这些都会直接影响到问题,或问题的"面相""容貌"。就此而言,作为哲学问题,它不仅有作为人这样一个"大类"的普遍与必然关心的东西,更有作为不同人这样一个"小类"的特殊与偶然关心的东西。古代希腊人关注本原、本质、本体问题,并不意味着其他民族也必然或必须以同样的方式关注本原、本质、本体问题;西方哲学在古代希腊人这里进入本质层面,并不意味着其他民族也要以此"节奏"或"逻辑"进入本质层面。况且,这其中孰者更为"必然",孰者更为"偶然",还值得进一步讨论。这里,我想再次引用我在《中国哲学的起源》与《中国哲学起源的知识线索》两书中的说法:"让我们更多地回到中国哲学的源头,回到中国哲学的原点,因为只有在那里,我们才能够确定自己的'姓氏''身份'和'血统',才能够对自己的'性格''喜好''志趣'有更准确和清晰的认识,才能够找寻到我们民族智慧与精神的根脉。"〔1〕当然,这也包括我们决不能忽视我们自身的缺点和弱项!

---

〔1〕　吾淳:《中国哲学的起源》,第 563 页;《中国哲学起源的知识线索》,第 19 页。

九、前诸子时期观念理性化进程的知识线索 *
——以"天"观念为中心的考察

　　无论是古代希腊还是古代中国,观念理性化的进程都包括知识与道德两条线索,也即知识理性与道德理性。[1]西方哲学史对于希腊这两条理性线索的叙述十分完备,绝无偏颇。在中国,前一条线索先后发展出阴阳、五行、气、数、天道等观念,至老子有道的哲学,秦汉之际又有《吕氏春秋》《淮南子》《黄帝内经》诸知识体系;后一条线索则发端于周公,经孔子,最终确立于儒家学派的形成。[2]可我们遗憾地看到,一部中国哲学史向以伦理道德叙述独大,视阴阳、五行、天道、道等概念的知识背景于不顾。本文即是立足于前诸子时期来考察知识线索对于观念理性化进程的重要作用。

(一)观念初始:神人沟通的世界

　　我们的考察不妨从神人沟通年代的观念开始,对此,颛顼时期"绝地天通"的故事为我们所熟知。"绝地天通"故事见于《国语·楚语下》,楚昭王就"《周书》所谓重、黎实使天地不通者"之事及疑惑问于观射父,观射父答曰:"古者民神不杂。民之精爽不携贰者,而又能齐肃衷正,其智能上下比义,其圣能光远宣朗,其明能光照之,其聪能听彻之,如是则明神降之,在男曰觋,在女曰巫。""及少皞之衰也,九黎乱德,民神杂糅,不可方物。夫人作享,家为巫史,无有要质。""颛顼受之,乃命南正重司天以属神,命火正黎司地以属民,使复旧常,无

　　* 本文系与学生朱旬旬合作,原发表于《哲学研究》2020年第5期。
　　[1] 其中"知识理性"是指:在知识活动基础上所形成的概念、判断、计数等逻辑思维,基于知识活动而形成的自然观,由自然观所发展出的对自然规律及普遍法则的认识,进一步也体现为与神性的对立。这些以知识为基础发展起来的理性态度与精神,成为后来诸子哲学坚实的思维与观念基石。
　　[2] 中国的知识理性与道德理性无疑有着各自的特点与分工。道德理性相对纯粹,然而它时时沦为政治的附庸;而由知识所导致的理性观念、哲学并不能彻底清洗或躲避巫术孑遗,但它却也为中国人提供了认识世界的框架。

相侵渎,是谓绝地天通。"这一事件通常被认为是一次重要的宗教改革,如徐旭生说:"帝颛顼特别重要是因为他在宗教进化方面有特别重大的作用。"[1]但其实,"绝地天通"举措并不具有宗教革命的意义,它仅仅是从氏族宗教走向国家宗教。如果说有重要变化,那它不是宗教的,而是政治的。正如杨向奎所说,这样一来,"国王们断绝了天人的交通,垄断了交通上帝的大权"。[2]张光直也指出,通过对巫术仪式及青铜礼器等的控制,可以达到独占神人或天人沟通的目的。[3]这可以说是早期社会确立和巩固统治权威的惯用手段。

之后,这一传统为殷商所继承,陈梦家指出殷商王室普遍"王兼为巫之所事,是王亦巫也","由巫而史,而为王者的行政官吏;王者自己虽为政治领袖,同时仍为群巫之长"。[4]在此基础上,"天"的称呼也逐渐形成并日益丰富。对此丁山说过:"这位至高无上的宇宙大神,见于先秦载记的,似乎没有一定的尊号——有时称天,有时称皇天,有时称昊天、旻天,有时称天鬼,有时称帝,有时称上帝,有时称皇天上帝,有时称昊天上帝,有时称皇皇后帝,有时省称曰皇帝。要而言之,秦以前的文献里,天神的尊称非皇则帝。"[5]

到了西周初年,"神人"或"天人"沟通观念出现了一个"新品种",就是"天命"观念。"天命"观念是王朝政治的必然结果,它用于证明王朝的合法性,是政治合理性的护符。具体地,"天命"观念首先体现为:"天命"这一语词在周代已完全确立。如:"王应保殷民,亦惟助王宅天命,作新民。"(《尚书·康诰》)"维天之命,於穆不已。"(《诗·周颂·维天之命》)其次,我们看到,周代用于表述"天命"观念的语词十分丰富。这包括:(1)"受",如"宁王惟卜,用克绥受兹命"(《尚书·大诰》);(2)"赐",如"天乃锡禹洪范九畴,彝伦攸叙"(《尚书·洪范》);(3)"保佑",如"保右命之,自天申之"(《诗·大雅·假乐》);(4)"罚",如"厥图帝之命,不克开于民之丽,乃大降罚"(《尚书·多方》)。除此之外还有"休""坠""降""威"等,这些语词构成了周代"天命"观念丰富的内涵。最后,"天命"观念更重要的还在于发生了道德意义的所谓"革命性"变化,即"天命"的授予视人的道德状况而定,如:"弘于天,若德裕乃身,不废在王命。"(《尚

〔1〕 徐旭生:《中国古史的传说时代》,科学出版社1960年,第76页。
〔2〕 杨向奎:《中国古代社会与古代思想研究》上册,上海人民出版社1962年,第164页。
〔3〕 张光直:《美术、神话与祭祀》,第91页。
〔4〕 陈梦家:《商代的神话与巫术》,《燕京学报》20期(1936)第535页。
〔5〕 丁山:《中国古代宗教与神话考》,上海文艺出版社1988年,第171页。

书·康诰》)与此相关,周人尤注意历史的教训,如:"我不可不监于有夏,亦不可不监于有殷。""我不敢知曰,不其延。惟不敬厥德,乃早坠厥命。"(《尚书·召诰》)同时,周人还注意到天意与民意的关系:"古人有言曰:'人,无于水监,当于民监。'今惟殷坠厥命,我其可不大监,抚于时。"(《尚书·酒诰》)

学界现有对于中国观念理性化进程的探讨,主要或基本是围绕以上这条线索展开。

(二)知识的积累

但在宗教向道德的转换之外,知识积累这条线索其实同样对理性化进程产生了深刻影响。

早在原始时期,各种实用知识就已经缓慢地发展起来。一般认为,中国的新石器时代约始于公元前 6000 年至前 5000 年。早期代表有裴李岗文化、磁山文化,中期有仰韶文化、屈家岭文化。在新石器时代,围绕农耕生产与定居生活,栽培、驯化、磨制石器、制陶技术、房屋建筑等都获得了发展。又由于农业的需要,有关气象、天文的知识也发展了起来,此外,计数与医药知识同样已经产生。至龙山文化与良渚文化,也即公元前 3000 年至前 2000 年,中国或华夏文化已是处于文明社会的前夜。而进入三代后,知识的发展进一步加快。

首先是农业耕作获得了很大的发展。夏代材料十分有限,但从近年发掘的新砦遗址与皂角树遗址中可获得一些消息。其中早期可能以稻和野大豆为主,中期也即新砦期野大豆数量开始减少,晚期即皂角树遗址二期或二里头文化三期粟和黍占绝对优势。商周两代农业发展愈加迅速。商殷墟出土的甲骨中,与农业有关的多达四五千片。此时牛耕可能已经出现,商王和贵族死后所用的牛、羊、豕等牺牲,动辄数十数百乃至上千。周代金属农具的发展与运用十分迅速,许多金字旁农具的语词就是一个明证。同时,周代农业耕种的规模也越来越庞大,往往会聚集成千上万人参加。《诗经·周颂》中所记载"千耦其耘""十千维耦"就展示了当时大规模集体耕作的场景。另周代休耕与轮作制度已经趋于成熟,选种留种技术取得很大进展,沟洫或灌溉也已经达到了一定水平。

青铜技术在商周两代达至鼎盛。夏代已有极少量的青铜器存世,位于河南偃师的夏代二里头遗址发现了用于铸造的陶制坩埚、陶范碎块。到了商代,青铜农具数量大大增加。商中后期,出土的青铜器中常有大型礼器、乐器,铸造普遍十分精美。青铜器的大量出现与青铜铸造水平的提高紧密相关。从商代中期到西周早期是青铜冶铸的全盛阶段。到了周人这里,已对合金比率或规律有很充分的认识,如《周礼·冬官考工记·筑氏》记载:"金有六齐:六分其金而锡居一,谓之钟鼎之齐;五分其金而锡居一,谓之斧斤之齐;四分其金而锡居一,谓之戈戟之齐;参分其金而锡居一,谓之大刃之齐;五分其金而锡居二,谓之削杀矢之齐;金锡半,谓之鉴燧之齐。"并且对铸造进程的掌握也已经达到"炉火纯青"的高度。而青铜铸造仅是周代三十种制作技术之一。

又由于农业及政治的需要,此时天文知识也有极大的提高。《夏小正》中记录有很多气象、物候以及天象资料,因与夏代天象颇多相合,故为不少学者认定属于夏代史料。在此基础上,历法知识也不断提高。据现有研究,《尚书·尧典》有可能推到殷末甚至更早,其中已经有关于"四仲中星"天象的记载,这表明了对春分、夏至、秋分、冬至四个节气的认识。并且夏代已经有了天干纪日的方法,以后商代在此基础上进一步发展出更为完整的干支纪日方法。又商代的天象观测水平也有了极大的提高,第一次最可靠的月食记录是公元前 1361 年 8 月 9 日的月全食,第一次最可靠的日食记录是公元前 1217 年 5 月 26 日发生的日偏食。周代以后,天象观测继续发展,如有关太阳黑子的文字记载最早可推至《周易·丰卦》,包括"日中见斗""日中见沫",即是对太阳黑子现象的描述。

此外,建筑、数学、音律、医疗等知识也都得到了很大的发展。数学知识方面,商代甲骨文中已经有相当完善的十进位制记数系统,最大数字已到三万。并且商人可能已经有奇数、偶数、倍数和分数的概念,同时已掌握了一些初步的运算方法。周代有了专门掌管数学知识的官员即"畴人",且"数"已作为贵族子弟必须掌握的"六艺"之一。音律方面,有学者指出商代乐器中半音音程已经出现,这表明已经初步具备了发明十二律的前提条件。另外近年来的研究表明,商代晚期很有可能已经具备了十二律中的相当部分内容,最迟在周代,十二律体系已完全形成。这一时期的医疗活动同样取得了相当大的进步,卜辞中关于疾病的记载有五百多条。及至周代,医和巫已经渐渐分离,《周礼》中将"巫祝"归于"春官大宗伯",而"医"则属于"天官冢宰"。

（三）理 性 的 生 长

而以知识积累为基础,理性也渐渐生长起来,我们姑且以下述几个方面作为观察点。

列维-斯特劳斯《野性的思维》一书论述了分类活动之于逻辑与抽象思维的意义,他指出早期原始人"习惯于运用不包括表达'树'或'动物'这类概念的字词的语言","这类情况被引用为'原始人'的所谓不善抽象思维的证据"。[1]然而,"像'橡树''山毛榉''桦树'等词与'树'这个词一样,也同样有资格被看作抽象词"[2]。列维-斯特劳斯的看法极有意义,它指示了理性思维的最初开端,故我们的考察也从分类开始。以《尔雅》为例,其中就包含了大量的知识分类,包括《释地》《释丘》《释山》《释水》《释草》《释木》《释虫》《释鱼》《释鸟》《释兽》。[3]正如列维-斯特劳斯所示,《尔雅》的意义就在于向我们展现了思维朝向逻辑的运动。在西周末年与春秋时期,"类"语词及观念已广泛形成,如《国语》:"其后伯禹念前之非度,厘改制量,象物天地,比类百则。"(《周语下》)"夏禹能单平水土,以品处庶类者也。"(《郑语》)"于是乎有天地神民类物之官,谓之五官,各司其序,不相乱也。"(《楚语下》)其具体包括分类、种类、同类、异类、类别、类属等种种意涵,并且由知识活动推广到社会活动。

观象作为一种方法,分布于许多知识门类,如农耕、探矿、冶炼、医疗等。如《夏小正》记载物候:"囿有见韭,时有俊风,寒日涤冻涂,田鼠出,农率均田,獭祭鱼,鹰则为鸠。"又如《管子·地数》记载探矿:"山上有赭者其下有铁,上有铅者其下有银,一曰'上有铅者其下有鉒银,上有丹砂者其下有鉒金,上有慈石者其下有铜金'。此山之见荣者也。"再如《周礼·冬官考工记·栗氏》记载冶铸:"凡铸金之状,金与锡,黑浊之气竭,黄白次之;黄白之气竭,青白次之;青白

---

〔1〕 列维-斯特劳斯:《野性的思维》,第3页。

〔2〕 同上书,第5页。

〔3〕 学术界一般认为《尔雅》最终成书年代可能是战国末年或西汉初年,但其实该书的许多知识完全可能在更早之前就已经形成。《山海经》有采集狩猎年代痕迹,《尔雅》则有农耕时代特点。又按邹树文的研究,《尔雅》对于动物的分类与《诗经》对于动物的称谓"不谋而合",皆用"虫""鱼""鸟""兽"而不用后来的"毛""羽""鳞""介","可见两者出现的时间大体相同"。这应当是此书部分知识或可提前的一个有力证明。《中国古代的动物分类学》,见李国豪、张孟闻、曹天钦主编:《中国科技史探索》,上海古籍出版社1982年,第513页。

之气竭,青气次之,然后可铸也。"医疗活动更是使用观"象"方法的重镇。《史记·扁鹊仓公列传》中引春秋末年名医扁鹊的话说:"越人之为方也,不待切脉、望色、听声、写形,言病之所在。闻病之阳,论得其阴;闻病之阴,论得其阳。"可知扁鹊诊断疾病使用了包括切脉、望色、听声、写形在内的多种观察即观象方法。[1]并且观象不仅是一种方法,实际也是一种思维和观念,即清楚意识到现象之于了解事物本质或规律的意义,由此在观察现象与把握规律之间建立起自觉的联系,这完全是一种理性思维。

计数活动与数观念从一开始就具有鲜明的理性特征,因为计算、分割、度量以及在此基础上逐步发展出的测算、演算都属于逻辑思维的范畴。进入三代,计数活动不断丰富,范围不断扩大,水平不断提高,其小到日常计数,中到乐律度量、房屋建造,大到城市规划,更大到天区划分、太阳回归年和行星运行周期都离不开计算。"豆、区、釜、钟之数,其取之公也薄,其施之民也厚。"(《左传·昭公二十六年》)这里的数是指容器的容量。"四曰星辰,五曰历数。"(《尚书·洪范》)"天六地五,数之常也。"(《国语·周语下》)这里的数则具有某种法则性或本原性。进而这种法则意义的数又被用于社会,如:"瞽史之纪曰:'唐叔之世,将如商数。'"(《国语·晋语四》)"如商数"有命数、气数、运数的含义,这也成为日后一个极其重要的观念。当然,一旦数具有了法则和本原性质,那就一定会被神秘化,如《国语·周语下》:"凡神人以数合之,以声昭之。"特别是当它与占筮相结合,如《易传·系辞上》:"大衍之数五十,其用四十有九。""天数二十有五,地数三十,凡天地之数五十有五。"[2]

很清楚,上述理性的生长,都是以知识活动为基础而发展起来的。

(四) 从宗教天人观到自然天人观

随着知识的积累与理性的生长,自然天人观也渐渐在宗教天人观中脱胎出来。所谓自然天人观是指人意识到自己的活动不受神或巫的支配,而是受自然规律或法则的支配。

---

〔1〕 又大抵与扁鹊同时代的马王堆三号汉墓出土古医书,也记载了如何根据脉象来诊断病情的方法。

〔2〕 这也是所有古代文明普遍具有的现象,如古代希腊毕达哥拉斯关于数的学说,这是必然现象,根本无法避免。

受农耕活动支配,早期自然天人观主要反映于"时"观念里。这一观念我们在《尚书》中已经可以看到。如《尧典》中关于"四仲中星"天象的记载与春分、夏至、秋分、冬至四个节气相关,这无疑正是"时"观念的体现。又《皋陶谟》讲:"百工惟时,抚于五辰,庶绩其凝。"这里的"百工惟时,抚于五辰"同样是遵从四时之意,且活动范围已扩大。当然,由于《夏小正》《尧典》《皋陶谟》等文献都存在着后人伪窜的可能,因此其中"时"这一语词的使用也不能排除为后人所加。但"时"这一观念在这一时期的出现应当不会存在疑问,原因就在"时"观念的出现是农耕活动的必然,即它是新石器时期开始的农耕知识在观念上的自然结果。

及至周代,这样一种"时"观念已经十分普遍,并且广泛语词化。如《国语·周语上》中仲山父谏语:"王治农于籍,蒐于农隙,耨获亦于籍,狝于既烝,狩于毕时,是皆习民数者也。"这是说农耕或田猎活动都必须要重视"时"也即季节因素。春秋时期,"时"观念得到延续。如《国语·鲁语上》记载:"宣公夏滥于泗渊,里革断其罟而弃之,曰:'古者大寒降,土蛰发,水虞于是乎讲众罶,取名鱼,登川禽,而尝之寝庙,行诸国,助宣气也。鸟兽孕,水虫成,兽虞于是乎禁罝罗,矠鱼鳖以为夏犒,助生阜也。'"《周礼》对此也多有记载。如《地官司徒·遂大夫》说:"以岁时稽其夫家之众寡、六畜、田野,辨其可任者与其可施舍者,以教稼穑,以稽功事。"这是讲农事活动应当考虑季节因素。《地官司徒·山虞》说:"山虞掌山林之政令,物为之厉,而为之守禁。仲冬斩阳木,仲夏斩阴木。凡服耜、斩季材,以时入之。"这是讲林木斩伐应当考虑季节因素。《天官冢宰·兽人》说:"冬献狼,夏献麋,春秋献兽物。时田,则守罟。"《天官冢宰·鳖人》说:"以时籍鱼、鳖、龟、蜃,凡狸物。春献鳖蜃,秋献龟鱼。"这些都是在考虑田猎或渔猎的季节因素。又《天官冢宰·庖人》中说:"凡用禽献,春行羔豚,膳膏香;夏行腒鱐,膳膏臊;秋行犊麛,膳膏腥;冬行鲜羽,膳膏膻。"这里讲到了饮食与季节的关系。我们务必清楚,这些材料都不应简单做知识理解。

具体地,"时"观念又包括如下方面内容。第一,"时"已明确具有规律之意。如:"丙子旦,日在尾,月在策,鹑火中,必是时也。"(《左传·僖公五年》)"闰以正时,时以作事,事以厚生,生民之道,于是乎在矣。"(《左传·文公六年》)"天、地、民及四时之务为七事。"(《国语·楚语下》)这里的"时"或"四时"都明显具有自然规律的含义。第二,"顺时",也就是遵循规律。例如《国语·周语上》中虢文公谏语:"古者,太史顺时覗土,阳瘅愤盈,土气震发,农祥晨正,日月底于天庙,土乃脉发。"须注意的是,"顺时"观念还有各种丰富的表述。如"务其三时"(《左传·桓公六年》),"惧以待时"(《左传·昭公三十二年》),"各致其时""无夺民时"(《国语·齐语》),"不逆天时"(《国语·越语下》)这些都清晰地表达了遵循规律之意。第三,由此又有了"审时""察时"的含义。如《国语·齐语》:"令夫工,群萃而州处,审其四时,辨其功苦,权节其用。""令夫农,群萃而州处,察其四时,权节其用,耒、耜、枷、芟。"这里的"审""察"都具有认识规律之意,抑或具有认识论的意义。更进一步,"时"又被赋予更为一般的含义。如《周礼·冬官考工记·总叙》:"材美工巧,然而不良,则不时。"《轮人》:"斩三材必以其时。"《弓人》:"取六材必以其时。"显然,这里的"时"语词已经高度概念化,它所叙述表达的或已不仅仅局限于"时",而是与"时"密切相关的"天",或者今日所说自然,也即天人之间更为一般的关系。

　　也是在此基础上,自然天人观有了更为概括性的表述。第一,天人相参。如:"夫人事必将与天地相参,然后乃可以成功。"(《国语·越语下》)当然,我们要看到,天人相参观念既是遵循客观规律认识的必然结果,同时也并未完全排除宗教或神秘主义的内容,这一观念实际属于神性与理性的边际状态。[1]第二,天人相分。如我们所十分熟悉的"下民之孽,匪降自天。噂沓背憎,职竞由人。"(《诗·小雅·十月之交》)"天道远,人道迩,非所及也。"(《左传·昭公十八年》)毫无疑问,与天人相参相比,天人相分具有更加清晰的理性特征,它明确指出人对自己的行为负责,这为战国时期荀子这样更加彻底的天人相分思想做了有益的铺垫。又以此为基础,自然无为的观念或思想已经出现,另从宗教天人观到自然天人观,也为无神观念及其理性精神做了铺垫,这些会在后面述及。

(五)从宗教天命观到自然天道观

　　"天"观念的理性化进程同样也体现在从宗教天命观到自然天道观的过程中,在此,占星活动"扮演"了至关重要的角色。有意味的是,占星术的初衷本用于对日常管理进行论证和对重大行动进行预测,是通过神人合一的关系,来证明天命政治的合理性。但其进程却实际造成了自然观念的凸显,也包括对

---

[1]　在一定意义上,如同天人相应,这其中也仍然包含着原始巫术"通神"观念的孑遗。

神学本身的排斥，由此走向了"宗教天命"的对立面即反面——"自然天道"，这实在是占星活动所"始料未及"的。

占星活动早在远古已经展开。据《史记·天官书》可知历代占星家："昔之传天数者：高辛之前，重、黎；于唐、虞，羲、和；有夏，昆吾；殷商，巫咸；周室，史佚、苌弘；于宋，子韦；郑则裨灶；在齐，甘公；楚，唐昧；赵，尹皋；魏，石申。"据江晓原，《周礼·春官宗伯》所记载的各种职官中，至少有六种明显与天学即占星事务有关，即：大宗伯之职、占梦、视祲、大史、冯相氏、保章氏。[1]《左传》对占星活动多有记载，如"今兹宋、郑其饥乎！岁在星纪，而淫于玄枵"（《襄公二十八年》）；"今兹岁在颛顼之虚，姜氏、任氏实守其地，居其维首，而有妖星焉，告邑姜也。邑姜，晋之姚也。天以七纪，戊子，逢公以登，星斯于是乎出。吾是以讥之"（《昭公十年》）。

就过程而言，占星活动首先始于观察"天象"。如前所见，"天象"观察最初是从了解二至二分时太阳的视运动位置（也包括朔望月）开始的，进而又会延伸到对月食与日食的观察记录，另还有日珥、太阳黑子、彗星及二十八宿等，这些在卜辞与文献中均有记载。[2] 以二十八宿为例。如《尚书·尧典》："日短，星昴，以正仲冬。"这里说的是昴宿。《夏小正》：正月"初昏参中"，"五月参则见"，八月"参中则旦"。这里说的是参宿。至《周礼》，文献记载更加明确，如《春官·冯相氏》："二十有八星之位，辨其叙事，以会天位。"《冬官·辀人》："盖弓二十有八，以象星也。"而这些知识必然会导致相应观念。如"夫天事恒象"（《国语·周语上》）、"天事必象"（《国语·晋语四》）、"天事恒象"（《左传·昭公十七年》），这里的"恒""必"都是观念意义的。如前所见，"天象"观察既是知性的，也是理性的。

"天象"观察的继续发展就是"天数"测算，也即度量。殷商与两周，"天数"知识获得了迅速的发展，这包括十二辰、十二次及五星周期等。十二辰一说即十二支，如是则当与殷人纪日方法有关。又或以为"辰"就是指日、月的交会之点，十二辰则为一年十二个月月朔之时太阳所处位置，如《左传·昭公七年》"日月之会是谓辰"。十二辰的量化特征很明显。[3] 十二次的创立起源于对

---

〔1〕 江晓原：《天学真原》，辽宁教育出版社1991年，第57、58页。

〔2〕 参见陈梦家《殷虚卜辞综述》，中华书局1988年，第240页；陈遵妫《中国天文学史》第3册，第1070、1074、1099页。

〔3〕 杜石然等：《中国科学技术史稿》上册，第67、69页。

木星的观测,古人认为木星也即岁星是十二年一周天,故而将周天分为十二次,用以表示木星每年在天球或赤道上所处的位置。十二次的创立年代大致在西周时期或者更早,《国语·周语下》中伶州鸠回答周景王的提问时就涉及鹑火、析木等次名。丁山甚至认为当盛行殷商之末及周之初叶。[1]之后包括木星在内,对五星运行周期的掌握是天数知识更进一步发展。[2]亦如前所见,"天数"测算的逻辑性质十分明确。

而"天数"与"天道"乃"异名同实",数是知识,道是观念,实一物两面。当然,"天道"观念也可以说是"天数"知识的必然结果。以"十二"为例,如《国语》:"古之神瞽考中声而量之以制,度律均钟,百官轨仪,纪之以三,平之以六,成于十二,天之道也。"(《周语下》)"天事必象,十有二年,必获此土。二三子志之。岁在寿星及鹑尾,其有此土乎!天以命矣,复于寿星,必获诸侯。天之道也。"(《晋语四》)在这里我们清楚地看到"天数"与"天道"的紧密关系。当然,"天道"的"天数"支持并非限于"十二",如《左传》:"岁及大梁,蔡复,楚凶。天之道也。"(《昭公十一年》)"二至二分,日有食之,不为灾。日月之行也,分,同道也;至,相过也。"(《昭公二十一年》)

更进一步,天道观念又主要取得以下两个重要认识。其一,周期性或循环性。随着对太阳回归年长度、十二次及五星运行周期知识的把握,人们已经普遍建立起"天道"周而复始、循环不已、运行不殆的观念。如木星运行周期,"成于十二""十有二年""复于寿星",这之中都包含了对天道周而复始、循环往复规律的深刻理解。其二,物极必反亦即转化,此与周期性或循环性密切相关。如我们所知,物极必反这一观念早在《易经》中就有所表达。但是到了春秋时期,这一观念明显有了更确切的占星知识支持,如:"盈而荡,天之道也。"(《左传·庄公四年》)"盈必毁,天之道也。"(《左传·哀公十一年》)而这些也正是日后老子"大曰逝,逝曰远,远曰反""周行而不殆""反者道之动"等思想的认识基础。而由以上考察我们确切可知,若没有占星术,没有对天象特别是天数知识的深入了解和广泛普及,就不可能有自然天道观念。

---

[1]　丁山:《中国古代宗教与神话考》,第82、83页。
[2]　春秋战国时期,对五星运行周期的观测或量化已经达到相当高的水平,如甘德和石申已经测出火星周期为1.9年。

(六)从自然天道观到普遍的自然法则观念

对普遍自然法则观念的考察毫无疑问应从自然天道观开始,因为自然天道观的核心含义就是规律或法则,普遍的自然法则观念就是由自然天道观发展而来,这包括以下这样一些思考或思想:

第一,天道必然。如《左传·宣公十五年》中伯宗的话:"川泽纳污,山薮藏疾,瑾瑜匿瑕,国君含垢,天之道也。君其待之!"川泽亦容污浊,山林多藏虫害,美玉每含瑕疵,国君忍辱蒙羞,这些都具有普遍必然性,故谓天之道也。

第二,天道自然。如:"天为刚德,犹不干时,况在人乎?"(《左传·文公五年》)又如范蠡所说:"天道盈而不溢,盛而不骄,劳而不矜其功。夫圣人随时以行,是谓守时。天时不作,弗为人客;人事不起,弗为之始。"(《国语·越语下》)范蠡在这里提出了"天道盈而不溢,盛而不骄,劳而不矜其功"的思想,这与老子"道法自然""自然无为"的思想十分相似,或可说是与老子或道家的相关思想一脉相连。

第三,遵循天道而为。如范蠡所说:"因阴阳之恒,顺天地之常,柔而不屈,强而不刚,德虐之行,因以为常;死生因天地之刑,天因人,圣人因天;人自生之,天地形之,圣人因而成之。"(《国语·越语下》)这里的"因"就是遵循、遵守,"圣人因天""因而成之"就是遵循天道,也即遵循自然或客观的规律与法则,这一思想日后同样也充分体现在荀子的思想之中。

当然,普遍的自然法则观念还有更为广泛的表达,反映、体现于丰富的语词或概念之中。我们看到,至春秋时期,属于自然法则观念的语词或概念在各种知识乃至社会活动中大量出现,这包括:度、轨、量、数、节、度、秩、序、次、律、则、表、仪、纪、常等。以下试举若干。(1)数。就与知识关系而言,"数"与数学、历法、历数以及乐律知识密切联系。如《国语·周语下》:"时无逆数,物无害生。""凡神人以数合之,以声昭之。数合声和,然后可同也。故以七同其数,而以律和其声,于是乎有七律。"《国语·越语下》:"四时以为纪,无过天极,究数而止。"在这些论述之中,"数"都是指某种限度,或大限、极限,同时也有命数、气数、运数的含义,法则意识与形上观念都十分明显。"数"语词及观念对日后中国思想的影响巨大而深远。(2)常。这一语词的规律或法则含义十分明显。如《国语·越语下》:"臣闻古之善用兵者,赢缩以为常。"又如《左传·哀公六年》记载孔子曰："楚昭王知大道矣！其不失国也,宜哉!《夏书》曰:惟彼陶唐,帅彼天常,有此冀方。"日后,"常"这一语词或概念在荀子"天行有常"的思想中有更为确定的使用。(3)经、纬。"经""纬"最初当与纺织有关,之后又与占星或天文知识关联,也与地理知识关联。如《国语·周语下》:"经之以天,纬之以地。经纬不爽,文之象也。"又如《左传·昭公二十五年》:"'夫礼,天之经也,地之义也,民之行也。'天地之经,而民实则之。"在这里,"经""纬"的形上含义同样明显。(4)"度""轨""量"。这应当是在数学、度量、天文、乐律,以及各种工程技术基础之上所形成的法则类语词,有明确的规范、准则之意。如《左传·隐公五年》:"凡物不足以讲大事,其材不足以备器用,则君不举焉。君将纳民于轨物者也。故讲事以度轨量谓之轨,取材以章物采谓之物。不轨不物,谓之乱政。"(5)"节"。这一语词主要与养生、疗病活动密切相关。如《左传·昭公元年》记载晋侯有疾,子产前往聘问并道:"于是乎节宣其气,勿使有所壅闭湫底以露其体。"又如《左传·昭公元年》记载医和在为晋侯疾病的诊断后道:"节之。先王之乐,所以节百事也。""节"这一语词同样具有普遍的认识与方法意义。

　　值得注意的是,在一些论述中,自然法则类语词集中、大量的使用。如"律所以立均出度也。古之神瞽考中声而量之以制,度律均钟,百官轨仪,纪之以三,平之以六,成于十二,天之道也"(《国语·周语下》)。以上这段论述中有律、度、量、轨、仪、纪、道等语词,涉及数学、天文学、乐律学及工程技术等知识。又如"为之律度,陈之艺极,引之表仪,予之法制,告之训典,教之防利,委之常秩,道之礼则"(《左传·文公六年》)。以上这段论述中有律、度、表、仪、常、秩、则等语词,涉及度量、天文、地理等知识。更进一步,这些本属于自然法则观念的语词或概念又被广泛推广、应用于社会活动领域之中。如《国语·周语上》:"夫国必依山川,山崩川竭,亡之征也。川竭,山必崩。若国亡不过十年,数之纪也。"《左传》中类似的使用似乎更多。如《隐公五年》:"君将纳民于轨物者也。故讲事以度轨量谓之轨,取材以章物采谓之物。不轨不物,谓之乱政。"《昭公二十五年》:"礼,上下之纪,天地之经纬也,民之所以生也,是以先王尚之。"《哀公七年》:"君若以礼命于诸侯,则有数矣。若亦弃礼,则有淫者矣。周之王也,制礼,上物不过十二,以为天之大数也。"在这些论述中我们可以清楚地看到,自然法则类语词与社会治理之间充分无隙的结合。

　　如此,作为普遍的自然法则观念已经完成了语词化、概念化、形上化以及社会化的进程,它将与自然天人观和自然天道观一同构筑起春秋末年之后诸子哲学的坚实理性基础。

(七)无神观念与理性精神

无神观念也是观念理性化进程的重要方面和知识理性的必然结果。西周末年,随着政治的衰败,怨神的情绪普遍产生,如:"昊天不佣,降此鞠讻。昊天不惠,降此大戾。"(《诗·小雅·节南山》)"荡荡上帝,下民之辟。疾威上帝,其命多辟。"(《诗·大雅·荡》)不过总的来说,这些大都是情绪性的宣泄。

然而随着对知识把握的不断增强,到了春秋时期,具有理性精神的无神观念逐渐萌芽了,越来越多的智者对传统的迷信提出了质疑,过去那种习以为常的巫术思维与视界受到了前所未有的挑战。当然,这里所说的无神观念并非指对神的完全否定,而是指神的弱化,因此,我们不妨也可以称"无神"为"弱神"。按雅斯贝斯的观点,无神观念及与之相关的理性是轴心时代的普遍现象:"神话时代及其宁静和明白无误,都一去不返。像先知们关于上帝的思想一样,希腊、印度和中国哲学家的重要见识并不是神话。理性和理性地阐明的经验向神话发起一场斗争(理性反对神话)。"[1]亦即在轴心时期,神话或神不再占据观念世界的中心位置。并且按照雅斯贝斯的观点,无神观念与理性精神实际是站在同一条战壕之中,它们面对同样的观念之"敌"。虽雅斯贝斯上述某些看法未必合理,但无神观念与理性精神的密切关系是毋庸置疑的。

的确,《左传》中这样的例子很多。如:"妖由人兴也。人无衅焉,妖不自作。人弃常,则妖兴,故有妖。"(《庄公十四年》)"巫、尪何为? 天欲杀之,则如勿生;若能为旱,焚之滋甚。"(《僖公二十一年》)而以下两则更为我们所熟知。其一:"十六年春,陨石于宋五,陨星也。六鹢退飞过宋都,风也。周内史叔兴聘于宋,宋襄公问焉,曰:'是何祥也? 吉凶焉在?'……(叔兴)退而告人曰:'君失问。是阴阳之事,非吉凶所生也。吉凶由人……'"(《僖公十六年》)其二:"齐有彗星,齐侯使禳之。晏子曰:'无益也,只取诬焉。天道不谄,不贰其命,若之何禳之? 且天之有彗也,以除秽也。君无秽德,又何禳焉? 若德之秽,禳之何损?'"(《昭公二十六年》)以上例证都将人与天剥离开来。另医疗活动中无神

---

〔1〕 卡尔·雅斯贝斯:《历史的起源与目标》,第9页。

观念的生长也十分明显,如《昭公元年》:"晋侯求医于秦,秦伯使医和视之,曰:'疾不可为也,是谓近女室,疾如蛊。非鬼非食,惑以丧志。'"医和在这里讲疾病与鬼神无关。[1]

到了春秋中后期,神的弱化愈加明显。这其中有两位人物极具代表性。一位是郑国子产,他为我们所熟知。据《昭公十七年》,冬,大火星出现,申繻、梓慎、裨灶都论证其与火灾的关系,如其中裨灶言于子产曰:"宋、卫、陈、郑将同日火,若我用瓘斝玉瓒,郑必不火。"然而"子产弗与"。又据《昭公十八年》,夏,大火星再现,梓慎又预测了风与火灾的联系,裨灶也力图进一步证明火灾的必然性,而子产曰:"天道远,人道迩,非所及也,何以知之? 灶焉知天道? 是亦多言矣,岂不或信?"遂不与,亦不复火。再如《昭公十九年》,郑国发大水,传有龙争斗于洧渊,国人请禜祭,子产弗许,曰:"我斗,龙不我觌也。龙斗,我独何觌焉? 禳之,则彼其室也。吾无求于龙,龙亦无求于我。"乃止也。这些都是无神观念的经典例证。另一位是楚昭王。如《哀公六年》:"是岁也,有云如众赤鸟,夹日以飞,三日。楚子使问诸周大史。周大史曰:'其当王身乎! 若禜之,可移于令尹、司马。'王曰:'除腹心之疾,而置诸股肱,何益? 不谷不有大过,天其夭诸? 有罪受罚,又焉移之?'遂弗禜。"又"初,昭王有疾,卜曰:'河为祟。'王弗祭。大夫请祭诸郊。王曰:'三代命祀,祭不越望。江、汉、雎、漳,楚之望也。祸福之至,不是过也。不谷虽不德,河非所获罪也。'遂弗祭"。前一例讲楚国出现异常天象,周太史主张禳祭去灾,而楚昭王却没有听从,即"弗禜";后一例讲楚昭王有疾,占卜为河神作祟,但楚昭王也未予理会,即"弗祭"。

不过,我们又切不可以为无神或弱神观念已经将鬼神完全驱逐,即韦伯所说的"祛魅"。仍以子产为例。如《左传》中记载他说:"实沈,参神也。""台骀,汾神也。""山川之神,则水旱疠疫之灾于是乎禜之;日月星辰之神,则雪霜风雨之不时,于是乎禜之。"(《昭公元年》)"昔尧殛鲧于羽山,其神化为黄熊,以入于羽渊,实为夏郊,三代祀之。"(《昭公七年》)《国语》同样有所记载:"夫鬼神之所及,非其族类,则绍其同位,是故天子祀上帝,公侯祀百辟,自卿以下不过其族。"(《晋语八》)并且子产在被问及如何对待鬼魂时还说:"说也。"(《昭公七年》)即取悦鬼魂。由此可以看出,子产仍有着很传统的鬼神观念。其实子产

---

[1] 以后至战国时期,扁鹊更明确指出:"信巫不信医,六不治也。"(《史记·扁鹊仓公列传》)医与巫又有了进一步的分离。

不但信鬼神,也信祝告,信祓禳,如:"七月,郑子产为火故,大为社,祓禳于四方,振除火灾,礼也。"(《昭公十八年》)按杨伯峻注,这里的"大为社"可解释为大筑社庙,"祓禳于四方"即祭四方之神以解除灾患。杨伯峻因而对子产十分不解,不信天道,不禳火灾,却信鬼神,觉得甚为矛盾,由此怀疑此类鬼神之言非子产之事。[1]然而看似"矛盾"的子产恰恰是真实的,这也包括后来孔子的思想同样具有这种看似矛盾的特征。其实,这一现象在中国古代观念与思想中普遍存在,即理性与神性并存,即既有理性精神,又未完全祛魅,这种状况可以用张光直的"连续性"理论加以合理解释。[2]

(八)结　语

在前面的考察中,我们已经看到,观念理性化进程的知识线索是一步步递进、一层层展开的。最初,这一进程从农耕等知识的积累开始;然后在分类、观象、计数等活动中我们看到初始的理性;在此基础上,以时观念为中心,发生了从宗教天人观到自然天人观的转变;进一步,又以占星术为基础,发生了从宗教天命观到自然天道观的转变;然后又从自然天道观走向或开启出普遍的自然法则观念;与此同时,无神观念及相应的理性精神普遍出现了。正是经过这一连串或一系列的变化,前诸子时期的观念在知识这条线索上完成了理性化的进程。我们可以说,这是观念理性化进程知识线索的中国样本,它属于整个人类理性出场的一个重要组成部分。现在,中国的理性观念已经来到诸子哲学时代的前夜,来到诸子哲学的面前,或如雅斯贝斯所说的轴心时代。可以这样说,从宗教天命观到自然天道观的转变,从天象到天数再到天道的知识与观念进程,从自然天道观开启出普遍的自然法则观念,还有无神观念及相应理性精神的普遍出现,实际已经为老子"道"的哲学做好了铺垫。

---

〔1〕杨伯峻:《左传·昭公七年》注。见《春秋左传注》第四册,中华书局1981年,第1293页。
〔2〕参见吾淳《文明范式:"连续"与"突破"——基于张光直、韦伯的理论及文明史相关经验的考察》,上海人民出版社2019年。

十、《易》"时"初义考*
——《周易》"时"观念的知识线索

"时"是《易》的根本性源头及范畴之一,重要性毋庸置疑。作为语词,"时"主要见于《易传》的《彖传》和《系辞》,行文中多处充溢着对"时"的论述和感叹,称"时义大矣哉"。也因此,历代治易学者都十分重视这一语词及其内在蕴涵。

汉代"象数易"多从季节、时令、物候解"时",并发展出以孟喜、京房为代表的"卦气说"。"卦气说"肇始于西汉孟喜,将坎、离、震、兑作为四正卦主四时,并将四正卦的二十四爻分别与二十四节气相对,进而又以六十卦配七十二候。之后,京房在孟喜基础上加以阐发更改,以"通变"治易,然而每每与谶纬、灾异相勾连。东汉荀爽不言卜筮,以爻位升降解卦爻辞,将爻看作"位",六爻随时而动,提出"顺时者成,逆时者败"(《周易集解》),"卦变说"由此而来。之后,虞翻以象数治易,以八卦与天干、五行、方位相配合,将"时"与季节相配,言"艮为时,震为行,与损同义,故'与时偕行'也"(《周易集解》)。荀、虞释"时"皆重时势。

至魏晋,王弼扫象取义,开"义理易"之风。王弼提出"适时说":"夫卦者,时也;爻者,适时之变者也。"(《周易略例》)以为卦爻险易不同,因时而变,因时而异,强调君子要适时而动。朱伯崑先生认为,王弼适时说,企图"摆脱汉易中象数之学的框框,即不以互体、卦气、取象等论吉凶。他认为卦爻之义因时而变。所以人们的活动也应因其所处的时位而不同,所谓'观爻思变,变斯尽矣'"[1]。之后韩康伯、孔颖达对"时"的认知都承袭王弼而来。

宋明时期学者释"时"偏重"义理易"。张载《横渠易说》提出"随时"命题。程颐特揭"时"之"随时"一义,称"随时变易以从道也"(《周易程氏传》),并且程颐也更注重"时用"。而朱熹则解"时"为"当然也",也即理之本然,由是"时"更

---

　　*　本文系与学生杨丽娟合作,原发表于《中国哲学史》2020年第4期。
〔1〕　朱伯崑:《易学哲学史(一)》,昆仑出版社2009年,第308页。

成为一个不证自明的重要概念,这对后世产生重要影响。明代蔡清明确指出:
"《易》道只是时。"(《易经蒙引》)方孔炤注易以"时"立论,提出"先儒谓学易在
知时,时即学《易》极处,即时中也"(《周易时论合编》)。这些论述普遍强调"卦
时""时中""时用"。之后,清儒李光地沿袭诸儒卦时、爻位之说,认为卦时应该
同位、数、体、气、象以及卦德互相关联来理解。

现当代学者在视角与方法上皆有拓展。大抵包括:(1)文字训诂的解读。
如黄黎星分析了《周易》词句中"时"的意蕴,指出象数易、义理易对"时"的模拟
与思考;[1]连劭名则在解"时"基础上扩展出"可""中""是"等引申义。[2]
(2)结合卦象爻、位理解。如黄寿祺、张善文认为"时"是指每卦征象的特定背
景,六十四卦是"从不同角度喻示自然界、人类社会中某些具有典型意义的事
理"。[3](3)针对具体时间观的思考。如台湾学者黄庆萱、林丽真把"时"分为
时间的知解和时间的运用,前者包括"观天""察时""明时",后者包括"待时"
"趣时""与时偕行";[4]王振复则将"时"看作介于神性时间和人性时间的巫
性时间。[5](4)抽象的哲学思考。如王新春认为"时"统摄空间又容纳万象,
是时、空、物三者统一的抽象概念。[6](5)将"时"作为行为准则,赵士孝、董根
洪、程建功、郑万耕等多位学者对此做过讨论和阐发。[7]

但纵观学者对"时"义的解读,不难发现大多脱不开时势、时遇套路或"时
中""时行""时变"等概念窠臼,且伦理化倾向严重,而其中的知识问题或"知识
理性"问题普遍被忽视,而这正是本文的关切所在。

(一)两仪与阴阳

《易传·系辞上》这段著名论断为世人所熟知:"是故《易》有太极,是生

〔1〕黄黎星:《与时偕行趣时变通——〈周易〉"时"之观念析》,《周易研究》2004年第4期。
〔2〕连劭名:《〈周易〉中的"时"及相关问题》,《河南科技大学学报(社会科学版)》2006年第5期。
〔3〕黄寿祺、张善文:《周易译注》,上海古籍出版社2004年,第617页。
〔4〕黄庆萱:《周易纵横谈》,广西师范大学出版社2006年,第73页;林丽真:《〈周易〉"时""位"观念的特征及其发展方向》,《周易研究》1993年第4期。
〔5〕王振复:《〈周易〉时间问题的现象学探问》,《学术月刊》2007第11期。
〔6〕王新春:《〈周易〉时的哲学发微》,《孔子研究》2001年第6期。
〔7〕赵士孝:《〈易传〉的时间观及其现实意义》,《郑州大学学报》(哲学社会科学版)1999年第2期;董根洪:《"亨行时中","保合太和"——论〈易传〉的中和哲学》,《周易研究》2002年第3期;程建功:《〈周易〉与儒家"时中"观的渊源》,《甘肃社会科学》2005年第1期;郑万耕:《〈易传〉时观溯源》,《周易研究》2008年第5期。

两仪,两仪生四象,四象生八卦,八卦定吉凶,吉凶生大业。"我们就由此进入考察。

首先,"两仪"何谓? 高亨《周易大传今注》释为天地,[1] 周振甫《周易译注》亦释为天地,[2] 黄寿祺、张善文《周易译注》曰:"两仪,天地,此处指阴阳二气。"[3] 而这些解释均秉前人之说。据《系辞上》:"天尊地卑,乾坤定矣。""一阴一阳之谓道。"《说卦传》:"乾,天也,故称为父;坤,地也,故称为母。"可知"两仪"释为天地、乾坤或阴阳都是可以的。而如若结合《老子·四十二章》"道生一,一生二,二生三,三生万物。万物负阴而抱阳,冲气以为和",则《系辞传》"是故《易》有太极,是生两仪,两仪生四象,四象生八卦"的论断明显存在着对应性,即《系辞传》"《易》有太极,是生两仪"与《老子》"一生二"之间明显存在着对应。由此,按《老子》"万物负阴而抱阳,冲气以为和"及《易传》"一阴一阳之谓道",则"两仪"释"阴阳"似更加合理,这反映或体现了一种基本的宇宙观念,也应当看作当时一种普遍的认知或观念,如果将《易传》主要看作儒家的著述,则应是儒家与道家间的一种思想或观念交流。

当然,"阴阳"或"两仪"都是高度概括的哲学概念,并且是中国观念与思想的独特表达。而我们需要了解且必须清楚,这一概念或观念其实并不深奥,它所代表或反映的是人类早期普遍形成的对立、对称或二分观念,并且,它也是人类早期一种十分重要的思维方式。从已有人类学与考古学研究来看,这样一种观念或思维早在采集和狩猎的年代就已经建立起来。在采集和狩猎活动中,原始人注意到在自然中普遍存在着对立或二分现象,且其中相当部分与"时"有关,如太阳升降、月亮盈亏、天气冷暖、季节寒暑、草木枯荣,诸如此类,多是一种自发的感知。列维-斯特劳斯《野性的思维》就提供了这样一个事例。澳大利亚孟金人所在地区一年可分为两个对立的季节——旱季和雨季:旱季是七个月,异常干燥;雨季是五个月,豪雨滂沱。"这种划分方式深刻影响了土著的思想和活动",不仅如此,"正像季节和风向按两半族划分(雨季和西风、西北风属杜亚半族;而旱季和东南风属伊里梯亚半族)一样,宏伟的神话戏剧中的角色蛇与瓦拉维拉克姐妹,也分别与雨季和旱季相联系"。[4] 久而久之,这

---

〔1〕 高亨:《周易大传今注》,齐鲁书社 1979 年,第 538 页。
〔2〕 周振甫:《周易译注》,中华书局 1991 年,第 248 页。
〔3〕 黄寿祺、张善文:《周易译注》,第 522 页。
〔4〕 列维-斯特劳斯:《野性的思维》,第 106、107 页。

些对立或二分现象就成了最基本的知识,进而又形成了最基本的观念。

　　由此可见,作为与"时"密切相关的"阴阳""两仪"即对立观念,是人类所普遍具有的一种观念,并且早在采集与狩猎的年代也即旧石器时期就已产生并固定下来。它涉及人类早期生活中最日常的现象,包括一日之昼夜,一月之盈亏,一年之寒暑,"两仪"即"时"之两极。

(二)　四　象　与　四　时

　　其次,"四象"何指?高亨《周易大传今注》释为四时,"四时各有其象,故谓之四象"。并说"少阳、老阳、少阴、老阴四种爻乃象四时"。[1]周振甫《周易译注》亦释为四时,[2]黄寿祺、张善文《周易译注》曰:"四象,指少阳、老阳、少阴、老阴,……在时令上又象征春、夏、秋、冬。"[3]可见以上各注对于"四象"解释并无分歧。不过,就自然知识而言,"四象"或"四时"实则指二至与二分,二至即冬至与夏至,二分即春分与秋分。二至与二分是人类进入农耕文明之后因农作即耕稼需要而必然产生的知识,或必然要求的知识。当然,二至二分作为确切知识的获得应当经历了一个漫长的过程。需要指出的是,有别于对立观念的自发感知,对二至二分的探寻与把握乃是一种自觉认识的结果,或是一个由自发到自觉的认识过程。

　　我们知道,早期的农业活动往往是通过物候观察以获得相应的消息。原始人注意到自然界中植物的生长、动物的习性都与特定季节相关,由此种植及畜牧活动可以从自然界中获得消息。如《夏小正》:"启蛰。""雁北乡。""雉震响。""鱼陟负冰。""囿有见韭。""时有俊风。""寒日涤冻涂。""田鼠出。""农率均田。""獭献鱼。""鹰则为鸠。"而这些物候所提示的农事活动是"农率均田"。[4]但是,对于农业生产来说,物候观察毕竟有很大的局限性,因为生物的生长和

---

〔1〕　高亨:《周易大传今注》,第538页。

〔2〕　周振甫:《周易译注》,第248页。

〔3〕　黄寿祺、张善文:《周易译注》,第522页。

〔4〕　《夏小正》保存于《大戴礼记》,作为农耕知识,这部分内容应当是长期农业生产和经验的积累,它不仅是可信的,并且形成时间也应大大提前。古籍中其实还有其他一些类似的记载,如据《后汉书·乌桓鲜卑列传》,乌桓人是依"见鸟兽孕乳以别四节";又如据《太平寰宇记·儋州风俗》,古代海南岛黎族人通常是"占薯芋之熟,纪天文之岁"和"观禽兽之产,识春秋之气"。近代民族学研究也提供了许多有价值的资料,如甘南地区裕固族人就是根据牧草长势、雨雪多寡等自然现象来确定草场提供牧草的具体时间。

活动通常要受到许多复杂因素的影响,物候观察所获得的信息未必精准。

在经历了较长时间的探索之后,原始先民发现天象观察同样可以提供季节变化的信息,而且比物候报时更为准确,于是他们便渐渐将目光投到天象上,位于英国索尔兹伯里的斯通亨奇巨石阵就是一个典型例证。斯通亨奇巨石阵始建于新石器时代晚期(约公元前 2500 年),以后陆续增建,历时一千多年于青铜时代(约公元前 1500 年)最终完成。以往人们一直认为该巨石阵与宗教崇拜有关,但自 17 世纪以来,人们开始注意到每年夏至时太阳正好在石圈出口处的标石上方升起。1963 年,英国天文学家 G.S.霍金斯利用电子计算机,把巨石阵中各石位置及其坐标数据与公元前 2 千纪的天象加以对比测算,发现这一环状列石的一些关键性结构及连线和一年中太阳、月亮的运行路线相合处达 24 处之多。[1]

受此启发,中国的天文与考古工作者也用类似的方法来了解先民所获得的知识,并已获得相当丰硕的成果。这包括:1979 年,考古工作者在山东莒县陵阳河畔发掘出几件属于大汶口文化的陶尊,根据陶尊上符号的提示,人们发现在陶尊出土地点的东面山上有五座山峰,而陶尊出土地点附近有块石头,从这块石头望向东边中央的山峰,当太阳在峰顶上出现时正是春分。[2] 1988 年,考古工作者又在河南濮阳西水坡发现一座仰韶文化时期的墓葬(45 号墓)。有学者对墓穴实际尺寸做了研究,计算表明,其盖图所表示的分至日昼夜关系非常合理,特别是春分、秋分日道,准确程度简直不差分毫。[3] 2003 年以来,山西襄汾陶寺夏文化遗址的发掘研究取得重大进展,研究者发现陶寺城址祭祀区建筑 IIFJT1 很有可能是一所兼观象授时和祭祀功能于一体的多功能建筑,其中观象主要是通过夯土柱缝隙、延长线及与周边山峰的关系来进行。模拟观测在很大程度上证明了这一点,相关报告称,2003 年 12 月 22 日冬至日,确切时间是早 8 时 17 分至 8 时 20 分,在东 2 号缝观察到日出情况;2004 年 1 月 21 日大寒,确切时间是早 8 时 15 分至 8 时 21 分,在东 3 号缝观察到日出情况。[4]

〔1〕 见《中国大百科全书·考古卷》相关内容,中国大百科全书出版社 1986 年版,第 484 页。

〔2〕 见《中华文明史》第 1 卷,河北教育出版社 1989 年,第 214 页。与此类似,学者们在凉山彝族地区调查时注意到,当播种季节将临时,有经验的老农每天都在日落前来到一个固定的地点进行观察,只要看到太阳在某个山口落下,就可确定第二天该种某种作物。

〔3〕 冯时:《河南濮阳西水坡 45 号墓的天文学研究》,《文物》1990 年第 3 期。

〔4〕 分别见《山西襄汾县陶寺城址遗址发现陶寺文化大型建筑基址》,《考古》2004 年第 2 期;《山西襄汾县陶寺城址祭祀区大型建筑基址 2003 年发掘简报》,《考古》2004 年第 7 期。

正是在此基础上,我们看到,《尚书·尧典》中有了对四仲中星及与四时或分至日关系的记载:"日中、星鸟,以殷仲春。""日永、星火,以正仲夏。""宵中、星虚,以殷仲秋。""日短、星昴,以正仲冬。"简单地说,就是春分鸟中,夏至火中,秋分虚中,冬至昴中。这里分别指出了四时的中星及其与二分二至的关系。[1]关于《尧典》的成书年代一般认为可能不会早于殷末,并且其中有不少是后人的增益。但正如不少学者所指出的,这并不意味着《尧典》所记全然没有依据,其中有一些很可能就是彼时情况的反映。王世舜在其《尚书译注》中就举例:"法国人卑奥根据马融以前对《尧典》的四仲中星的解释,推断出那是公元前2357年的二分二至的所在点,从而证明《尧典》中的四仲中星确实是尧时的天文记录(详见高鲁《星象统笺》)。"[2]至春秋,二至二分语词完全形成:"二至二分,日有食之,不为灾。日月之行也,分,同道也;至,相过也。"(《左传·昭公二十一年》)

又据《周礼》对圭表和日晷测日的记载,我们可知古人"四时"知识是如何获得的。如《地官司徒·大司徒》:"以土圭之法测土深,正日景,以求地中。日南则景短,多暑;日北则景长,多寒;日东则景夕,多风;日西则景朝,多阴。"结合"四象",即反映一年中白昼最长的夏至日投影线最短,其端点可以乾卦表示;一年中黑夜最长的冬至日投影线最长,其端点可以坤卦表示;白昼与黑夜等长的春分、秋分则分别以离卦和坎卦来表示,其位于表杆处,因正对太阳,故无投影。

(三)八卦与节气

进而,我们考察一下《周易》"八卦"有何意蕴。按《说卦》,"天地定位,山泽通气,雷风相薄,水火不相射,八卦相错"。"八卦"通常被认为是指天、地、山、泽、雷、风、水、火八种事物。如《周易乾凿度》引孔子语:"八卦成列,天地之道立,雷风水火山泽之象定矣。"高亨《周易大传今注》在《系辞上》《系辞下》《说卦》等篇对"八卦相荡""八卦成列""八卦相错"等的解释中亦均持此

---

[1] 丁山指出:以考正四季标准的四中星,在甲骨文里也有不成篇段的发现。《中国古代宗教与神话考》,第142页。

[2] 王世舜:《尚书译注》,第2页。

说。但这里有个问题,就是"四象生八卦"。如按"四象"即"四时",则意味着"四象生八卦"就是春、夏、秋、冬生出天、地、山、泽、雷、风、水、火,这何以可能?

但若用"时"观之就不存在这个问题。换言之,所谓"八卦",就是在"四时"即二至二分也即冬至、夏至、春分、秋分的基础上,再加上四立,即立春、立夏、立秋、立冬,这也可以称作"八时",八卦最初应就是对这一"时"知识的反映。仍以圭表或日晷作为工具。其中立春的投影位于冬至与春分之间,立夏的投影位于春分与夏至之间,立秋的投影位于夏至与秋分之间,立冬的投影位于秋分与冬至之间。就卦名而言,立春为"震",春分为"离",立夏为"兑",夏至为"乾",立秋为"巽",秋分为"坎",立冬为"艮",冬至为"坤"。如此也就有了八卦。对此,《说卦》中也有相应的解释。

如此,《易传·系辞上》"是故《易》有太极,是生两仪,两仪生四象,四象生八卦"这一论断在"时"观念的视域下已经可以得到连续、完整的解释。

更进一步,从理论上讲,当八卦位置确定后,六十四卦中其余各卦的位置也都大抵能够得到确定。也就是说,六十四卦与八卦是一样的,同样反映了阴阳四时消息。那么,六十四卦究竟是如何确定的? 这里说一个现象。在新石器时代的一些陶器上已经有把圆分成等份的做法,最多至80等份。据《中华文明史》:"要相当均匀地分划圆周为80等份,可以先把一个圆周分成2等份,再分成4等份,进一步分成8等份、16等份。然后把16等份的每1份再估分成5等份。"[1]这说明在当时,圆盘与刻度知识都已经具备。但《中华文明史》又说:"尽管我们现在还说不出来,当时究竟是如何完成这2等份的。"其实换个思路,即如不单纯地将割圆看作有关数或几何的知识,而是看作天文历法知识,则这一等份问题或许就能得到解决。假设代入一年天数,则"八卦"或"八时"实际上是将一年360多天区隔成8个时段,每个时段约45天,二十四节气实际就是以此为基础再将每45天3等份,也即15天为一个等份。而我们可以设想,六十四卦依据同样的原理大致也能获得,或许还可以这样假设,在一定程度上,六十四卦的分割也是当时了解一年天数与节气的重要一环。

---

[1]　见《中华文明史》第1卷,第225页。

(四)太极与回归年长度

但"时"知识的发展并未就此打住。事实上,"四时"知识与太阳回归年长度知识是同步进展的,并且,早期天文观测的量化尤其体现在太阳回归年长度的确定中。回归年长度确切生成于何时已难详考,但从现有考古发现来看,这一探索同样可以追溯至非常久远的年代。如1972年至1975年,考古工作者在郑州大河村属于新石器时代仰韶文化的遗址中发掘出大量绘有纹饰的彩陶片,先后两次碳14测定,显示这些遗物的年代为距今5040±100年和4500±100年。这些彩陶片上的纹饰有相当一部分与天象观察有关,包括太阳纹、月亮纹、星座纹等。有意思的是,考古学者还根据陶器残片的弧度复原出整圈曲面,并惊奇地发现它实际是由十二个太阳组成;在天文学家看来,这是具有重要意义的,因为这意味着早在仰韶时期的古大河村人就很可能已经知道可以将太阳的一周路径区隔成十二等份。这也包括如此假设,即古大河村人有将一年分成十二个太阳月的知识,一个太阳月为30天。[1]

这里也就涉及太极图的问题,自然,前提是我们切勿将太极图看得过于玄虚。据张朋川《中国彩陶图谱》,在庙底沟类型彩陶纹饰中就有许多类似◯形的阴阳对应图形,而至距今4500年左右的屈家岭文化时期,彩陶图案上已出现十分规整的◯形"太极式"旋纹。[2]我们可以大胆地推测,屈家岭文化彩陶纺轮上的◯形旋纹或许也与天文观测有关。换言之,太极图与屈家岭文化彩陶纺轮◯形旋纹之间也很可能存在着某种联系。这里仍涉及日晷,当然,日晷的圆盘应当是能够旋转的,因为只有这样才能通过对每日或规定日数的观测来记录或标出◯形旋纹的抛物曲线。从技术的角度来说这应当不存在问题。在当时,快轮制陶需要有圆盘,它是可以旋转的。也就是说,制陶所用圆盘或许就有可能对日晷记录或标出◯形旋纹产生过某种启发。假设根据长期的观测,原始先民已经能够以二分二至概念以及四季周期循环观念作为基础,在圆

---

〔1〕见《中华文明史》第1卷,第215、216页。其他如在甘肃永靖莲花台辛店文化遗址陶器上也有光芒四射的太阳纹。

〔2〕详见张朋川《中国彩陶图谱》,文物出版社1990年,第184、188页。

盘上标出一年 365 或 366 天的刻度或大致刻度。每日按顺时针方向移动一个刻度并标出投影点,或规定数日移动相应刻度并标出投影点,[1] 然后连接起来,就可得到相应的抛物曲线,具体如下:

如从冬至日起观测投影,直到春分日,其间经过立春,历经 90 余日,将每日或规定数日观测到的投影连接起来,则可获得一条左旋的抛物曲线(图 1)。如从夏至日起观测投影,直到秋分日,其间经过立秋,将每日或规定数日观测到的投影连接起来,则可获得一条右旋的抛物曲线(图 2)。如再将上述两条抛物曲线合并,使冬至位于正上方,夏至位于正下方,且处于垂直状态,则成为如下这样一条抛物曲线(图 3)。

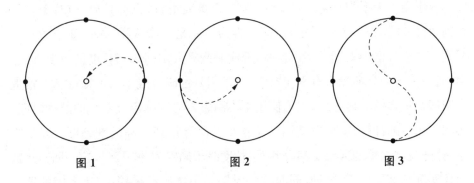

图 1　　　　　　　　　图 2　　　　　　　　　图 3

同理,如从春分日起观测投影,直到夏至日,其间经过立夏,历经 90 余日,将每日或规定数日观测到的投影连接起来,则可获得一条左旋的抛物曲线。如从秋分日起观测投影,直到冬至日,其间经过立冬,将每日或规定数日观测到的投影连接起来,则可获得一条右旋的抛物曲线。如再将上述两条抛物曲线合并,可同样获得一条抛物曲线。[2]

有意义的是,上述抛物曲线就正是屈家岭文化彩陶纺轮上的◯形旋纹,我们也可以猜测这就是后世所谓太极图显示的图形。而就哲学观念来说,上述◯形旋纹或太极图正反映出了阴阳两仪的消息。因此,历史上曾经有过的太极图很可能并非向壁虚造,而是天文观测的结果,只是后人解释多偏于玄奥和神秘并赋予其巫术色彩。

———————————

〔1〕 从获得太阳投影的大致抛物曲线来说,其实并不需要精确到每日,只需数日记录一次,但应当确定,如 5 天记录一次,或 10 天记录一次。

〔2〕 以上详见吾淳《中国哲学起源的知识线索——从远古到老子:自然观念及自然哲学的发展与成型》,第 133、134 页。

　　当然,太阳回归年精确数值的获得一定经历了十分漫长的过程,可能还包括更多的探索实践,例如纪日法。研究表明,夏帝王中有以天干命名的,据陈梦家,《夏本纪》的大康、中康、少康(康即庚)、孔甲、履癸等都以天干为名,[1]故天干纪日之法当不会晚于夏代。之后,商代在此基础上进一步发展出更为完整的干支纪日方法。陈梦家在《殷虚卜辞综述》中列举了许多有关殷代历法的例证,如"帝其及今十三月令申齐"(《乙》3282),这是年终十三月置闰的例证;又如"月一正曰食麦,甲子至癸巳"(《后编》下1.5),这是干支纪日的例证。《中国思想通史》将殷人的天文知识成果大致概括为以下五法,十分简要明了:(1)纪日法、(2)纪旬法、(3)纪月法、(4)纪时法、(5)纪祀法。[2]干支纪日的意义不容小觑。天干纪日是通过 10 天为一个单元纪日,也即日后一旬;干支纪日则通过 60 天为一个单元纪日,其一拆为二就是一个太阳月,而 6 个干支单元则为 360 日也即大抵一年。这些,都应是测算太阳回归年长度的重要方式。由《尚书·尧典》"期三百有六旬有六日,以闰月定四时成岁",可知已基本接近太阳回归年实数。再之后,周人使用圭表测影方法以确定分至日的准确时间,再辅以相应的计算,就可以使回归年长度的测算达到更高的准确度。春秋晚期,伴随观测水平的大幅提高,回归年长度终于确定为 365¼ 日,这一回归年数值比实际长度仅多 11 分钟,同时这一时期的历法已经采用 19 年 7 闰的置闰周期。

(五) 时、位关系

　　现在我们来解读《周易》中的"时""位"关系。《周易》中"时""位"关系中的"位",通常理解是指爻位。这样一种理解源自《易传》,如《乾卦·象传》曰:"大明终始,六位时成,时乘六龙以御天。"《说卦传》曰:"分阴分阳,迭用柔刚,故《易》六位而成章。"这里的"六位"皆指"六爻",亦即爻位,由此这也成为人们理解或解释《易》时、位关系的一般共识。如台湾学者林丽真说:"若说六十四卦代表六十四种时况或时段,每一卦中的六个爻位,便代表此一时况或时段中的六个时间质点的处所。换言之,由初、二、三、四、五、上,依序排列起来的六个

---

〔1〕　陈梦家:《殷虚卜辞综述》,第 405 页。
〔2〕　侯外庐、赵纪彬、杜国庠:《中国思想通史》第一卷,第 67 页。

爻位,以及爻与爻之间的联系与活动,就预示了一种时间状况的动态意义及其发展征象。""这样,借着六个'爻位'所系联而成的整体状况,便可看出这一卦的'卦时'。可见在《周易》的系统中,'位'与'时'的关系,应是密切相连的。""位"不离"时","时"不离"位";"时"需依"位"以显其义,"位"亦需依"时"而有其成。[1]这可以说是理解《易》时、位关系非常具有代表性的认知。

然而,《易传》中关于时、位关系还有另一种理解。《说卦传》言:"万物出乎震,震,东方也。齐乎巽,巽,东南也。……离也者,明也,万物皆相见,南方之卦也。……坤也者,地也,万物皆致养焉,……兑,正秋也,万物之所说也,……乾,西北之卦也,言阴阳相薄也。坎者,水也,正北方之卦也,……艮,东北之卦也,万物之所成终,而所成始也。"在这里,《说卦》是将八卦与季节(时)和方位(位)结合在一起论述的,也因此,"时"(季节)与"位"(方位)有了对应性。[2]

人类学的研究显然更支持这后一种"时""位"关系,其中的观念可推向更为久远的年代,且具有普遍性。如列维-布留尔在《原始思维》中说:"4 这个基数和以 4 为基数的计数法,其起源可能归因于在所考察的民族的集体表象中,东南西北四方、与这四个方位互渗的四个方向的风、四种颜色、四种动物等等的'数-总和'起了重要的作用。"[3]列维-斯特劳斯《野性的思维》对这一空间与时间的对应性同样有所记载,泡尼印第安人举行祭典的棚屋的柱子按其方向选自涂有不同颜色的四种树木,这些颜色本身分别象征着一年四季的方向,具体如下:白杨树、白色、西南,美洲枫树、红色、东南,以上空间上均归于南,时间上均归于夏;榆树、黑色、东北,柳树、黄色、西北,以上空间上均归于北,时间上均归于冬。[4]

其实,中国自身的文献如《山海经》也同样证明了这一点。[5]"东方曰折,来风曰俊。"(《大荒东经》)"北方曰鹓,来之风曰狻。"(《大荒东经》)"南方曰因乎,夸风曰乎民。"(《大荒南经》)西方"有人名曰石夷,来风曰韦,处西北隅以司

---

〔1〕林丽真:《〈周易〉"时""位"观念的特征及其发展方向》,《周易研究》1993 年第 4 期。

〔2〕当然,《说卦》上述将八卦与季节(时)和方位(位)相结合的论说无疑也应当受到春秋以来五行观念的影响,因此未必正确。

〔3〕列维-布留尔:《原始思维》,第 200 页。

〔4〕列维-斯特劳斯:《野性的思维》,第 159 页。

〔5〕《山海经》通常被认为是商周乃至春秋战国时期的成果,然而有理由相信,此书中大量的内容可能是经历了数千年甚至数万年的时间遗传而至,原初极有可能与采集、狩猎活动及其知识密切相关。具体可参见吾淳《中国哲学的起源》《中国哲学起源的知识线索》两书中相应论述。

日月之长短。"(《大荒西经》)注意,这里方位与风神的关系实际就是方位(位)与季节(时)的关系。之后,在殷人与周人这里,四方与四时的关系同样紧密。丁山说:"殷商时代四方风名,确涵有四时节令的意义;其四方神名,则全是天空上的岁次。"[1]并说:"方帝,当然是禘于四方神明,即甲骨文所谓'东方曰析,南方曰粦,西方曰彝,北方曰伏'这四方大神,至两周时则称为'析木、鹑火、豕韦、实沈',至《淮南子·天文篇》则谓之'子、午、卯、酉为二绳,斗指子则冬至,指卯中绳故曰春分,指午则阳气极而夏至,指酉中绳故曰秋分。'"[2]又常正光也表达了相同的观点:"四方是以定点为中心,对空间的区分,四时是时间推移的特征,看来时空概念各异",但根据"测四方知四时的实际,四方和四时、空间和时间又不能分割"。[3]

此外,近几十年来大量考古学成果也为我们提供了相关信息。在中国西部、东部、中部以及南部等地区出土的彩陶上都普遍绘有一些十字形、米字形图案,如甘肃马家窑文化包括石岭下文化和马厂文化出土的陶器上常有十字和米字形图案;甘肃齐家文化出土的陶器上有十字形图案;山东大汶口文化的陶器上有八角星纹;湖北屈家岭文化的陶器上有十字纹;南京北阴阳营文化的陶器上也有十字和米字形图案;福建昙石山文化出土陶器上有十字纹。[4]散布于各处的十字形、米字形不能简单理解为是对图案的喜爱与传播,早期思维首先是关注实用性。以1987年安徽含山凌家滩发现的一处距今约4500年(一说距今5500年前后)的新石器时期遗址为例。该遗址发掘出一长方形玉片,玉片呈牙黄色,两面精磨。玉片正面中心位置刻有两个大小相套的圆圈。在小圆圈里,刻有八角星纹图案。在大圆圈之外与玉片的四角之间,各刻有一个箭头。而在小圆圈与大圆圈之间有八条直线将圆分割为八等份,在每一等份中各刻有一个箭头。可以这样猜测,大圆圈外的四个箭头意味着"四方",而大圆圈内的八个箭头则意味着"八方"。[5]当然,其中同样可能包含有"四时"或"八时"之意。[6]

---

〔1〕 丁山:《中国古代宗教与神话考》,第95页。

〔2〕 同上书,第163页。

〔3〕 常正光:《阴阳五行学说与殷代方术》,见艾兰、汪涛、范毓周主编《中国古代思维模式与阴阳五行说探源》,第256页。

〔4〕 参见张朋川《中国彩陶图谱》。

〔5〕 见于锦绣、杨淑荣《中国各民族原始宗教资料集成》(考古卷),第361、362页。

〔6〕 与此相关,当时涉及"八"的观念可能在不同程度上都与八方或八风即八时有关。例如《国语·郑语》中云"祝融亦能昭显天地之光明,以生柔嘉材者也,其后八姓,于周未有侯伯"。丁山以为这个八姓,当然是隐射八风。见《中国古代宗教与神话考》,第329页。类似的在《左传》中还有八人、八恺、八元等。

凡此种种，都表明方位与"时"的对应具有普遍性，而爻位与"时"的对应则具有特殊性，考虑思维进程应当普遍性优先。

（六）卦图与"时""位"

同样，卦图与"时""位"也有着关联。历史上包括民间有着各种各样的八卦图。据清华大学公布其所藏竹简中一篇题作《筮法》的文献，其中附有一卦位图，将八卦分置八方。依李学勤所说，这是目前所发现的最早的八卦图，然而也有研究指出，此图实则是托卦图之形来论述政治理念。其实，从新石器时代彩陶图纹上的米字或八角图纹、安徽含山凌家滩玉片上八角星纹图案，以及《山海经》和殷墟卜辞的相关材料，再到后世所谓八卦图，这之间应存在着逻辑的联系，即方位和时间知识与观念的延续。换言之，后世所谓八卦图同样是与方位和时间知识及观念相关联的，它所要传达的就是"时""位"关系。有所变化、发展或不同的是，八卦图与《周易》卦象或卦名相勾连。由此亦可见，八卦图就其知识及观念源头而言，本无太多神秘性质。只是后世八卦图由于受《周易》占筮活动及其解释的影响，被赋予了过多的神秘色彩。

根据古人的知识与观念，"时""位"对应的八卦图大抵如下：

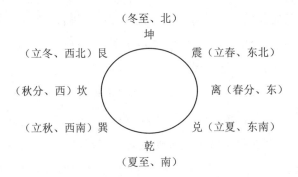

说明，古人已知季节是循环的，那么，由冬至到冬至或由夏至到夏至就构成一个整圆，如前面太极图。由此，结合方位的知识，二至二分可以构成圆中的东、南、西、北 4 个刻度，四立又增加了东北、东南、西南、西北 4 个刻度，合计共 8 个刻度，其中每个刻度之间约 45 天。若配上卦名，则是：夏至、南方、乾卦；立秋、西南、巽卦；秋分、西方、坎卦；立冬、西北、艮卦；冬至、北方、坤卦；立春、东北、震卦；春分、东方、离卦；立夏、东南、兑卦。这应当就是由原始季节

(时间)和方位(空间)知识与观念而来并结合了《周易》宇宙观念的八卦图。

而考察易卦与时、位的关系,自然不能不提汉代孟喜。《汉书·儒林传》说孟喜"得《易》家候阴阳灾变书"。孟喜的重要理论是卦气说,该说已经注意到了上述"时""位"关系,并试图将其纳入易卦来加以解释,即"卦以地六,候以天五,五六相乘,消息一变,十有二变而岁复初"。又据《新唐书》一行《卦议》,可知孟喜卦气说主要包括四正卦和十二辟卦。其中"四正卦"是指坎、震、离、兑,以"四时"配"四方",又以易卦配候气或节气。其中坎为北正,始于冬至,极于春分;震为东正,始于春分,极于夏至;离为南正,始于夏至,极于秋分;兑为西正,始于秋分,极于冬至。(《新唐书》卷二十七上)一般认为,孟喜这一"四正卦"是本诸《易传·说卦》"万物出乎震,震,东方也……;离也者,明也,万物皆相见,南方之卦也……;兑,正秋也,万物之所说也……;坎者,水也,正北方之卦也"。除了"四正卦",孟喜还将其余六十卦分为十二辟卦(也被称作消息卦)、十二公卦、十二候卦、十二卿卦、十二大夫卦;同时提出"十二月卦"说,用十二辟卦配十二月;使用"六日七分"法,用六十卦三百六十爻配一年三百六十五日,每卦合六又八十分之七日,以此使得一年岁实完全对应于《周易》卦爻。

应当说,孟喜注意到易卦与"时"(季节)、"位"(方位)具有对应性,即易卦的源头是在自然变化的知识之中,这一认识具有合理性,不应一概否定。但由于历法与易数高度附和,看上去结合得如此巧妙的理论其实充满了穿凿附会。以后京房更推衍此说,于是有纳甲、爻辰种种之说。唐明邦这样评价这套学说:"卦气(无论正卦、辟卦)、纳甲、爻辰,都是按象数推衍排列成整齐划一的模式,用以套四季、十二月、节气、物候、星辰,虽然它可能为研究天文、历象、物候提供某种启示,具有原始系统方法的萌芽,但它仅仅满足于对以往感性的直观现象,作一些形式上的排列,排斥严密的科学观测和实验精神,它对古代科学的发展,很难做出实际贡献。"[1]赵庄愚也有精辟分析:"至汉代神视易及易数,乃始以易数为历数之本。制历与易之象数学合为一,此盖有由玄入实之意,但其确定的数,不由自然之真,涉于牵强附合。"[2]而从用易数来附会历

---

〔1〕 唐明邦:《汉代〈周易〉象数学的思维模式剖析》,见唐明邦等编《周易纵横录》,湖北人民出版社1986年,第324页。

〔2〕 赵庄愚:《论易数与古天文历法学》,见唐明邦等编《周易纵横录》,第446页。

数这个例子中,我们也可以看到中国古代知识发展的曲折性,看到思想与知识关系的复杂性。

（七）三易说与诸观念

众所周知,《易》有所谓三义之说,即简易、变易、不易,亦称"三易"。此归纳最初见于《易纬·乾凿度》:"《易》一名而含三义,所谓易也、变易也、不易也。"之后,郑玄在《易论》中对此注道:"《易》一名而含三义:易简一也,变易二也,不易三也。"再之后,孔颖达的《周易正义》专设"论易之三名",在前说的基础上更结合《系辞传》做了引证疏解。"《系辞》云:……'易则易知,简则易从。'此言其'易简'之法则也。又云:'为道也屡迁,变动不居,周流六虚,上下无常,刚柔相易,不可为典要,唯变所适。'此言顺时变易,出入移动者也。又云:'天尊地卑,乾坤定矣。卑高以陈,贵贱位矣。动静有常,刚柔断矣。'此言其张设布列,'不易'者也。"今天我们来解读"三易",剔除包括《易传》在内的某些时代特征及相应附会,取其合理解释,大致可以理解为:(1)宇宙万物皆可以乾坤、阴阳或两仪范畴概括之,所谓"《易》有太极,是生两仪","一阴一阳之谓道"。此简易也,是对普遍对立现象的基本概括。(2)而万物皆有变化,就知识而言,最原初最基本的,就是二至二分或四时变化。在《易传》,即所谓"为道也屡迁,变动不居,周流六虚,上下无常,刚柔相易,不可为典要,唯变所适","刚柔相推而生变化","刚柔相推,变在其中矣","阴阳不测之谓神","变通莫大乎四时","变通者,趣时者也","六爻相杂,唯其时物也"。此变易也。(3)又万物皆有规律,亦即"道",或即天道循环,就知识而言,其最原初最基本的,就是包括太阳回归年等在内的宇宙循环法则,之后也包括十二次与五星周期。在《易传》即所谓《易》与天地准,故能弥纶天地之道","原始反终,故知死生之说","一阖一辟谓之变,往来不穷谓之通","穷则变,变则通,通则久","日往则月来,月往则日来,日月相推而明生焉;寒往则暑来,暑往则寒来,寒暑相推而岁成焉","《易》之为书也,原始要终,以为质也","《易》之为书也,广大悉备,有天道焉,有人道焉,有地道焉","其道甚大,百物不废"。此不易也。如此,"三易"之后的知识背景相当清晰。由此亦可见,"三易"只有置入知识才能得到最合理的解读。

综上我们可以看到,《易》"时"观念就初义而言,或者在其背后有一条十分清晰的知识线索;并且,也只有从知识线索或链条加以考察,"时"观念才能够完整和自洽。这包括:从两仪即阴阳到四象即四时;从四象即四时到八卦即节气;从八卦即节气到太极即回归年长度;四时即季节知识或观念又与四方即方位知识或观念有关,如此便有时、位关系;而时、位关系同样也体现于卦图;最终,日后经归纳概括的三易说其实正恰恰反映了以上诸知识及其观念。可见,置入知识的解读十分顺畅。当然,我们又务须清楚,《易经》就其基本性质与功能是占卜,这并不会因"时"知识或观念而改变。因此,尽管"时"观念作为初义有鲜明的知识特征,但一经纳入占卜体系,它的知识特性便会大大削减,而神秘性质则会大大增加,这样一个基本判断是不应否认的。且即便是在理性色彩十分明显的《易传》中,这种神秘性质同样不会彻底改变,不仅如此,还会因战国末年的某种神秘化倾向而有所增强,这是我们所必须正视的。

十一、古代中国与希腊的知识形态再比较

关于轴心时期的知识理性问题,雅斯贝斯涉及得很少,并且在"轴心期之特征"中就根本没有涉及。是知识理性问题不重要吗? 我们应看到,无神论思潮的产生或神的地位下降就与对知识的把握有关。我们还应看到,一部西方科学史正是起始于古代希腊即轴心时期的知识活动;同样,一部中国知识史或知识思想史很大程度上也是在轴心时期奠基。所有这些之中,都包含了丰富的理性精神品质,它与伦理、宗教、哲学中的理性一道,辉耀轴心时期,也引导人类后世的历程。除此之外,还有一点也十分重要,即若对古代中国与古代希腊的知识理性加以比较考察,我们又会发现其各自的一些"奥秘",这些"奥秘"有其形成的不同原因,也将产生不同的结果。

(一)从前轴心期到轴心期的知识发展概要

在了解轴心期知识理性之前,我们首先有必要简单了解一下前轴心期知识发展的状况。

就时间的悠久性而言,人类的知识活动要远远早于宗教意识和道德观念。道德观念最远大抵可以追溯到公元前 12 世纪,这是以中国周代初年的案例为准;宗教意识最远大抵可以追溯到智人阶段,距今上万年或数万年,如其中的葬式和随葬物;而知识活动的历史几乎可以"无限"地向前延伸,仅使用火就已经有数十万年之久。当然,对于前轴心期知识面貌的考察事实上并不需要追溯至这么久远的年代,我们只需考察几个古老文明,以便对轴心期知识活动的基础或背景有所知晓,并对前轴心期与轴心期的各自形态有所比较,对其关系有所了解。

早期知识发展的普遍状况是注重实用性。丹皮尔在谈到古代巴比伦的知识时就说道:"常识性的知识和工艺知识的规范化和标准化,应该说是实用科学的起源的最可靠的基础。这种规范化的早期征象可以在公元前 2500 年的

巴比伦尼亚国王的敕令中找到。"[1]他在谈到埃及的知识时也说道:"很早的时候,埃及的文明就达到了比较发达的阶段;车轮和帆船的发明便利了交通,天秤便利了称量,织布机便利了纺织。……实用工艺在第十八王朝,即公元前1500年左右,所取得的成就最大。"[2]中国早期的知识也是如此,早在商周时期,实用性知识就广泛发展起来,并达到相当的高度,例如奠基于周王朝技术活动的《考工记》,就是有关当时实用知识规范的汇集,其中包括青铜合金、车辆制造、弓箭制作、乐器制作、染色、揉皮以及建筑等几十种技术,足以成为了解古代文明知识活动的典范。此外,在前轴心期诸文明中,占星术即天文观测也是一项十分普遍的知识形态,并尤以古代巴比伦和古代中国最为突出。这当然也与实用性即农耕活动有关,但更深刻的需求背景则是用来证明王朝统治的合法性。在占星术中,既包含知识的内容,同时也包含神秘的内容。

在轴心期,知识活动以古代中国和古代希腊最为典型。[3]其中古代中国有明显的连续性特征,而古代希腊则有明显的突破性特征,当然,二者在某些精神方面也有交叉之处。古代印度与古代犹太在轴心期所取得的最主要成果并不涉及知识,而是朝向信仰、伦理以及对于包括个体或整体在内的人的关怀,这反映了不同轴心地区的偏向。

在春秋战国时期的中国,知识形态与之前也即前轴心时期的知识活动保持着紧密的联系。这首先体现为一系列重要的技术领域都取得进展,这包括生铁冶铸技术、生铁柔化技术、制钢技术的发明以及铸造工艺的进步等,还有探矿与采矿、大型水利工程、耕稼与纺织技术等,这些都属于技术的进步。同时,由于王朝政治的支配性影响,占星术或天文学也在春秋战国取得重要成果,这包括进一步取得大量宝贵的天象记录、天文观测的量化程度即精度大大提高;而受到农业耕作的影响,历学也取得十分突出的进步,如古四分历的使用,其回归年长度已经精确到365¼日。此外,取得长足进步的还有地理学、医学等领域。

而古代希腊的知识活动有所不同。为数众多的科学史家和一般史家对古

---

〔1〕 W.C.丹皮尔:《科学史——及其与哲学和宗教的关系》,第31页。

〔2〕 同上书,第35页。

〔3〕 以下论述多来自本人两部拙著的研究:《中国思维形态》,上海人民出版社1998年;《古代中国科学范型》,中华书局2001年。

代希腊的科学之源做过论述。一种普遍的看法是古代希腊的早期知识是传播而来的。例如伯恩斯与拉尔夫就说过:"希腊人不是无基而始的。应该谨记,他们成就的许多基本工作早已有某些东方民族着手进行过了。"〔1〕事实上,这得益于希腊的城邦,得益于希腊的航行,得益于希腊的海外贸易及文化交流。我们可以看到,古代希腊有着极为优越的地理位置,它的门户是面向东方诸文明呈扇状被打开的,这使得"古代世界的各条知识之流都在希腊汇合起来"〔2〕,如"他们的天文学是从巴比伦尼亚得来的,他们的医学和几何学是从埃及得来的"〔3〕。然而我们又务必谨慎,不要满足于上述这样一种结论。事实上,传播是一个十分笼统的概念,它至少应包括传授和接受两个要素。如果将这一区分带进古代希腊文明的方程中,我们便会发现,它对于外来知识的接受是有所选择的。丹皮尔正确地指出:"在这些事实之上,他们又加上一些事实,然后,在历史上破天荒第一次对它们加以理性的哲学考察。"〔4〕我们知道,在希腊文明这里,城邦生活与相关的殖民、商业以及文化的流动和交往等种种新出现的因素都极大地改变了知识活动的面貌,而这注定了古代希腊的知识活动与前轴心时期所有文明的知识活动有所不同,也与轴心时期中国的知识活动有所不同。

　　当然,古代中国与古代希腊轴心时期的知识活动也并非截然不同,判然有别。一个明显的事实或现象是,轴心时期古代中国与古代希腊之间在知识活动上的共同点要明显多于另外两个地区:古代犹太和古代印度。在后两者这里,理性主要是沿宗教或伦理道德方向发展的,而在古代希腊与古代中国这里,知识理性是理性发展的重要内容之一。同时,古代中国与古代希腊知识理性的发展还有另一个重要的共同点,这就是二者都伴随着神的弱化,以及对神的质疑,这直接成为知识理性的重要源头或直接根源;换言之,正是在对神质疑的过程中,或者说,在神让出原本支配空间的情形下,知识理性才有可能获得充分发展。再有,支撑知识理性的学者、理论、逻辑等要素在两个不同的轴心地区都清晰地呈现出来,只是中国稍弱些,希腊更强些,这其中自然有其深刻的背景或原因,即中国的连续性和希腊的突破性。但作为要素,它是完备

---

〔1〕 爱德华・麦克诺尔・伯恩斯、菲利普・李・拉尔夫:《世界文明史》第1卷,第208页。
〔2〕 W.C.丹皮尔:《科学史——及其与哲学和宗教的关系》,第40页。
〔3〕〔4〕 同上书,第47页。

的,这也是知识理性得以确立或实现的基本前提与保障。

(二)工匠与学者:影响知识理性的重要基石

古代中国与古代希腊都有浓厚的知识理性的精神,但二者的具体表现又是不尽相同的。

通过前面的考察,我们可以清楚地看到,中国轴心期的知识活动具有明显的连续性特征。在中国,与前轴心期一样,各类自然和社会生活的"需要"是知识发生与发展的根本原因,也就是说,知识活动有典型的实用品格。除此之外,巫术占卜等神秘因素也会反映到知识活动中来,例如占星术。但连续性的最重要表现,乃在于古代中国的知识活动仍主要由工匠来承担。薮内清指出:"如果与欧洲的近代科学的发生相比较来研究的话,可以说在中国的文明中,工匠的传统比较强,而学者的传统比较弱。"[1]而作为工匠,传授知识的途径主要依赖两种形式——家业世传和以师带徒;传授知识的方法则主要是耳濡目染、耳提面命、潜移默化。对此,《管子·小匡》中有生动的记述:"相语以事,相示以功,相陈以巧,相高以智,旦夕从事于此,以教其子弟,少而习焉,其心安焉,不见异物而迁焉。是故其父兄之教,不肃而成;其子弟之学,不劳而能。夫是,故工之子常为工。"古代中国工匠主体的这一状况对于知识活动的另一些特征如技术性、经验性的形成来说无疑具有直接的意义。

当然,这并不是说,轴心时期中国的知识活动中只有工匠传统。我们知道,春秋末年道家老子的思想中就包含了丰富的知识理性,它以对知识的深入把握为前提,并在此基础上进一步抽象出"道"的深刻哲学,这其中自然也包括对于神意的清除。其实,在与老子同时代的范蠡、孙子等人的思想中都包含有丰富的知识及相关的理性精神。至战国时期,名家代表人物惠施、公孙龙都对自然知识与逻辑知识抱有浓厚的兴趣;稍晚,后期墨家也逐渐由工匠群体转向了学者群体,《墨经》中涉及大量的自然知识、科学理论以及逻辑思想;战国末年,儒家学者荀子也对自然或科学问题投注了大量精力,并在天人、名实等问题上形成精辟的认识;此外,在阴阳五行家、杂家和《易传》中,同样也包括了对于世界图式的理解,虽然在今天看来,其中不乏谬误;或许我们还可以找到更

---

〔1〕　薮内清:《中国·科学·文明》前言,中国社会科学出版社 1987 年。

多学者与学派思想中的知识内容,这也包括农学、医学这样的活动,甚至还应当包括那些占星术或星占家。所有这些学者或学派都有着明显的学者特征。

而在古代希腊,知识活动的学者特征更加明显。大量证据表明,在古代希腊,为数众多的学者都对知识抱有浓厚的兴趣。这种传统从泰勒斯(公元前640年左右至前546年左右)起到阿基米德(公元前287年至前212年)为止几乎一直没有阻断过,其间整整经历了四个世纪。其中包括阿那克西曼德、阿那克西米尼、毕达哥拉斯、赫拉克利特、巴门尼德、芝诺、留基伯、德谟克利特、伊壁鸠鲁、阿尔克曼、阿那克萨哥拉、普罗泰戈拉、希波克拉底、苏格拉底、柏拉图、亚里士多德、欧几里得、希帕克等。于是,正像克莱因所说:"在每个中心地点,总有无正式组织的成群学者在一两个伟大学者领导下开展活动。"[1]如柏拉图,他热衷于政治,但同时也对数学有浓厚的兴趣,并鼓励人们钻研这门学问,据信,公元前4世纪时,几乎所有主要的数学工作都是柏拉图的朋友和学生搞的。又如亚里士多德,他一个人便精通物理学、数学、气象学、天文学、生物学、普通胚胎学、动物分类学等多种学科,而这些是他全部知识的一部分。再以阿基米德为例。他青年时代曾在亚历山大里亚受教育,之后,便回到出生地叙拉古并在那里终其余年。但阿基米德与亚历山大里亚始终保持着密切的关系,其中一个重要标志即是他在当时的希腊学术界声望很高,颇受同时代人的钦佩和尊崇。上述这种情况还可以从这样一个事实中得到证明,即公元前212年罗马人进攻叙拉古时,主将马塞卢斯曾下令不准杀害阿基米德。毫无疑问,不论对于哪种文化样式,如此长时间和如此多学者的延续都足以使之确立起一个具有示范意义的传统。同样,这也并不就是说,在轴心期古代希腊没有工匠这样的群体,希腊如此多的工程技术,包括建筑中的神庙、航海中的造船,离开工匠是根本无法想象的。所谓学者特征只是强调学者在希腊文明中的重要地位和意义,这有别于其他文明。

由于学者对于知识活动的积极参与及比重的明显增加,在古代希腊,人们便从实用绳索中挣脱出来,这一过程的始点或者说标志性始点可以上溯到毕达哥拉斯学派。克莱因说过:"数学研究抽象概念,这种认识肯定要归于毕达哥拉斯学派。"[2]在此之后,希腊人便这样来看待数学这门知识,即

---

〔1〕　M.克莱因:《古今数学思想》第一册,上海科学技术出版社1979年,第31页。

〔2〕　同上书,第34页。

"数学上的东西,如数和圆形是思维的抽象,同实际事物或实际形象是截然不同的"〔1〕。克莱因的描述给予我们这样一个清晰的启示:至少从毕达哥拉斯学派开始,古代希腊人的知识活动就不再满足于或受制于实用性。这无疑是一次知识的革命,因为它表明知识的动力不再来自外部,而是来自其本身,这也就是学者们通常所说的对于"纯知识"的"兴趣"或"好奇心"。我们也可以直接通过亚里士多德的以下两段论述来考察古代希腊人的这种兴趣和好奇心。亚里士多德说:"求知是人类的本性。"〔2〕又说:"古今来人们开始哲理探索,都应起于对自然万物的惊异。"〔3〕这种兴趣与好奇心最终又引发出一种激情。阿基米德即是一个典型,传记家普鲁塔克对之有足够的描写。他说阿基米德即使被别人逼着去洗澡时,也还会在涂满油膏的身上画几何线;阿基米德某日洗澡时有了重大发现,竟会光着身子跑到街上大声叫喊;阿基米德被杀乃是由于正在聚精会神地画几何线而没有听见罗马士兵的喝问。或许普鲁塔克的这些描写夹杂着夸张,但这种夸张本身也同样深刻地表现了古代希腊人热衷于纯知识的气质。理性在这里化身为激情,甚至化身为狂热!

毫无疑问,学者与理性是成正比的关系。由于古代希腊知识活动中的学者特征更加明显,因此理性精神也会更加突出。这是因为:相比工匠,学者大多会对神秘的内容更多地保持一份清醒,也即他会更多地剔除神秘的内容;与此相关,他会更多地基于自然的立场来观察事物、观察世界,会更多地依从客观性和真实性;同时,学者也有更加鲜明的理论倾向,他要求深入地或系统地把握这个世界。而所有这些,通常是工匠所欠缺的,非不为也,实不能也。考察古代轴心时期的知识理性不能不注意上述背景及其影响。当然,我们决不能用近代科学的眼光来要求古代世界,特别是像客观性或神秘性这样的问题。

(三)经验与理论:决定知识理性的基本方向

如果说工匠与学者是影响知识理性的重要基石,那么经验与理论就决定着知识理性的基本方向。

---

〔1〕 M.克莱因:《古今数学思想》第一册,第33页。
〔2〕 亚里士多德:《形而上学》980a24,商务印书馆1996年,第1页。
〔3〕 《形而上学》982b14,第5页。

中国古代的知识活动有着明显的经验特征，轴心期亦不例外。这种状况是与知识的工匠主体状况密切相关的。理论知识从本质上讲属于逻辑思维，这一思维形式必须经过专门的训练方能取得。显然，工匠缺乏这种专门训练。并且，工匠也不可能置生存于不顾，去用一种"奢侈"的逻辑方法来探究一种同样"奢侈"的理论知识：具体现象或事物背后的终极真理。即或偶尔有些工匠的变异体，如后期墨家会关注理论知识，但他们并不会被绝大多数为生存而疲于奔命的工匠主体所效仿。反之，经验则不然，它基本上是一种自发的思维形式，差不多人人皆可掌握，这对于工匠来说无疑提供了一片广阔的天地，正是在这片天地中，工匠那不受理论与逻辑束缚的头脑能够获得最大限度的发挥。事实上，也恰恰是在经验纯熟方面，古代中国人已达到一种以"神"合"数"的境界，《庄子》中庖丁解牛与轮扁斫轮的故事便是极好的说明，不少工匠正是通过这样一类训练和体悟，在技术上取得了非凡的造诣。

当然，这同样不是说，轴心时期中国的知识活动中只有经验传统。《老子》就饱含对宇宙奥秘的玄思，关于"道"的概念和理论，看似简易，实则深邃，它不仅是中国哲学的开山之作，也是中国科学的开山之作，影响了无数代思想和理论，甚至于今还深刻影响西方的哲学与科学，如海德格尔和普利高津。之后，在庄子和惠施的思想中，都不同程度地触及自然理论，涵摄宇宙与生物知识，包括宇宙演化与生物进化，其他还有地理学、分类学等。而一部《墨经》，可谓是先秦知识或科学理论的集大成者，其中广泛涉及宇宙、空间、时间、数学、几何学、力学、物理学、生物学、分类学等各种知识问题和领域，其门类之丰富完全可与亚里士多德相媲美。此外，在荀子的思想中，在《易传》中，在《吕氏春秋》中，都不同程度地包含知识理论和宇宙图式。当然，我们又要看到，由于受文明连续性因素的制约，或受巫术传统的影响，古代中国的知识理论同样会不同程度地伴随有神秘色彩，这尤其体现在阴阳家的思想中，如"五德终始"学说，理性在这里因巫术或神秘传统的牵引而走火入魔。

我们完全可以想象，希腊人的知识活动也包含有大量的经验内容，否则，建筑、造船等技术以及航海等活动何以实现？但希腊人的知识活动的确又有着鲜明的理论倾向，毫无疑问，这很大程度上与其由学者构成知识活动主体这一状况密切相关。我们应当看到，经验就本质而言是具体的，理论就本质而言则是抽象的。我们也实际看到，作为古代希腊知识的核心，那些"不证自明的"定律和公理就正是通过抽象的道路或方式来取得的，这也就是汤川秀树所说的"某种本质性的东西必须从我们丰富的然而多少有一点模糊的直觉图像中抽象出来"[1]。了解这样一点至为重要,因为作为抽象的方式只有学者才会掌握。换言之,只有学者才懂得应该并且如何使用抽象的工具。当然,在这里,如下之点又相当关键,即这种"兴趣"或"好奇心"又来自一种学者所特有的"闲暇",其相应的物质基础与精神实质便是对实利与实用的生存方式及观念形态的摆脱。正是在这种"闲暇"的空间和氛围当中,古代希腊人"培育了追求知识,发展学术(哲学、科学)的新态度"[2]。而此态度的目的正在于审视一切自然现象背后的本来面目,知识理性也在这里得到最大程度的彰显。由此可见,学者传统不仅是由外在需要向内在兴趣转换的动力,又是由技术向科学转换的动力,还是由经验向理论转换的动力。

于是我们看到,古代希腊人热衷于成体系的学问或知识。在这里,几何学被视作知识之冠。以此为心点,人们建立起了几何天文学、几何物理学(几何力学)等。约翰·洛西将此称为"组合科学",即"它们的主题都是物理对象之间的数学关系"[3]。可以说,古代希腊的知识活动几乎都是以此作为支点而展开的。而古代希腊知识活动中最典型也是最基本的理论形态即是由亚里士多德所创立或归结的公理系统。这种公理系统"被认为是那个时代科学思维总面貌的表征"(The axiomatic method is regarded as typical of the general aspect of the scientific thinking of that time)。[4] 在这里,概念、公理、推理等工具成为最基本的骨架。也可以说,古代希腊的绝大部分知识或科学活动几乎都是这一公理系统种子所结出的果实。其实,这样一种选择还给我们留下如此印象,即古代希腊的科学理论从本质上讲体现了一种构造精神,其目的在于将那些实存的却又是隐秘的法则揭示出来并容进一个合理的构架之中,而欧几里得的《几何原本》正是这一构造精神的最典型的范例。

但同时,我们看到,无论是古代中国人还是古代希腊人都有轻技术的观念。在中国,儒家的态度为我们所熟知,其有轻视技术知识的倾向,特别是有轻视劳力的倾向。《论语·子路》记载:"樊迟请学稼。子曰:'吾不如老农。'请

---

[1] 汤川秀树:《创造力和直觉》,复旦大学出版社1987年,第93页。

[2] 汤浅光朝:《解说科学文化史年表》,科学普及出版社1984年,第17页。

[3] 约翰·洛西:《科学哲学历史导论》,华中工学院出版社1982年,第14页。

[4] F.A.Medvedev, On The Role of Axiomatic Method in the Development of Ancient Mathematics, in Jaakko Hintikka, David Gruender, Evandro Agazzi, *Theory Change*, *Ancient Axiomatics*, *and Galileo's Methodology*(p.223), Holland: D.Reidel Publishing Company.

学为圃。曰：'吾不如老圃。'樊迟出。子曰：'小人哉！樊须也。上好礼，则民莫敢不敬；上好义，则民莫敢不服；上好信，则民莫敢不用情。夫如是，则四方之民襁负其子而至矣，焉用稼！'"道家始于老子，老子同样有轻视技术的倾向。《老子》中讲："人多利器，国家滋昏；人多伎巧，奇物滋起。"（《五十七章》）又讲："小国寡民，使有什伯之器而不用，……虽有舟舆，无所乘之。"（《八十章》）后来庄子也在一定程度上表达了同样的看法，最经典的例子保存在《庄子·天地》的一段对话中："子贡南游于楚，反于晋，过汉阴，见一丈人方将为圃畦，凿隧而入井，抱瓮而出灌，搰搰然用力甚多而见功寡。子贡曰：'有械于此，一日浸百畦，用力甚寡而见功多，夫子不欲乎？'为圃者仰而视之曰：'奈何？'曰：'凿木为机，后重前轻，挈水若抽，数如泆汤，其名为槔。'为圃者忿然作色，而笑曰：'吾闻之吾师，有机械者必有机事，有机事者必有机心。机心存于胸中，则纯白不备；纯白不备，则神生不定；神生不定者，道之所不载也。吾非不知，羞而不为也！'"槔，又名桔槔，是一种汲水工具。从老圃的回答看，他明确地拒绝使用这种机械技术，这无疑也是庄子的看法。其实在希腊也是同样的，如柏拉图就认为机械技术是下流的，具有渎神的性质；阿基米德尽管有技术发明的天才，但他宁愿专心于纯粹科学的研究。可以这样说，轻视技术，是早期文明的普遍观念和现象。强调这一点非常重要，因为近代科学或知识理性是与技术发展密切相关的，也是与工匠精神密切相关的，这也正是古代知识理性与近现代知识理性的一个重大区别。

（四）逻辑：知识理性的皇冠

逻辑是知识的必然，是理论的必然，是知识理性的必然。逻辑是知识理性溪流的终点，水到渠成。作为知识的必然和终点，逻辑是知识理性的皇冠，或皇冠上的明珠。

古代世界三大逻辑系统：中国、希腊、印度。其中印度因明与佛教哲学即佛学有关，不属知识范畴，故不在本文考察之列。

古代中国的逻辑系统导源于知识活动中的分类问题，也导源于现实生活中的名实问题，而"名实""同异"则是春秋战国时期哲学与逻辑学所普遍关心的问题。

虽然，"名实""同异"问题早在春秋时期就已经提出，但最早从逻辑学角度对"名实""同异"问题做系统研究的是战国中期的公孙龙。公孙龙逻辑思想的最大特点是关心概念的准确性,这显然与对具体知识的关心直接相关,这也可以说是公孙龙逻辑思想的基础或背景,公孙龙的一整套逻辑思想正是在这种基础之上或背景之下循序展开的。我们所熟知的《白马论》就是这一整套逻辑思想的第一步,他最直接地关注了知识分类与概念对应的关系,是逻辑与科学的径直衔接。而《名实论》与《指物论》可以看作《白马论》的延续,企图在哲学或语词层面对"名实""同异"问题做更深入的分析。之后,《墨经》与《荀子》中都有对于"名实""同异"问题的思考。《墨经》讲:"名:达、类、私。"(《经上》)将"名"也就是概念分为三个层次,从最高到最低依次是达名、类名和私名。《荀子》讲:"物也者,大共名也。推而共之,共则有共,至于无共然后止。""鸟兽也者,大别名也。推而别之,别则有别,至于无别然后止。"(《正名》)将"名"分成两大类。总之,无论是《墨经》还是《荀子》,与公孙龙一样,它们关于"类"的逻辑思想都有科学知识作为背景或基础。这是一个大的知识环境,也是一个大的逻辑思维环境,正是在这样一个环境中,它们各自都取得了相应的成果。

但中国的逻辑系统是存在一定不足或缺陷的。最主要的问题有两个:第一,定义问题;第二,推理问题。古代中国人并没有掌握下定义的科学方式;最符合逻辑推理形式的三段论也没有被形式化。而这两个问题又都与事物即概念的种属问题有关。无论是《墨经》还是《荀子》,在讨论了概念的一般种属关系之后便止步不前了。它们并没有继续将种属问题与本质问题结合起来加以讨论,并没有发现种属问题之于探讨事物本质的重要意义(公孙龙并不关心这一问题,因此不对此负责)。就此而言,《墨经》与《荀子》可谓是与定义形式的发现失之交臂,因为它们已具备了这一发现的前提条件。同时,对种属问题的研究来说,《墨经》与《荀子》也可谓功败垂成,因为种属关系在定义中的应用是种属问题研究的最大收获和最高境界。这直接影响到不可能产生定义方式,也影响到无法产生推理的规范形式。不过,古代中国思想家在此问题上的不足又是必然的,这是因为定义及推理是以对事物本质的探求为基础的,古代希腊人就是如此,但古代中国却没有这样的基础,古代中国人对于本质问题没有太多兴趣。

与重视科学理论相关,古代希腊在思维方法上同样体现出明显的逻辑特征或倾向,而且也因知识或科学理论的成熟导向而比中国的逻辑系统更加成熟。

早在公元前 6 世纪,米利都的泰勒斯已探索性地使用了推理这一形式,结果是证明了一些恒等三角形和相似三角形的定理。此后,逻辑思维便被广泛地发展起来。而逻辑思维的真正成熟又是以逻辑学的建立为标志的,古代希腊的逻辑学被康德称为"形式逻辑"。这一逻辑的基本内容或主要特征就是概念、判断、推理这三点一线的联系。具体而言,这三者之间的关系乃在于:概念是由定义表述的,概念的实际应用离不开命题也即判断,而三个命题或判断就可以构成一个完整的三段论推理形式。这之中,尤以概念最为重要。巴门尼德开始的本体论研究,苏格拉底开始的逻辑学研究都是沿这一方向进展的。就逻辑思维而言,其最典型的方式或即成果就是下定义。苏格拉底是最早对定义做探讨的人,主要是对伦理概念下定义;继苏格拉底之后,柏拉图也对定义形式做了认真的思考。而真正使定义臻于成熟或完善的是亚里士多德,他对概念定义的贡献包括如下这些方面:最早揭示定义的逻辑结构,即"属加种差";指出"定义是表明事物本质的语词";定义规则的建立。[1]除此之外,亚里士多德对于判断和推理也都做出了重要贡献。亚里士多德对直言命题也即直言判断做了十分详尽的研究,所谓直言命题乃是指直接陈述对象有无某种性质的命题;而古代希腊演绎推理中最为经典的形式就是亚里士多德所开创的三段论,所谓三段论即是由三个直言命题或判断组成,其中两个是前提,一个是结论。可以这样说,古代希腊逻辑学的科学化为逻辑思维的真正成熟提供了前提条件,逻辑思维的全面展开正是以这一前提条件作为坚实基础的。并且,所有这些要素的成熟形态显然只能经过专门的训练和深入的探讨来取得。当然,所有这些成果的取得都与哲学对本质问题的兴趣和关注有关。相比之下,古代中国之于概念以及定义研究的缺陷便清晰地呈现在我们面前,由于缺少对于事物本质的准确认识,因此中国的概念与定义系统相对来说就自然只能是处于一种比较原始和自发的状态。

　　同时,有意义的还在于逻辑思维或逻辑学与科学的结合,由此产生了公理学。在公元前 4 世纪,这种结合差不多已被发展到登峰造极的程度,这可以欧

----

　　〔1〕 这包括如下几个方面:(1)定义项与被定义项的外延应当是相吻合的,定义不可过宽,也不可过窄;(2)定义应当是清晰的,定义中不容许有含混不清的表述,也不容许有比喻性质的语词;(3)定义项不能直接或间接地包括被定义项,也即不可以用被定义者本身来下定义或把定义者归结为被定义者;(4)除非必要,定义不应当是否定的,也即定义项不应当包含有负语词,同时也不应当通过对立的东西来下定义;(5)由于定义在于揭示定义者的实质,而实质是唯一的,因此定义只能是一个,也即是说,必须避免几个不同的定义。参见阿·谢·阿赫曼诺夫《亚里士多德逻辑学说》,上海译文出版社 1980 年,第176、177 页。

几里得的《几何原本》为例:借助逻辑思维形式,竟然能从五条公理、五条公设及二十三条定义出发,推出四百六十七条定理! 如根据"彼此重合的东西是相等的"这一公理,可以推出"若两个三角形的两边和夹角对应相等,它们就全等"这一定理;根据"等量加等量,总量仍相等""等量减等量,余量仍相等"等公理,可以推出"等腰三角形两底角相等"这一定理。而以上只是逻辑思维在几何学中应用的例证。在古代希腊,逻辑思维的运用是非常普及的,它渗透在力学、天文学等许多学科领域。

总之,可以看出,知识理性的精神在古代希腊的逻辑学与公理学这里得到了最充分而彻底的阐扬。

总体而言,古代中国与古代希腊都不同程度地呈现出知识理性的精神,它构成了轴心期理性精神的重要一环;并且,如同这一时期其他理性精神一样,知识理性也是熠熠生辉。我们看到,知识理性不仅丰富了理性的内涵,也夯实了理性的基础,此外,知识理性又是无神或弱神观念的坚定同盟者和有力支持者。因此,对于整个轴心时期理性精神的阐述与评价,决不可忽视知识理性这一重要内容。但同是知识理性,古代中国与古代希腊又有所不同。通过考察我们也可以看到,古代中国的知识活动表现为工匠特征较强,学者倾向较弱;经验特征较强,理论兴趣较弱;而在逻辑思维方面也具有较强的自发性,形式化程度还有所欠缺。反之,古代希腊的知识活动中有很鲜明的逻辑特征,并且达到了形式化的高度;这既得益于学者倾向,也得益于理论兴趣。而且,与此相关,古代中国的知识活动可能包含更多的神秘性内容,古代希腊则更加显得理性或理智。我们姑且可以将此概括为:古代中国的知识活动有更多的连续性特征,而古代希腊则表现出更多的断裂性或革命性。这样的特征不仅表现于古代中国与古代希腊各自的活动,也会深刻影响后来知识发展的方向和进程。

十二、希腊与中国：哲学起源的不同典范[*]

哲学的发生或起源虽有某种共同性，但实则十分复杂。以往有关哲学产生的认识都是建立在西方哲学即希腊哲学的基础之上，然而随着研究的深入，以往这样一种认识明显已经无法真实准确描述或呈现不同哲学源头的发生发展状况。本文以古代希腊和中国为例，考察哲学起源的不同典范。

（一）哲学起源的共同性与复杂性

在雅斯贝斯的"轴心期"思想中，哲学是以相同的时间、相同的方式登场的。

关于哲学登场即起源的时间，雅斯贝斯这样说道："最不平常的事件集中在这一时期。在中国，孔子和老子非常活跃，中国所有的哲学流派，包括墨子、庄子、列子和诸子百家，都出现了。像中国一样，印度出现了《奥义书》和佛陀，探究了一直到怀疑主义、唯物主义、诡辩派和虚无主义的全部范围的哲学的可能性。伊朗的琐罗亚斯德传授一种挑战性的观点，认为人世生活就是一场善与恶的斗争。在巴勒斯坦，从以利亚经由以赛亚和耶利米到以赛亚第二，先知们纷纷涌现。希腊贤哲如云，其中有荷马，哲学家巴门尼德、赫拉克利特和柏拉图，许多悲剧作者，以及修昔底德和阿基米德。在这数世纪内，这些名字所包含的一切，几乎同时在中国、印度和西方这三个互不知晓的地区发展起来。"〔1〕

那么，不同地区在哲学起源上究竟又有何共同性呢？雅斯贝斯有这样一些相关论述："这个时代的新特点是，世界上所有三个地区的人类全都开始意识到整体的存在、自身和自身的限度。""他探询根本性的问题。""通过在意识

---

　　* 本文原发表于《同济大学学报》（社会科学版）2019 年第 1 期。
　〔1〕 卡尔·雅斯贝斯：《历史的起源与目标》，第 7、8 页。

上认识自己的限度,他为自己树立了最高目标。"〔1〕"神话时代及其宁静和明白无误,都一去不返。像先知们关于上帝的思想一样,希腊、印度和中国哲学家的重要见识并不是神话。理性和理性地阐明的经验向神话发起一场斗争(理性反对神话),斗争进一步发展为普天归一的上帝之超然存在,反对不存在的恶魔,最后发生了反对诸神不真实形象的伦理的反抗。宗教伦理化了,神性的威严因此而增强。"〔2〕"哲学家首次出现了。""中国的隐士和云游哲人,印度的苦行僧,希腊的哲学家和以色列的先知,尽管其信仰、思想内容和内在气质迥然不同,但都统统属于哲学家之列。人证明自己有能力,从精神上将自己和整个宇宙进行对比。他在自身内部发现了将他提高到自身和世界之上的本原。"〔3〕从上面可以看到雅斯贝斯的这样一些表述:"人类全都开始意识到整体的存在""探询根本性的问题""理性反对神话""宗教伦理化""从精神上将自己和整个宇宙进行对比""(人)在自身内部发现了将他提高到自身和世界之上的本原"等。其实,如果将哲学起源限定在雅斯贝斯的"轴心期"时间范围,那么或许还可以看到更多的相似性。例如,综观世界三大哲学源头——印度、中国与希腊,哲学要么是混乱的产物,要么是散漫的产物,这可以说是轴心时期哲学产生或登场的一般或基本条件,也可以说是前提条件。同时,在黑格尔与雅斯贝斯有关哲学起源理解的基础上,还可以归纳概括出以下这样一些共同原因,如源于社会的分化、传统的破坏、信仰的失落、秩序的涣散、共同体的解体。〔4〕

　　但是,哲学的起源或产生可能要比上述认识来得复杂,甚至复杂许多。梯利在其《西方哲学史》中论述古希腊哲学与神话的关系时有这样一段话,它值得细细体会和思考:"神谱虽然不是哲学,却为哲学做了准备。在神话的观念中已经出现哲学思想的胚种,即做某些解释的愿望,纵然这种要求植根于意志,很容易为想象的图景所满足。神谱学和创世说比神话前进了一步,它们试图用理论来说明神秘的世界,解释被设想为掌管自然现象和人类生活事件的

〔1〕 卡尔·雅斯贝斯:《历史的起源与目标》,第8页。
〔2〕 同上书,第9页。
〔3〕 同上书,第10页。
〔4〕 对于早期哲学的共同性,笔者曾做过专门的考察,归纳概括出以下六个重要环节或方面,包括:混乱与散漫的初始状态、神学的失落、知识的增长、人性的觉醒或理性的萌芽、对社会的批判以及智者的反思。详见《轴心期:哲学如何登场》,原文载于《华东师范大学学报》(哲学社会科学版)2017年第1期。

主宰者的起源。"〔1〕这是说神话是哲学的准备或雏形。不过梯利接着说道："但是，这些理论在很大程度上仍然只能满足含有诗意的想象，而不能满足进行推理的理智的要求；它们求助于超自然的力量和动因，而不求助于自然的原因。只有以理性代替幻想，用智慧代替想象，摈弃超自然的动因作为解释的原则，而以经验的事实作为探究和解说的基础，这时才产生哲学。"〔2〕梯利在这里指出了哲学与神话的根本区别，划定了神话与哲学之间的界线，换言之，似乎设定了哲学源头的疆界。但且慢！梯利其实同时也给出了哲学之成为哲学的条件，包括：推理、探索自然的原因、以理性代替幻想、用智慧代替想象、以经验的事实作为探究和解说的基础。梯利认为，唯当这些条件具备，"这时才产生哲学"。若对比雅斯贝斯对于哲学的理解，梯利以上所给出的条件明显"更加宽松"，例如探索自然原因，以经验事实为基础，推理方式或理性特征，而这实际上为思考哲学起源问题"大开方便之门"。

以下我们就以希腊和中国为例，包括发生过程、环境或条件，思想主要涉及自然哲学与伦理学，也即知识线索与道德线索，借此考察哲学起源的不同典范。

（二）希 腊 典 范

希腊哲学的起源无疑更加接近雅斯贝斯有关"轴心期"的理解，但事实上毋宁说雅斯贝斯的"轴心期"就是以希腊哲学为蓝本的。希腊哲学的起源具有某种"突发性"或"突然性"，甚至可以说产生了"突变"。在这一时期，概念、逻辑、思想、理性在知识分子的率领下突然之间"集体行动"，它们一下子"破土而出"并一下子"茁壮成长"起来。而且不仅包括哲学，也包括与哲学密切相关的科学。可以这样说，古代希腊的哲学是忽然之间"光明"了起来。这给我们一种需要用"瞬息之间"或"倏忽之间"来表达的印象。这应当也就是帕森斯"哲学的突破"提法的根本原因。〔3〕不过，现有希腊哲学"突发性"或"突然性"这样一种习惯性或常识性认识是值得怀疑的，不少学者也已经指出，希腊文明与

---

〔1〕〔2〕 梯利：《西方哲学史》，第7页。

〔3〕 但严格说来，这不能理解为"突破"，因为"突破"应是针对范式的，而早期哲学不存在范式。可参见拙文《轴心时期：是否存在"哲学的突破"》，原文载于《学术界》2017年第4期。

哲学的源头在很大程度上曾得益于周边文明及思维、观念的深刻影响,传播在其中曾扮演过重要角色,换言之,希腊哲学或观念最初很可能具有一定的"输入性"或"启发性"。

当然,这种"输入性"或"启发性"又并不否认古代希腊的"突发性""突然性"即"突变"这一特征。究其原因,这是与古代希腊特殊的地理条件、社会形态、文明类型、政治制度以及思想文化环境密切相关的。希腊有着极其特殊或得天独厚的自然与地理优势。它面临浩瀚的地中海,周边都是文明古国,既便于航海,也便于商贸和文化交流,这成为希腊文明发生"突破"的初始条件。城邦这一社会或国家组织形式同样非常独特,它造就了希腊文明的独立或非依附性格。韦尔南就曾指出:"城邦在公元前8世纪至公元前7世纪的出现本身,就标志着一个开端,一个真正的创举,它使社会生活和人际关系呈现出新的形态,后来的希腊人将充分体会到这种形态的独特性。"[1]同时,地理条件与城邦生活又呈现出多元特征。我们看到,希腊文明或城邦普遍地域狭小、分散、广布。这反映于文明发展的一个最直接结果,便是其社会组织形式"天生"就不是单一中心的。诚如顾准所说:"希腊史,从头到尾是多中心的。"[2]这可以说精确概括了希腊文明的基本特征。而所有这些条件都是其他古老的河谷文明所不具备的。正是以此为基础,在希腊这里,文明形态发生了极大的改变,它影响到社会、习俗,也影响到政治、制度,总之,影响到文明要素的方方面面。这其中自然也包括知识、艺术、思想在内的精神世界。城邦生活、殖民与商业活动、文化的流动和交往,种种新出现的因素都极大地改变了知识、艺术、思想等活动的面貌,它必然地注定了古代希腊的知识活动、艺术活动和思想活动与所有其他文明有所不同。科学史家普赖斯在分析西方知识的特异性时就精辟地指出:"一个更合理的观点则提出这样的可能性,即恰恰是我们的文明不在正轨上。可以设想,其余文明大部分是正常的,而唯独我们的文明包含了某些罕见的和独特的入侵因素。"[3]梯利这样说道:"这种自然和社会条件有助于激发智慧和意志,开阔人们对生活和世界的眼界,活跃批评和思索的精神,导致独特人格的发展,促成人类思想和行动各个方面不同的进展。"[4]这

---

〔1〕 让-皮埃尔・韦尔南:《希腊思想的起源》,生活・读书・新知三联书店1996年,第37页。

〔2〕 顾准:《希腊城邦制度》,中国社会科学出版社1982年,第4页。

〔3〕 D.普赖斯:《巴比伦以来的科学》,中共中央党校出版社1992年,第3页。

〔4〕 梯利:《西方哲学史》,第4页。

又突出地体现在哲学的起源上，按丹皮尔的说法，就是"在历史上破天荒第一次对它们加以理性的哲学考察"。[1]这也正是雅斯贝斯的看法。

以下来考察作为希腊哲学起源的内容。[2]根据梯利给出的哲学之成为哲学的条件：推理；探索自然的原因；以理性代替幻想，用智慧代替想象；以经验的事实作为探究和解说的基础。我们首先考察作为其起点并贯穿始终的自然哲学，文德尔班则将此称为宇宙论的哲学，或者干脆直接叫作科学，涉及世界本原、本质问题和哲学与知识的关系问题。

希腊哲学是从关心世界的根源即本原开始的，如泰勒斯的"水"、阿那克西曼德的"无限"、阿那克西米尼的"气"、毕达哥拉斯的"数"、赫拉克利特的"火"。其实中国智者或哲人也非常关心世界的根源，广而言之，关心世界的根源是一切哲学在初始阶段的基本"课程"。但希腊的哲人特别注重对本质问题的关心，并进一步延伸或拓展为对实存问题包括存在、实体问题的关心，由此而形成了一条鲜明的哲学路向。进而，这一哲学路向即上述关注又沿两条分支作思维的上升或提升运动。其一是埃利亚学派的方向，这个方向关注存在问题，但已脱离了"自然"。其先由色诺芬尼将实存归结为"神"，之后在巴门尼德这里概括为"存在"，更进一步，巴门尼德的"存在"又在柏拉图这里被概括为"理念"，并由此成为西方哲学史的一条重要路径。其二仍是沿自然哲学方向继续进展，包括恩培多克勒的土、气、水、火四元素说与阿那克萨哥拉的实体说，之后又演变为留基伯和德谟克利特的原子论，并由此成为西方哲学史的另一条重要路径，且与科学密切相关。再之后，亚里士多德虽然是沿柏拉图方向思考，但作为物理学之后，亚里士多德仍将形而上学所追问的世界本原概括为"物质"，只是又赋予其目的性。可以看出，亚里士多德对上述两个方向加以调和了。

如不拘泥于具体哲学思想，而是关注其一般面貌，我们会发现上述希腊哲学的起源以及后来的演化发展有这样一些重要特征：(1)主要是围绕世界本原或本质问题而展开的，即众多思想家围绕世界本原或本质问题展开了深入的探讨，并大致分成两个基本阵营。(2)自然哲学是其中的一根基本或重要引

---

〔1〕 W.C.丹皮尔：《科学史——及其与哲学和宗教的关系》，第47页。
〔2〕 主要以梯利的《西方哲学史》作为概述的基本线索依据，并参照文德尔班的《哲学史教程》、罗素的《西方哲学史》、策勒尔的《古希腊哲学史纲》等著述。

线,它有力地吸附着一代代希腊思想家的兴趣和关注,层层朝前推进,并进而成为后来一部西方哲学展开的重要门径和道路。(3)在此过程中又必然地涉及知识问题。在许多希腊哲学家这里,知识问题都被认为非常重要,换言之,知识问题在本原或本质问题讨论中扮演着十分重要的角色,由此也提出感觉和思维、经验与理性、本质与现象、真理和谬误、真实与假象等重要哲学问题。(4)值得注意的是,与此相关,对本质问题的关心又是与知识或科学活动中对属性问题的关心密切关联的,这包括属加种差定义方式及三段论推理方式。或许可以这样说,本质-属性这一结构,正是希腊思想家最典型的追问范式,在这里,哲学与知识即科学相互支撑,由此成就了哲学、科学、逻辑学的知识与思想"共同体"。这样一种知识与思想"共同体"的范型,我们确实无法在其他文明例如中国那里找到成熟的形态。(5)综上特征,这应当又与希腊独特的开放态势密切相关,开放的环境、开放的社会、开放的思想、开放的学者群体,这些都是导致自然、知识以及本质问题成为哲学最大兴趣或最大问题的根本原因,且其又因学者或思想者的特性而不断得到交流、讨论,最终得以"凌空飞升"。

不过,文德尔班与罗素又都指出,古代希腊在德谟克利特以后,自然哲学呈现出式微的走向。文德尔班说,到了体系化时期,"宇宙论的一般问题已经丧失了在开始时人们对它们所引起的兴趣。通过智者学派的认识论,宇宙论问题受到怀疑和摈弃"[1]。罗素说:"德谟克利特以后的哲学——哪怕是最好的哲学——的错误之点就在于和宇宙对比之下不恰当地强调了人。首先和智者们一起出现的怀疑主义,就是引导人去研究我们是如何知道的,而不是去努力获得新知识的。然后随着苏格拉底而出现了对于伦理的强调;随着柏拉图又出现了否定感性世界而偏重那个自我创造出来的纯思维的世界;随着亚里士多德又出现了对于目的的信仰,把目的当作是科学中的基本观念。尽管有柏拉图与亚里士多德的天才,但他们的思想却有着结果证明了是为害无穷的缺点。从他们那时候以后,生气就萎缩了,而流俗的迷信便逐渐地兴起。"[2]但事实上,如文德尔班所说,时代的趋势已更倾向于科学的实际利用,包括分门别类的具体科学的形成。以亚里士多德为例,他所涉及的知识或科学就包括物理学、天文学、气象学、植物学、动物学、心理学以及与科学密切相关的逻

---

〔1〕 文德尔班:《哲学史教程》上卷,商务印书馆 1987 年,第 137 页。
〔2〕 罗素:《西方哲学史》,第 107 页。

辑学，同样，在世界科学史上享有盛誉的欧几里得几何学、阿基米德力学以及托勒密的天文学也都出现于这一时期。或者应当这样说，希腊人对科学的兴趣并没有改变，改变的只是方式或方向。

这里再结合雅斯贝斯的相关思想做些说明。如前所见，雅斯贝斯认为，在轴心期，"神话时代及其宁静和明白无误，都一去不返。像先知们关于上帝的思想一样，希腊、印度和中国哲学家的重要见识并不是神话。理性和理性地阐明的经验向神话发起一场斗争（理性反对神话）"。的确，策勒尔在讲到泰勒斯、阿那克西曼德、阿那克西米尼时也同样说过："不论这三位最古老的希腊思想家的许多观点在我们看来可能多么天真和离奇，但它标志着对于世界的解释从一种神话的观念向一种自然的，也就是科学的观念的一种有力的和根本的变化。"[1]但策勒尔又指出："希腊思想方式由于一种源于奥尔弗斯神秘主义的外来因素，从毕达哥拉斯学说开始转变，这种神秘主义对于希腊人的天性是一种格格不入的宗教崇拜，由于它和希腊思想的融合，产生了许多值得注意的新形式，对于随后的时期意义重大。"[2]显然，雅斯贝斯"神话时代一去不返""理性向神话发起一场斗争"的提法未必确切或完整。在理性之侧，神明依旧伫立！

下面再来考察希腊的伦理学形态。文德尔班这样描述希腊社会的伦理学背景。至公元前6世纪，社会出现了新的变化。文德尔班说："民主政治制度的发展，经过激烈的党派斗争，往往带来个人意见、个人判断的独立性，往往发挥着个性的作用。民主政治制度的发展事实上比起日益增长的商业财富所带来的生活上的讲究和精神上的享受更得人心。个人主义的恣意发展愈益解开公共意识、信仰、道德的旧的枷锁，愈益以无政府状态的危机威胁着早期的希腊文明；那些以社会地位、以知识、以品德而显耀的人们，也就愈益迫切地发现他们义不容辞的职责是在他们自己的思想中恢复行将丧失的准绳。""并且不可避免地发生这样的事：个人意见闹独立性的这种同样潮流径自侵入了早已变化多端的宗教生活。"[3]这即是说，古代希腊的伦理学缘起于社会的剧烈变化，这其实是与古代中国一样的。当然，希腊社会有其自身的特殊性，包括

---

〔1〕　E.策勒尔：《古希腊哲学史纲》，第31、32页。

〔2〕　同上书，第32页。

〔3〕　文德尔班：《哲学史教程》上卷，第38、39页。

城邦、贸易、商业以及民主政治制度等,并由此中断了与传统的联系,这与中国社会又有所差别。

希腊的伦理学大致是在公元前 5 世纪末的苏格拉底这里开始的,苏格拉底力求了解道德的意义及衡量的标准,例如作为有理性的动物,人应当怎样生活;什么是善,什么是至善或美德。苏格拉底认为美德包括节制、勇敢、正直,一个人想具备美德首先要具备这些美德的知识,而且美德与幸福是统一的,这些实际也是苏格拉底最为关心的问题,当然,它尚不系统。柏拉图继承了苏格拉底的基本思想,但赋予其系统性,在柏拉图这里,最高的理念就是善的理念,这个善从本质上说就是理性,它能够制约感官欲望。之后,亚里士多德同样以回答苏格拉底的至善问题作为其伦理学的基本内容,亚里士多德认为,最高的善就是通过理性方式实现目的,不过亚里士多德并不排斥感性,为此他提出了中庸理论。再之后,伊壁鸠鲁学派和斯多葛学派都涉及伦理问题。伊壁鸠鲁学派总体上持快乐主义的主张,强调人的本性趋向快乐,但这里的快乐并不等于纵欲,理性或精神的快乐尤为重要;斯多葛学派的伦理学具有综合性,理性、德性、理念、目的、逻各斯获得高度统一,但也因此而变得驳杂。同样,我们应当注意古代希腊伦理精神的一些最基本的特征:(1)首先就是至善问题,这一至善问题与本原、本质问题具有同根性;(2)高度重视理性,这建立在人是有理性的动物这一基本认识之上,并由此来考虑理性与感性的关系;(3)无论是至善,还是理性,又都与希腊哲学的学者特征相吻合,呈现出高度的理论性和思辨性;(4)当然,作为伦理问题的展开及其发展,同样也是与希腊社会的现实或历史相对应的,这里最为重要的就是城邦生活。

以上对希腊哲学起源的考察并非全面和完整,但可以由此而管中窥豹。

(三) 中 国 典 范

与古代希腊哲学相比,中国哲学的"创制"也即起源或发生有自己的特点,它实属于另一种类型。与希腊哲学起源的"突发性"不同,中国哲学产生与发展所呈现的经典样式是循序渐进的,即具有某种"渐进性",而非"突发性"或"突然性",是一种"渐变",而非"突变"。换言之,它并不存在古代希腊那种在"瞬息之间"或"倏忽之间"变亮的光明形式,没有古代希腊那种可以描述或表征为"飞跃"和"跨越"的现象。在这里,哲学的发生是一个漫长和缓慢的进程,或者说，思想光明的过程是漫长而缓慢的，显现为一种"不慌不忙""不紧不慢""悠然自得"的运动。

中国哲学的这种"渐进性"或"渐变"特征首先是由中国社会与文明的"渐进性"或"渐变"特征所决定的。事实上，这种"渐进性"也是古老农耕文明的普遍特征，包括埃及、两河流域的苏美尔和巴比伦，以及印度。所有这些古老的文明都有悠久的宗教传统、稳定而封闭的社会秩序和政治格局，文明在这里呈现出"渐变"的特性。这样一种"渐进性"或"渐变"特征同样可以用张光直的"连续性"理论加以解释。张光直将人类文明分成"连续"与"突破"两种类型，它与"渐进性""渐变性"和"突发性""突变性"是基本吻合的。张光直说："我们从世界史前史的立场上，把转变方式分成两种。即把眼光扩展到欧洲、近东、非洲、中东、远东、大洋洲和美洲，我们可以看出两个大空间的不同方式。一个是我所谓世界式的非西方式的，主要的代表是中国；一个是西方式的。前者的一个重要特征是连续性的，就是从野蛮社会到文明社会许多文化、社会成分延续下来，其中主要延续下来的内容就是人与世界的关系、人与自然的关系。而后者即西方式的是一个突破式的，就是在人与自然环境的关系上，经过技术、贸易等新因素的产生而造成一种对自然生态系统束缚的突破。"〔1〕张光直强调，中国属于连续性文明，这种文明类型在早期具有普遍性，也即是世界式的。

不仅如此，中国还具有自己的独特性，这就是文明发生与发展的相对独立性。打开一幅世界地图我们就可以看到，在中国文明与其他诸文明之间横亘着一个巨大的难以逾越的地理屏障，这就是由南而北的喜马拉雅山脉、青藏高原、帕米尔高原以及广袤无垠的沙漠和戈壁。若加以比较，我们会看到由西而东，传播交流呈梯级下降：希腊的海洋型传播交流环境最佳，埃及、巴比伦、波斯次之，印度再次之，中国最次；若加以打分评级，那么希腊是"优"，埃及、巴比伦、波斯是"良"，印度是"中"，中国是"差"。显然，中国文明与希腊文明形成了鲜明的对照。希腊可以从它的邻居——由南到北、由东到西包括埃及、腓尼基、巴比伦、波斯、赫梯那里汲取无限的养分，因此可以"速成"。有学者形容希腊是"偷盗者"，这真是一点不假。但古代中国根本不具备古代希腊这样的开放条件，由于巨大的难以逾越的地理屏障，中国只能依靠自己一点点积累、一点点进步。换言之，若与希腊相比，中国有得天独厚的农耕条件，却没有得天

---

〔1〕 张光直：《考古学专题六讲》，第 17、18 页。

独厚的传播环境。当然,这并不是否认文明之间的传播交流,而是说大规模的交流不存在,或辐射式的交流不存在。就此而言,中国文明的成长具有典型的"独立性",中国文明非常"孤独"。也因此,中国文明又一定会显示出鲜明的个性。中国哲学的起源也正是以此作为基础的。

我们先来看知识的线索。与古代希腊人一样,在古代中国,世界本原问题同样是一个重要问题,这包括五行、气、水等等,这说明世界不同地区早期哲人所关注的问题其实有相似或相近之处。但是,中国人又不像希腊人那样,将本原问题发展并提升至高度抽象的本质、存在、实体问题,中国人的思维或观念始终保持着一种经验性;与此同时,中国哲人有关本原或本质问题的思考,也没有像希腊那样得到科学与逻辑学研究中有关属性问题思考的有力支撑。如此,中国哲人对于本原问题的思考在抽象性与逻辑性两个方面都是有所欠缺的。当然,我们又不必以希腊人的自然视界来约束或框架中国哲学的知识线索。中国哲人对自然或知识的理解有自己的"路数",并同样可以提炼出高度的哲学观念与思想。这里我们姑以五行、阴阳、天(包括天人与天道)三个观念或概念为例。

第一,"五行"观念。一般而言,说到"五行",我们通常会立即想到《尚书》,特别是《洪范》篇,想到其中有关"五行"的论述:"五行:一曰水,二曰火,三曰木,四曰金,五曰土。水曰润下,火曰炎上,木曰曲直,金曰从革,土爰稼穑。"我比较同意王世舜的看法,即"从《洪范》内容本身以及联系西周及春秋战国时代意识形态的发展历史来看,它当是西周末叶到春秋中叶以前的产物"[1]。之后如众所周知,"五行"学说在春秋末年、战国、秦汉及西汉早中期发展成为一门显学。然而仅仅了解这些又是远远不够的,还必须进一步追寻"五行"观念的根源,包括到更早的年代,这正是中国哲学起源区别于希腊哲学起源的地方。研究表明,"五行"观念的产生过程中有"五星"和"五材"这样一些知识或观念的背景或因素,"五行"在很大程度上正是这两者的结合所致,这个时间与王世舜所说的时间大抵吻合;学者们又普遍注意到,若进一步向前追溯,"五行"观念中有"五方"观念的基础,由此我们实际已经追溯到了殷代,对此,甲骨卜辞中有充分的证据可以说明;这还不够,因为"五方"观念是以"四方"观念或知识作为基础的,在新石器时代的彩陶上有大量"四方"观念和"八方"观念的

〔1〕 王世舜:《尚书译注》,第115页。

证据，包括图纹和符号，还有墓葬，其实"十"字与"米"字就应是由此而来；但这仍不是真正或最初起点，因为新石器时代彩陶与墓葬所呈现出的"四方"或"八方"观念是农耕文化的产物，但方位知识与观念其实早在狩猎和采集的年代就已经获得了，在这方面，《山海经》就能够提供相应的证据，另外在世界范围内，列维-布留尔的《原始思维》与列维-斯特劳斯的《野性的思维》都能够提供早期思维以及文化人类学研究的佐证，而这才是"五行"或方位观念的真正源头。至此，中国的这一知识和观念发生发展史已经与人类普遍的知识和观念发生发展史相对接，中间没有重大缺环。[1]以上考察表明，"五行"观念虽然也与本原问题有关，但源头其实与方位知识或观念有关，并且也与世界图式观念有关，这种图式更关心宇宙的"模式"或"秩序"问题。毫无疑问，这样的理解是朴素的，但同时也有神秘主义的浓厚色彩。

　　第二，"阴阳"观念。需要说明的是，"阴阳"观念的本质乃是以"阴阳"语词为核心的对立思维或辩证思维，这一思维在古代希腊表现于赫拉克利特等少数哲学家的思想之中，但在中国它却如洪波涌起，成为普遍的认识与智慧。通常来说，"阴阳"学说的完全确立被认为是在战国中后期，《易传·系辞上》里"一阴一阳之谓道"是为标识。而后如"五行"学说一样，成为显学。不同的是，"阴阳"作为中国哲学的一个基本概念或范畴并没有中途废黜，而是持续贯通整部中国哲学史，甚至直抵今日。但我们当然又不会认为"阴阳"观念始于《易传》。此前，春秋末年的孙子、范蠡特别是老子的思想中都已经将大量对立语词或概念加以固化，从而实际已经完成对立思维抽象化或形上化的进程；然而，对立思维的这一抽象化或形上化进程的始点却可以再往前追溯，例如春秋时期的"清浊、小大、短长、疾徐、哀乐、刚柔、迟速、高下、出入、周疏，以相济也"（《左传·昭公二十年》）；"物生有两，有三，有五，有陪贰。……体有左右，各有妃耦。王有公，诸侯有卿，皆有贰也"（《左传·昭公三十二年》）。但这样的观念其实在西周时期就已经十分清晰，如我们所熟知的《国语·周语上》中周太史伯阳父有关地震的论述："阳伏而不能出，阴迫而不能烝，于是有地震。"当然，周代对立思维最经典的例证莫过于《易经》，莫过于阴、阳二爻中所体现出

─────────────

　　〔1〕　有关这方面的内容可详见拙著《中国哲学起源的知识线索——从远古到老子：自然观念及哲学的发展与成型》第四编"阴阳、五行观念"之第十章"方位知识与观念：'五行'观念的源头"、第十一章"'五行'观念及概念的形成与发展"中的论述。

的观念,这实际也是属于对立观念的符号阶段;然而符号化阶段仍不是中国对立思维或观念的起点,再往前追溯,我们可以看到距今4500年屈家岭文化陶轮上的⌒形旋纹即后世所谓太极图,距今7000年左右仰韶文化彩陶上的几何图纹,这实际就是对立观念的图形阶段。自然,我们在这一阶段还可以得到更多的考古学证明。至此,中国对立思维与观念的起源同样已经和列维-斯特劳斯《野性的思维》等提供的例证相吻合,即与文化人类学研究相衔接。〔1〕总之,从原始思维中起源的"阴阳"对立观念对于中国人的思维、观念以及后来的概念、哲学来说具有规范性的意义,这一点明显与古代希腊不同,希腊人对世界的看法很大程度上与本原、属性有关,也因此发展了形式逻辑,但阴阳问题则关乎事物结构,涉及对立或辩证思维。

我们再来看"天"观念。从知识的角度而言,中国哲学围绕"天"主要呈两条线路展开,其一是天人观,其二是天道观。天人观中最核心的内容是人与天的关系,最核心的概念包括"时""因""宜"等,同时还涉及天人相参、相分及自然无为等思想,在战国时期的《易传》和荀子这里达到哲学思考的巅峰。然而这样一些观念、概念及思想实际都可以向前延伸。事实上,春秋时期,这样一种自然"天人"观念已相当成熟;再往前,可以发现这样的自然"天人"观念早在三代就已经完全形成,《尚书》《诗经》《周礼》中对此都有充分的记载,包括"时""宜"这样一些语词的出现;当然,更往前,我们还可以得到考古学、人类学或民族志等方面材料的支持。天道观毫无疑问是在老子这里达到了思考的巅峰,并引申出有关"道"的形上思考,之后,它一直维持在一个较高的思想平台上,并在秦汉之际开始逐渐具体知识化,犹如希腊宇宙论思想朝向具体知识的发展。但是,要完整理解"天道"观念的发生发展同样必须进一步向早期回溯。自然"天道"观中的法则观念在春秋时期已经确立,例如周期性和物极必反;但"天道"观其实又是以"天数"知识及观念作为基础的,天文学的研究表明,这一知识及观念可以追溯到殷商甚至更早;而"天数"知识及观念又是"天象"知识及观念的必然发展,这一知识与观念又能追溯到更早的时期,《尚书》的《尧典》《夏小正》以及卜辞中都有大量材料,再早则能追溯到庙底沟文化、大河村文化

---

〔1〕　有关这方面的内容可详见拙著《中国哲学起源的知识线索——从远古到老子:自然观念及哲学的发展与成型》第四编"阴阳、五行观念"之第九章"从二分知识和观念到'阴阳'语词及概念的形成与发展"中的论述。

彩陶片上的天象图纹，甚至可以追溯到连云港锦屏山将军崖的石刻岩画。当然，更早期的"天"观念一定是宗教性的，在中国就是《国语·楚语下》中的"绝地天通"，有学者注意到它与古代埃及埃赫那吞事例的相似性，其实，这一阶段的天人观在世界范围内都是普遍相似的，包括印度和巴比伦。这正是"天"观念的源头，也即是说考察"天"观念的进程必须由此出发。[1] 总的来说，中国古代"天"观念的内容相当丰富，其包括"天人""天""天象""天数""天道"等概念及由此衍生出的法则观念，这是一个庞大的观念与概念群，许多重要思想都在其中得到充分论证和展开，这一点，古代希腊显然是没有的，因为"天"观念从根源上说是农耕民族的观念，希腊不是农耕民族。

特别值得指出的是，上述"五行""阴阳""天"诸观念或概念的发展过程，完全能够符合或满足梯利关于哲学是推理；探索自然的原因；以理性代替幻想，用智慧代替想象；以经验的事实作为探究和解说的基础这样一些最基本的标识或要求。

最后来看道德或伦理问题。相对而言，在学术界，有关道德哲学的认识要比自然哲学的认识清晰许多。侯外庐、冯友兰、任继愈等前辈学者对殷周之际的道德发展都有过论述，[2] 其中周公的"敬德保民"思想几已成为讲述早期中国哲学史或思想史的"常识"，并具有某种"起点"意义；又许倬云也针对雅斯贝斯轴心期"同步性"理论提出过批评，明确表示"我对于他的说法并不十分同意"，[3] 并以周人的道德为据做了辩驳，许倬云的意见是正确的，但可以进一步深化。应当看到，周公的一系列论述已经呈现出对于历史的深刻反思，这一反思是高度理性的，并且涉及道德根本性或普遍性问题，这非常值得我们反思"反思"这一语词的含义。总之，在中国历史中，在中国思想史或哲学史中，伦理、道德、反思、理性绝对要从周公始，换言之，一部中华文明的道德典范史必然要从周公讲起，它对于中国文化具有确切无疑的"轴心"意义。值得一提的是，这样一种反思或许并非为中国所独有，而是古老文明的普遍现象。此后，

---

〔1〕 有关这方面的内容可详见拙著《中国哲学起源的知识线索——从远古到老子：自然观念及哲学的发展与成型》第六编"天人观念"、第七编"天观念"、第八编"天象、天数知识与观念"、第九编"天道与法则观念"中的论述。

〔2〕 见侯外庐《中国思想通史》第一卷第四章"西周城市国家的意识形态"、冯友兰《中国哲学史新编》第一册第一章"商、周奴隶社会的兴盛与衰微——商代和西周时期宗教天道观的变化和古代唯物主义思想的萌芽"、任继愈《中国哲学发展史》（先秦）之"殷周之际宗教思想的变革"。

〔3〕 许倬云：《中国文化与世界文化》，第65页。

从春秋开始,中国哲学对于道德或伦理问题的思考全面铺开。其实就社会的开放而言,当时的中国与希腊有诸多相似性,这必然会导致传统价值观的崩解,并也由此导致一系列亟须思考和解决的问题。考察表明,以后贯穿一部中国伦理思想史的许多重要概念和观念都形成于上述时期,包括:德、孝、民、中、君民、信、义、仁、敬、让、忠、勇、善、恶、礼、功、利、义利、公私、君子小人等。当然,这之中一定有传统的延续,也就是张光直所说的"连续性"。而一部中国特色的伦理道德思想也就此形成。〔1〕

　　综上各个方面并与希腊相比较,我们或者可以进一步概括出中国哲学起源的如下特点:(1)与希腊相比,中国哲学不是突然发生的,而是循序产生,准备期长,进展期长,正因如此,我们不得不一再回头向前追溯早期的源头。(2)在自然哲学方面,中国早期哲人关心的问题虽与希腊有相似之处,但更多的是不同。中国自然哲学在方向上并非像希腊自然哲学一样主要围绕本原、属性、实体、存在来展开。中国自然哲学中有本原问题,例如"五行""气",也有相关的逻辑问题,例如"类",但其中还包含有更多的内容:"象"所关心的主要是征兆与实质的相关性,"数"所关心的是宇宙秩序与法则,"阴阳"所关心的是对立现象的普遍性及规律意义,"天人"所关心的是自然规律与人类活动的对应关系,"天道"所关心的是自然法则问题,"天"所关心的是天的自然属性以及由此延伸出的无神论思想。这些不同是中国人面对自己特殊的环境所形成的,例如由方位问题最终导致的"五行"观念,由对立问题最终导致的"阴阳"观念,由原始宗教和农耕文明所决定的天人关系问题最终导致的"天人"观与"天道"观,并且,这些观念都被加以思维抽象和提升,试图发现其中内在的一般法则及图式意义,但同时它又普遍并不脱离知识形态,具有较强的经验性。(3)在道德哲学方面,在雅斯贝斯所说的轴心时期,中国与希腊的环境或条件具有某种相似性,这也导致了问题的某种相似性;但中国伦理思想的产生显然可以追溯到更为久远的时期,这与希腊很不同,或与雅斯贝斯及黑格尔等的认识很不同;另由于中国社会的独特性以及与传统之间的连续性,中国伦理或道德的问题、观念、概念、思想又具有自己的特点;此外,中国的道德哲学也表现出极

---

　　〔1〕　有关这方面的内容可详见拙著《中国哲学的起源——前诸子时期观念、概念、思想发生发展与成型的历史》第八编"道德与社会观念的产生"、第九编"伦理道德观念的展开"、第十编"道德与社会重合观念的展开"中的论述。

大的现实性或应用性，但尽管如此，对某些问题的理论思考——例如人性善恶——或许较之希腊要更加深入。（4）与希腊相比较，中国思维、观念及思想由于与传统保持着更多的联系，因此，非理性或神秘的内容会得到更多的保留，不像古代希腊哲学那样，由于理性的高扬，非理性的因素会得到较大的克制，而这完全可以通过张光直的"连续性"理论加以解释。

这大致就是中国哲学起源的基本状况。

（四）不同典范都具有合理性

事实上，我们还没有涉及印度典范，这是因为自知能力所不逮，但有理由相信，并且现有研究也足以证明，印度典范与中国和希腊典范是一样伟大的。

以往有关哲学产生的认识都是建立在西方哲学即希腊哲学的基础之上。这样一种认识或许可以追溯到文艺复兴时期及之后漫长时期对包括希腊罗马在内的古典文明的憧憬，一代又一代西方学者惊艳或痴迷于希腊文明所取得的成就，例如德国艺术史家温克尔曼就因介绍希腊文明而声誉卓著，在此过程中，希腊文明不断被美化和神化。就哲学史而言，黑格尔的《哲学史讲演录》堪称叙述西方哲学史的典范之作，但同时也确立起了西方中心论的观察视野和评价标准，这一观察视野和评价标准极度轻视其他文明的哲学，事实上是将其他文明剔除在哲学殿堂之外，认为哲学为希腊或西方一家所有。

这样一种观点所产生的影响极为巨大，它成为西方学者审视哲学的圭臬。策勒尔的《古希腊哲学史纲》中说道："并非每一个民族，甚至每一个文明的民族都产生过一种哲学。许多民族都有圣人、先知和宗教改革家，但只有极少数民族，拥有哲学家。在古代的民族中，除了希腊人，只有中国人和印度人可以加以考虑。"并说"中国人和印度人的哲学体系之间并没有任何联系，它们的哲学体系跟希腊人的哲学体系之间也没有任何联系，这三个民族按各自特有的本性形成了自己的哲学"。[1]尽管"可以加以考虑"的表述带有"施舍"之意，不过策勒尔还算承认希腊、中国、印度有各自的哲学体系。然而策勒尔又说："熟悉汉文哲学文献的学者告诉我们，这种语言十分适合哲学，还告诉我们，他们的最深奥体系即老子的道学，与其说是哲学，不如说是玄学；而孔子，他自己承

---

〔1〕　E.策勒尔：《古希腊哲学史纲》，第2页。

认是'述而不作'者,并笃守宗教,说他是一个哲学家,还不如说他是一个道德说教家,他完全不理解形而上学问题。印度人确曾产生过各种哲学体系,但印度哲学从未脱离宗教而独立。"〔1〕而梯利明显更加极端,其在《西方哲学史》的《序论》中说道:"不是所有的民族都已产生真正的思想体系,只有少数几个民族的思辨可以说具有历史。许多民族没有超过神话阶段。甚至东方民族如印度人、埃及人和中国人的理论,主要是神话和伦理学说,而不是纯粹的思想体系:这种理论同诗和信仰交织在一起。"〔2〕他又在第一篇《自然哲学》的一开头说道:"古代民族中很少有远远超出神话阶段的,除去希腊人以外,或许没有一个古代民族可以说创制了真正的哲学。"〔3〕显然,这些观点都深受黑格尔的影响,它实际表现出西方学者对东方的无知。

雅斯贝斯"轴心期"理论的意义正在于此,他意识到了人类不同文明曾经都有伟大的哲学存在。也就是说,雅斯贝斯想打破以往西方学者的成见,力图证明哲学起源有多家,这令人敬佩。然而由于其范本仍是希腊的,因此条件、标准都希腊化,或无法脱出希腊的窠臼,于是典型的结果就是在公元前800年和公元前200年上下各"拦腰一刀"。显然,这样的哲学起源仍不是人类的哲学起源,而是希腊式的哲学起源。但必须说,雅斯贝斯的"轴心期"理论对于打破西方中心论是有深远意义的。

随着研究的深入,以往这样一种认识明显已经无法真实准确描述或呈现不同哲学源头的发生发展状况,无法真实准确描述或呈现不同地区人类或文明的智慧发生发展状况,无法真实准确描述或呈现不同地区人类或文明智慧与哲学的特性。今天,我们愈益清醒地认识到,古代希腊、中国、印度都曾产生过伟大的智慧,都曾提供过伟大的哲学思想以及传统,或者是面对自然与知识,或者是面对宗教与信仰,或者是面对现实的社会事务与复杂的道德问题,或者是面对人自身。毫无疑问,三个民族的环境各不相同、社会各不相同、问题各不相同,但这无妨各自对面临的问题做理性的思考,尽管这理性的"纯度"有所不同,但没有任一民族可以宣称自己的理性是理性,他者的理性不是理性。而按照雅斯贝斯,正是这点,与此前的古老文明区隔开来。众所周知,这

〔1〕 E.策勒尔:《古希腊哲学史纲》,第2页。
〔2〕 梯利:《西方哲学史》,《序论》。
〔3〕 同上书,第3页。

样一种理性的思考构成三个民族的哲学体系或传统,也成为人类的不同哲学典范,它照耀着三个民族各自的前程,并进一步成为整个人类的伟大精神力量。总之,不同地区的哲学起源一定有自己的特点,一定有自己的传统,一定是自成一家! 所有哲学系统皆可成为典范,所有典范都具有合理性。这里可以借黑格尔的那段名言作为本文的结语:"凡是合乎理性的东西都是现实的,凡是现实的东西都是合乎理性的。"[1]

---

[1] 黑格尔:《法哲学原理》,商务印书馆 1982 年,序言。

十三、从各轴心区域的神观看"连续"与"突破"问题*

本文通过对不同轴心区域神观(神的观念及对神的态度)的考察,来了解其"连续"与"突破"的走向或结局。前轴心期(包括埃及、巴比伦、中国、印度、希腊原始社会与早期文明)的神观虽各有特点,但总体而言本质上是相同的,即都是有神观且为多神信仰,并充斥着巫术、占卜与禁忌。而随着轴心时期的到来,原有的神观出现了或部分或深刻的变化。对于轴心期的神观,雅斯贝斯有过这样一段著名的描述:"神话时代及其宁静和明白无误,都一去不返。像先知们关于上帝的思想一样,希腊、印度和中国哲学家的重要见识并不是神话。理性和理性地阐明的经验向神话发起一场斗争(理性反对神话),斗争进一步发展为普天归一的上帝之超然存在,反对不存在的恶魔,最后发生了反对诸神不真实形象的伦理的反抗。宗教伦理化了,神性的威严因此而增强。"〔1〕然而,雅斯贝斯的这个统一性描述是存在相当大的问题的,因为它其实是以犹太轴心为中心,将神话的衰落、无神论思潮的兴起、一神教的产生这些表面看似相关实则性质迥异的现象糅合在了一起。我们下面就来具体考察各轴心区域不同的神观,并分析雅斯贝斯的问题所在。

(一)轴心时期中国与印度世界的神观

我们先来看轴心时期中国与印度世界的神观。

首先,可以肯定地说,无论是中国,还是印度,就民间信仰而言,轴心时期的神观与前轴心时期其实没有什么两样,也就是说轴心时期并没有发生过什么深刻变化,即都体现了张光直所说的"连续性"。我们看到,在中国,三代以

---

* 本文原发表于 2018 年第 24 届世界哲学大会。

〔1〕 卡尔·雅斯贝斯:《历史的起源与目标》,第 9 页。

后的民间信仰可以说完全继承了以往的宗教信仰传统。在春秋时期的文献中，我们可以清楚地看到有关神异鬼怪的记载。如《左传·昭公七年》中记载："今梦黄熊入于寝门，其何厉鬼耶？"《国语·晋语二》中记载："虢公梦在庙，有神人面，白毛，虎爪，执钺，立于西阿。"又如《管子·形势解》中说："蛟龙，水虫之神者也。"在这些记载中，我们不难看出迷信鬼神的原始面貌。印度宗教也是如此。尽管到公元前 6 世纪前后婆罗门教的势力有所削弱，但在民间，自《吠陀》以来所形成的信仰传统并未发生动摇。就地区而言，南部的政治势力如安达罗王朝依然尊奉婆罗门信仰；就时间而言，至公元前 3 世纪左右，婆罗门教开始重新集结，并演化出新婆罗门教也即印度教。这个新的宗教在本质上一如原有宗教，奉行多神崇拜，同时充斥着巫术、占卜也即神秘性的内容。所有这些都表明：在轴心时期，中国与印度的民间信仰层面并未发生变化，理性的光芒没有照耀到这里。

但我们也要看到，这一时期两个地区的精英即知识分子层面在神观上却又呈现出一些新的现象，即发生了一些深刻的变化，这就是广泛出现的无神论思潮及理性精神，有学者也将这种变化视作"突破"，当然，这明显是抬高了这些变化的意义。

中国古代精英层面的无神论观念出现得很早。从西周末年开始，知识界与思想界中就出现了无神论观念的进步过程。当然，这样一种进步是缓慢发生和发展的。对此，《左传》中多有记载。例如《庄公十四年》记载申繻的话说："妖由人兴也。人无衅焉，妖不自作。人弃常，则妖兴，故有妖。"又如《庄公三十二年》史嚚的论述："国将兴，听于民；将亡，听于神。"再如《僖公十六年》的记载："十六年春，陨石于宋五，陨星也。六鹢退飞，过宋都，风也。叔兴曰：'是阴阳之事，非吉凶所生也。吉凶由人。'"而下面两则更为我们所熟知。一则是《昭公十八年》："夏五月，火始昏见。宋、卫、陈、郑皆火。裨灶曰：'不用吾言，郑又将火。'郑人请用之，子产不可。子产曰：'天道远，人道迩，非所及也，何以知之？'"另一则是《昭公二十六年》："齐有彗星，齐侯使禳之。晏子曰：'无益也，只取诬焉。天道不谄，不贰其命，若之何禳之？且天之有彗也，以除秽也。君无秽德，又何禳焉？若德之秽，禳之何损？'"以上申繻、史嚚、叔兴、子产、晏子的话都在不同程度上体现了无神论观念，也都在不同程度上体现了理性精神。值得注意的是，知识的进步显然是无神论观念与理性精神的坚实基础。例如上面叔兴、子产、晏子的话都有明显的自然知识和自然天道观的背景。[1]

　　春秋末年,中国知识界与思想界的无神论倾向(这其中也包括各种泛神论观念)已经十分普遍。如孙子讲:"先知者,不可取于鬼神,不可象于事,不可验于度,必取于人,知敌之情者也。"(《孙子·用间篇》)在孙子看来,作战只能是依据"知敌之情"而绝"不可取于鬼神"。又如老子说:"生而不有,为而不恃,长而不宰,是谓玄德。"(《老子·十章》)"道之尊,德之贵,夫莫之命而常自然。"(《老子·五十一章》)在老子这里,高高在上的概念是"道"和"自然",神没有任何地位。可以这样说,正是基于对知识的把握与对自然的理解,在当时的一流思想家这里,无神观念是十分彻底的。当然,也有些思想家在神观上表现出两重性,孔子即是。如《论语》中记述了孔子对于鬼神的理性立场:"敬鬼神而远之,可谓知矣。"(《雍也》)"未能事人,焉能事鬼。"(《论语·先进》)但孔子也说过:"获罪于天,无所祷也。"(《论语·八佾》)并且与老子等思想家不同,孔子对于鬼神的弱化主要不是基于知识理性,而是通过道德理性,即通过弘扬德性来替代神性,这一点与下面要看到的佛陀释迦牟尼的思想十分相近。

　　古代印度知识分子即精英层面的无神论观念大致是在《奥义书》的年代也即公元前6世纪左右出现的。当时出现了六个古典学派:吠檀多、弥曼差、数论、瑜伽、胜论、正理。其间对于神的怀疑、消解已逐渐显现。例如吠檀多与弥曼差尽管属于最为保守的学派,但前者观念中出现了泛神论倾向,后者也开始否认有创造世界的大神的存在。其他学派中,数论与胜论二说已颇具唯物或自然色彩,瑜伽则更偏重修习、苦行,这些都在不同方向或程度上削弱了神的性质,强化了人的意义。与此同时,一些外道则具有更为明确的无神论特征。如遮缚迦派和路迦耶多派,前者反对祭祀和宗教迷信,后者直言不讳否认神的存在,甚至否认灵魂不灭和天堂地狱之分。[2]

　　同样,一般认为,早期佛教具有明显的无神论色彩。如马克斯·韦伯就指出:"佛教的救赎纯粹是个人本身的事。既没有神,也没有解救者帮得上忙。从佛陀身上,我们不曾得知什么祈祷。因为根本没有任何的宗教恩宠

---

　　[1] 类似的例子还有《左传·昭公元年》中的记载晋侯求医于秦,医和视之曰:"疾不可为也,是谓近女室,疾如蛊。非鬼非食,惑以丧志。"医和在这里讲疾病与鬼神无关,而与生活方式有关。这里所体现的是一种理性的医学观。

　　[2] 谢·亚·托卡列夫:《世界各民族历史上的宗教》,中国社会科学出版社1985年,第313、314页。

存在。"〔1〕托卡列夫也指出:"早期佛教的教说,有时称为'无神宗教'或'无神论宗教'。此说虽不尽恰切,却是持之有故。佛陀并不否认婆罗门教所奉诸神之存在;然而,据他看来,婆罗门教所奉诸神无力拯救世人,世人唯有刻意修习,始可摆脱尘世之苦。"〔2〕的确,释迦牟尼所关心的是人而非神。早期佛教经典《阿含经》中最重要的问题都与修行有关,例如"八正道",也就是八种正确的修行方法,即:正见、正思维、正语、正业、正命、正精进、正念、正定。〔3〕类似的还有"四念住"和"七觉支",它们被视作佛陀或佛典所认定的最重要或最关键的修行要点。而这样的修行方法中充满了丰富而严苛的道德理性。总之,通过考察,我们可以肯定,佛陀对于修行的教导充满着理性精神,它没有任何神秘性质。其实,这也是当时包括佛教在内的印度"沙门"哲学的普遍现象,渥德尔对此做了十分准确的描述:"他们公开讲演的内容互相非常歧异,但都倾向于道德伦理,为了教导人民如何生活。"〔4〕

但这里涉及这样一个问题,即无神论的出现是否意味着"突破",这也包括理性——知识理性与道德理性的出现是否意味着"突破",进而,以理性为基石的哲学的出现是否意味着"突破"。雅斯贝斯在论证轴心期的时候是视作"突破"的,但他在轴心期之后的论述中又明显对这一"突破"产生了困惑与疑虑。因为他发现曾经的"突破"停滞了,甚至出现了回潮。就拿中国与印度来说,至轴心期结束时,这两个地区精英层面的理性都遭受严重侵蚀,无神论观念几乎烟消云散。其中在中国,我们看到邹衍的五德终始学说、《易传》、《吕氏春秋》中都不同程度包含有神秘的内容,而燕齐地区神仙方术的兴起更是极大地消解了自春秋以来建立起的理性精神。结果,理性中开始夹杂神秘甚至为神秘所压抑,由此,基于理性与自由的哲学也已不再,甚至哲学还成了神性与教条的注脚。而在印度,随着部派分裂,特别是随着大乘佛教的兴起,由佛陀所开创的理性精神也已发生严重分裂。虽然寺院僧伽还能维持修习的理性,但在面对大众布道时,新的佛教的神观已充斥着神秘即非理性的色彩,在某种意义上这也已与婆罗门教或印度教无异。

面对上述种种现象,我们一定会发问:这是"突破"吗? 或者说是"突破"的

---

〔1〕　马克斯·韦伯:《韦伯作品集》卷十《印度的宗教——印度教与佛教》,第 282 页。
〔2〕　谢·亚·托卡列夫:《世界各民族历史上的宗教》,第 512 页。
〔3〕　可参见《中阿含经》上册,宗教文化出版社 1999 年,第 129 页。
〔4〕　渥德尔:《印度佛教史》,商务印书馆 1987 年,第 38 页。

应有结果吗?

由此可见,对于中国和印度来说,雅斯贝斯的描述在相当意义上是不确切甚至不正确的。这其中,"哲学家的重要见识并不是神话。理性和理性地阐明的经验向神话发起一场斗争(理性反对神话)"这段话大致还算合理,但"神话时代及其宁静和明白无误,都一去不返"这一表达就明显存在问题。在印度民间,由吠陀时代建立的神话传统根本没有熄灭,因此当婆罗门教重整旗鼓后它便立即卷土重来;在中国,虽然并没有如其他文明那样的系统的神话传说,但却有鬼神信仰,并且战国时期兴起的神仙方术也可归诸这一传统。因此,"神话时代""一去不返"的断言是不真实的。进而,"斗争进一步发展为普天归一的上帝之超然存在,反对不存在的恶魔,最后发生了反对诸神不真实形象的伦理的反抗"这句话用于中国和印度更显得十分无稽。不管是在中国,还是在印度,都没有发生雅斯贝斯所说的"斗争进一步发展为普天归一的上帝之超然存在"这一事实。伦理在这一时期的确是产生了,但它并非基于"反对诸神不真实形象"。至于"宗教伦理化了,神性的威严因此而增强"这一情景可以说完全就是为犹太教而量体裁衣、度身定制的,根本与中国和印度无关。严格地说,无论是以孔子为代表的儒家伦理,还是以佛陀为代表的佛教伦理,其形态都是学派伦理,而非宗教伦理,所以根本谈不上什么"神性的威严因此而增强"。

总之,在古代中国与印度,社会基层也即大众层面的神观即信仰生活始终保持着"连续性"。在轴心时期,知识分子也即精英层面确曾一度弥漫着理性精神,但这并非"突破",因为仅仅出现于精英层面的无神论观念或理性精神根本不可能对整个区域的神观产生深刻影响,也就是说它不可能导致文化整体性的"突破"。而随着轴心期的结束,无论中国,还是印度,即使是精英层面也又普遍重新被拉回到"连续性"的传统中来。由此可见,无论是在中国,还是在印度,"突破"其实都没有发生。

(二)轴心时期希腊世界的神观

总体而言,轴心时期希腊世界的神观同样与之前保持着"连续性"。

我们先来看希腊民间或大众层面的神观。这里需要指出的是,希腊的宗教并非只有荷马史诗。对此,罗素在其《西方哲学史》中就有精辟的分析,他说:"在荷马诗歌中,代表宗教的奥林匹克的神祇,无论是在当时或是在后世,都不是希腊人唯一崇拜的对象。在人民群众的宗教中,还有着更黑暗更野蛮的成分,它们虽然在希腊智慧的盛期被压抑下去了,但是一等到衰弱或恐怖的时候就会迸发出来。"[1]其实,诸多学者都指出了希腊民间宗教信仰的丰富性与复杂性,如韦尔南也列举了希腊宗教生活中的大量传统习俗,包括献祭、恶魔崇拜、宰牲仪式、三种神秘主义宗教,即伊流欣奴秘仪、狄俄尼索斯和俄耳甫斯主义以及遁世与通灵。其中关于神秘主义,韦尔南说:"所有这些流派和组织都以不同的方式致力于开辟一条通向希腊神秘主义的道路,这种神秘主义的特点是追求与诸神更直接、更紧密、更私密的接触。"[2]其实,古代希腊的"同伴"罗马也是一样的。[3]

以上可以说是希腊民间即大众层面神观或宗教生活的基本状况。

那么知识分子、社会精英特别是哲人这个群体呢?

据亚里士多德记载,公元前 599 年弥隆起诉阿尔克迈嚙尼代家族渎神,"渎神罪被判成立,罪人本身的尸体由他们的坟墓中抛出,他们的家族被判永远驱逐出境"[4]。我们都知道,苏格拉底对神的态度是十分虔敬的。色诺芬的《回忆苏格拉底》一书说起雅典人判处苏格拉底死刑的一条理由是其"不尊敬城邦所尊敬的诸神而且还引进了新的神"[5]。为此,色诺芬为苏格拉底做了辩护,他说:"说他不尊敬城邦所尊敬的诸神,他们提出了什么论据来呢? 他常常在家中献祭,也常常在城邦的公共祭坛上献祭,这是人们有目共睹的。"并且,"他从事占卜,这也不是人们不知道的"。而"'苏格拉底经常说神明指教了他',这句话已经成为人们常说的口头禅了"。[6]毕达哥拉斯同样具有神秘主义色彩,并且它又是与数学高度结合在一起的。罗素说:"与启示的宗教相对

---

〔1〕 罗素:《西方哲学史》上卷,第 33 页。

〔2〕 让-皮埃尔·韦尔南:《古希腊的神话与宗教》,商务印书馆 2015 年,第 79 页。

〔3〕 托卡列夫就向我们描绘了古代罗马的宗教图景,这包括家庭-氏族崇拜、图腾崇拜、冥事崇拜、农事崇拜、各种神祇崇拜、占卜和预兆、造像、祭司等。其中关于占卜和预兆,托卡列夫说道:"综观罗马的宗教和社会-政治生活,视占卜、凭预兆有着举足轻重的作用。每逢国有大事,诸如开战、出师、征伐、媾和、大兴土木等,罗马人无不求请神示。"并且,"对种种预兆加以圆释,同样视为至关重要"。(谢·亚·托卡列夫:《世界各民族历史上的宗教》,第 485 页)。古朗士也曾指出:"我们发现,一直到古代希腊罗马史的晚期,在大众的头脑中仍然保留着相当古老的思想与习俗,这揭示出了最初古人对于自身的本质、灵魂以及死亡秘密的想法。"(菲斯泰尔·德·古朗士:《古代城市:希腊罗马宗教、法律及制度研究》,上海世纪出版集团 2006 年,第 39 页)。

〔4〕 亚里士多德:《雅典政制》,商务印书馆 1978 年,第 4 页。

〔5〕 色诺芬:《回忆苏格拉底》,商务印书馆 2011 年,第 1 页。

〔6〕 同上书,第 2 页。

立的理性主义的宗教,自从毕达哥拉斯之后,尤其是从柏拉图之后,一直是完全被数学和数学方法所支配着的。"[1]柏拉图也是典型的有神论者。在"法律"篇第十卷中,柏拉图集中发表了他的神学观点以及对无神论的攻击,例如,"我们要来决定对于在言论行动上侮辱神灵的人应当给予什么样的惩罚";"首先我们必须给予他们如下的忠告:凡是服从法律而相信神的人,决不会故意做出渎神的行为或发表不法的言论";"神是存在的,他们对于人是关心的,并且他们绝不会听人的怂恿而去做不正义的事情";"我们要对一切不敬神的人宣布,要求他们不要再走邪路而走到敬神的人这边来"。并且,柏拉图罗述了惩戒不敬神的法律。[2]

也有些哲人的神观表现出一种模糊性。例如色诺芬说:"埃塞俄比亚人说他们的神皮肤是黑的,鼻子是扁的;色雷斯人说他们的神是蓝眼睛、红头发的。"[3]色诺芬本意是在强调"神"的真理性,但同时也抽掉了"神"的形象性或具体性。而智者普罗泰戈拉则说:"人是万物的尺度。"又说:"至于神,我既不知道他们是否存在,也不知道他们像什么东西。有许多东西是我们认识不了的。"[4]这体现了某种对神的不确定或者怀疑。

但我们的确又看到,随着理性的发展,神在希腊的地位逐渐衰落了。布克哈特这样谈到希腊神话的衰落:"到了公元前4世纪,神话似乎已经消亡了,除了在视觉艺术上;曾经滋养它的史诗和悲剧尽管仍然富有创造力,但已经失去了它们从前的力量……这其中的原因部分在于旧喜剧中所表现出来的对神灵的不够虔敬的态度,还在于支配了公元前5世纪最后一代人的明确的理性主义的思维方式,这种方式被诸如修昔底德,尤其是伯利克里这样的人表达了出来。"[5]毫无疑问,这其中,理性或哲学起着重要作用,它们扮演了替代神话的角色。对此,布克哈特说道:"哲学本身基本上就是颠覆神话的产物。""对当时的雅典来说,重要的是由于解释自然,尤其是解释天体现象的新的方式的出现而导致了所有的'对神灵的敬畏'(deisidaimonia)在日常生活中的丧失(当

――――――――

〔1〕 罗素:《西方哲学史》上卷,第64页。

〔2〕 北京大学哲学系外国哲学史教研室编译:《古希腊罗马哲学》,商务印书馆1961年,第210、219页。

〔3〕 同上书,第46页。

〔4〕 同上书,第138页。

〔5〕 雅各布·布克哈特:《希腊人和希腊文明》,上海人民出版社2012年,第347页。

然所有这些都只是在受过相当教育的人当中发生的）。"〔1〕托卡列夫也说过："通观哲学领域，古希腊时期那种与宗教针锋相对的无神论世界观，有着强烈的影响。"〔2〕

那么，轴心期希腊的神观在多大程度上与雅斯贝斯的表述相契合呢？首先，"神话时代及其宁静和明白无误，都一去不返""哲学家的重要见识并不是神话""理性和理性地阐明的经验向神话发起一场斗争（理性反对神话）"，这些看法都大体正确，尤其是这三句话中都有神话这一概念，这显然主要是就希腊而言的。但是我们必须看到，希腊的神观并非只是神话，因此用神话来表示和证明"神"的时代一去不返无疑又是不妥的，有以偏概全之嫌。同时，希腊哲人对于神祇的逐步驱逐并没有"进一步发展为普天归一的上帝之超然存在"，也没有"反对不存在的恶魔，最后发生了反对诸神不真实形象的伦理的反抗"，更没有"宗教伦理化了，神性的威严因此而增强"。须知，希腊哲人只是形成了思想，形成了学派，或形成了某些观念与学术团体。但这些思想、学派、团体基本都不是宗教，不是信仰；这包括伦理也只是思想的伦理，而非宗教的伦理。因此，在希腊人这里既不存在为了反对诸神而造成的伦理反抗的现象，也不存在因为伦理的加入而使神性威严得到增强的现象，这些其实都是犹太教的特征，雅斯贝斯显然是张冠李戴了。当然，我们又要看到，随着犹太教与基督教的传入，希腊轴心再次发生了深刻的变化，并且这一变化是真正"突破"意义上的；但必须强调，它并非希腊人自己的"突破"，而是追随犹太教或犹太民族的"突破"。

与此同时值得一提的是，轴心期希腊关涉神观的一条真实"突破"线索却被雅斯贝斯忽略了，这就是知识理性。我们看到，雅斯贝斯注意到了道德理性即宗教伦理化在"突破"中的作用。不错，由于伦理即道德理性的注入，犹太一神教的神观有了一个革命性的改变，也就是"突破"。雅斯贝斯的这一认识没有任何问题，这也是众多研究犹太教包括基督教学者的共识，但如上所说这并非希腊的"贡献"。希腊真正的对于"突破"的"贡献"是在知识理性，对此雅斯贝斯没有涉及，显然，雅斯贝斯没有深刻意识到古代希腊神观改变与知识系统发生"突破"之间的关系。

---

〔1〕　雅各布·布克哈特：《希腊人和希腊文明》，第347页。
〔2〕　谢·亚·托卡列夫：《世界各民族历史上的宗教》，第469页。

　　我们知道,与古代埃及、巴比伦、中国相比,希腊的知识系统或面貌有了革命性的变化! 它体现为由工匠而学者,由技术而科学,由自发而理论,由经验而逻辑等的深刻或颠覆性的改变。毫无疑问,希腊城邦生活对于知识系统的革命性变化起着重要的作用,如有闲的学者的普遍出现。但是我们又应当看到,这样一种变化其实同时也是与神观的改变密切相关的。根据记载,古代希腊的科学并没有给占星术留有更多的空间,同样,在希腊出现的几何学、物理学、生物学等知识门类或领域中,巫术迷信也没有被给予位置。作为观念,这尤其反映在古代希腊的自然哲学中,对此,托卡列夫做过具体归纳:"早期诸哲学体系,实则已是宗教之否定。爱奥尼亚派自然哲学家,将运动不息的物质(水、气、火)视为宇宙的始基和本原。""埃利亚学派的鼻祖色诺芬尼,对神祇类人的观念予以嘲讽。""恩培多克勒发挥了素朴唯物主义的四元素说,并对有关万物起源的进化论作了最初的勾勒。阿那克萨哥拉所持原子论的宇宙形成说,后为唯物主义者留基伯和德谟克利特所进一步阐发。""以普罗塔哥拉和高尔吉亚为首的智者派,持相对主义的认识论,这同样是对宗教世界观基石的冲击。伟大的亚里士多德以其尤为唯物主义的、诚然并不彻底的体系,给予宗教以更加强有力的打击。迨至希腊化时代,伊壁鸠鲁学派继承了古典唯物主义的优良传统,并赋之以更加完备的形态。综观伊壁鸠鲁的著述,神虽未被消除净尽,但已从宇宙逐至'宇宙之间的空间',不再干预人间之事。"[1]

　　如果勾勒上述线索,那么就是:知识导致理性,理性导致哲学,而知识、理性与哲学又共同讨伐和消灭神话。也正是神观或知识的这种变化,导致古代希腊的知识系统已具有近代科学的意义,这同样是完成了"祛魅"。而对比之下我们看到,中国的知识系统没有发生类似的革命,因此它不是"突破"的形态,而是"连续"的形态。

(三) 轴心时期犹太教的神观

　　两千多年来,《圣经》给人们提供了这样的观念:古代犹太或希伯来人从一开始就是信奉一神教的。直到近代,西方学术界依然不乏持此观念者。对此,托卡列夫曾批评道:"他们置其考察所得于不顾,断言犹太教奠基于某种异常

---

〔1〕 谢·亚·托卡列夫:《世界各民族历史上的宗教》,第470—472页。

独特的、与其他一切'多神信仰'民族所奉之宗教迥然不同的信仰,奠基于某种异常高雅的信仰。"〔1〕

然而事实上是,公元前5世纪以前犹太人的信仰与所有其他民族一样,具有普遍的"连续性"特征。对此只要读一下犹太人的历史,我们就可以清楚地看到犹太人在公元前6世纪以前仍处于前一神教阶段的客观事实。

在进入巴勒斯坦以前,以色列民族的各个分支即十二个部落,尚各自信奉自己的保护神。这一时期以色列民族大抵处于由部落向部落集团或联盟的过渡时期,因此其有各自的信仰非常正常,也正是这种现状导致了在西奈山困难时期的众叛亲离,并导致了摩西依靠嫡系利未部落大开杀戒。从政治上讲,这是确立自己在部落集团中的统治权;而从信仰上讲这则是由部落宗教向部落集团宗教的过渡。托卡列夫列举过早期犹太人的各种崇拜与迷信,这包括氏族崇拜、冥事崇拜、畜牧崇拜、禁忌、割礼、对雅赫维的崇拜等,其中禁忌"不可胜计。其中一部分与性生活有关,似植根于氏族公社时期的习俗;另一部分则与膳食有关,种种膳食禁忌异常繁缛——禁食骆驼、跳鼠、兔、猪、爬虫、众多飞禽等"〔2〕。

进入巴勒斯坦以后,以色列民族不仅原始遗风犹存,而且敬拜地方神"巴力"蔚然成风。对此,《旧约》本身也多有记载:"后来有别的世代兴起,不知道耶和华,也不知道耶和华为以色列人所行的事。以色列人行耶和华眼中看为恶的事,去事奉诸巴力。离弃了领他们出埃及地的耶和华——他们列祖的神,去叩拜别神,就是四围列国的神。"〔3〕并且各种偶像也是随处可见。"他们在各高冈上、各青翠树下筑坛,立柱像和木偶。"〔4〕所有这些都是"连续性"神观的典型体现。

沃顿的《古希伯来文明:起源和发展》一书从比较视野的角度进入,对早期犹太人的观念加以研究,其中第11章为"面对现在:生活的指导——占卜和预兆",专门对犹太民族与近东地区各古老文明的占卜行为作比较考察,涉及占卜、预兆、占卜者、魔法等多个内容,涉及《旧约》中《耶利米书》《但以理书》《约书亚记》《申命记》等多种文献,如关于梦的解释和关于先知预言,这一比较可

---

〔1〕 谢·亚·托卡列夫:《世界各民族历史上的宗教》,第385页。
〔2〕 同上书,第390页。
〔3〕 《旧约·士师记》第2章,第10、11、12节。
〔4〕 《旧约·列王记上》第14章,第23节。

以说十分直观。[1]

　　犹太民族的信仰是从何时发生"突破"的呢? 换言之,作为"突破"的犹太一神教究竟产生于何时呢? 德国学者朗格在《唯一神:圣经一神论的形成》一书中将犹太教产生的时间框定在从公元前9世纪到前6世纪,大意是:公元前9世纪,犹太神与异教神的斗争;公元前8世纪至前7世纪,虽然其他神的存在仍未被否定,但出现唯有雅威(即雅赫维)神的思潮,强调雅威是唯一应被崇拜的;公元前6世纪,否认其他众神的存在,达到严格一神论的高度。[2]这一规定应当说基本上是合理的。若去掉公元前9世纪犹太神与异教神斗争过于宽泛的内容,并考虑到巴比伦之囚对犹太民族的深刻意义,那么犹太教的产生基本可以被规定在公元前8、前7世纪至公元前5、前4世纪的这一区间里。这一界定的上限也是犹太民族灾难历史的上限。以色列最终覆灭,犹太岌岌可危,忧患意识随之而生。至于下限,学者们普遍注意到"在第二个以赛亚书的许多经文中,雅赫维流露出相当万能的唯一的神的要求"[3]。"我是首先的,也是末后的,除我以外再没有神。"[4]"我是耶和华,再没有别的了;除了我以外再没有神。"[5]有学者称:道出这句话的人是"懂得明确否认耶和华身边还有其他神祇的第一个希伯来作者",当然,此类否认已"明显晚于公元前500年"[6]。所以,"只是在沦亡巴比伦时期和以后,以色列人才开始表现出一神教的倾向"[7]。这就是说,至少从文献依据的真实性和科学性方面出发,一神教的最终产生似不应早于公元前5世纪,即犹太人结束巴比伦之囚、重返巴勒斯坦的时期。而这也正是雅斯贝斯所说的轴心时期。

　　那么,犹太教的神观与以往宗教的神观究竟有何不同呢? 或者更应当说究竟有何本质区别呢? 对此,摩西十诫中有清晰的规定:"除了我以外,你不可有别的神。不可为自己雕刻偶像,也不可做什么形象,仿佛上天、下地和地底

〔1〕 沃顿:《古希伯来文明:起源和发展》,华东师范大学出版社2017年,其中第11章位第241—279页。

〔2〕 见翁绍军《神性与人性——上帝观的早期演进》,上海人民出版社1999年,第82页。

〔3〕 吕大吉:《宗教学通论》,中国社会科学出版社1989年,第143页。

〔4〕 《旧约·以赛亚书》第44章,第6节。

〔5〕 同上书,第45章,第5节。

〔6〕 罗伯特·H.普法伊弗:《〈旧约〉导引》,见罗伯特·M.塞尔茨《犹太的思想》,上海三联书店1994年,第30页。

〔7〕 吕大吉:《宗教学通论》,第143页。

下、水中的百物。不可跪拜那些像,也不可事奉它,因为我耶和华——你的神是忌邪的神。"〔1〕而这具体又包括如下方面,我们可以主要借用马克斯·韦伯的看法来加以归纳概括:

(1)信奉唯一的神,这是新的神观的基础。韦伯说:"在以色列,耶和华成为唯一的神。"〔2〕与此相对应的是,将各种偶像崇拜剔出了出去。韦伯说,这是"对于其他古代宗教而言完全陌生的一个观念,亦即'偶像崇拜'乃是罪恶的观念,亦因此而获得其贯通一切的全面性意义"〔3〕。

(2)更重要的是,摩西十诫新的神观还体现在对于巫术与占卜的态度上,即将巫术从新的神观中彻底驱逐了出去,"在古犹太教里,完全没有这类巫术"〔4〕。这自然也包括占星术,"在俘囚期时代,即使是在巴比伦当地,第二以赛亚便不止嘲讽一般的巴比伦巫师,而且特别也嘲讽了巴比伦的天文学与占星术。到了俘囚期之后与拉比时代,星宿在以色列毫无用武之地的原则依然存在"〔5〕。这也即是"祛魅"。〔6〕这一"祛魅"十分关键,因为它使得犹太民族彻底从神秘信仰中走了出来,并形成信仰或宗教的真正"突破"。

(3)宗教伦理的出现也殊为重要。韦伯说:"当伦理的预言打破了被定型化的巫术或宗教习惯诸规范时,突发的或渐进的革命即可能出现。"〔7〕他又说:"这场革命必然有其独特的方向。礼仪的严正,以及因此而与周遭世界的隔离,只不过是犹太人所被课予的诫命的其中一环而已。除此之外,还有一则高度理性的,意即从巫术与一切形式的非理性救赎追求当中脱离出来的,现世内行动的宗教伦理。此一伦理和亚洲诸救赎宗教的所有救赎之道都有内在的遥远隔阂。此一伦理甚至相当程度地成为现今欧洲与近东宗教伦理的基础。世界史之对犹太民族关注有加,也是根植于此。"〔8〕也就是说,以伦理彻底替

〔1〕《旧约·出埃及记》第 20 章,第 3、4、5 节。
〔2〕《韦伯作品集》卷十一《古犹太教》,第 213 页。
〔3〕同上书,第 164 页。
〔4〕同上书,第 335 页。
〔5〕同上书,第 268 页。
〔6〕沃顿也从占卜的工作方式上提出过这样的问题:以色列为何禁止推导式的占卜? 按照沃顿:抽签和动物内脏占卜都是推导式占卜的诱导形式,而以色列人可以使用前者,但不可使用后者。沃顿的看法可以简单理解为,动物内脏占卜过于复杂,无法直接得出判断或结论;相比之下,抽签只有两种选择,属于彻底的二元性解读,这有利于向神提出问题。见《古希伯来文明:起源和发展》,第 275—276 页。
〔7〕《韦伯作品集》卷八《宗教社会学》,广西师范大学出版社 2005 年,第 253 页。
〔8〕《韦伯作品集》卷十一《古犹太教》,第 14 页。

代巫术！以伦理彻底驱逐巫术！这正是犹太教与其他文明区别的关键所在！也是犹太教或犹太文明"突破"的核心所在！[1]

（4）此外，知识阶层或智识群体——确切地说，就是先知的作用也不可忽略。韦伯强调："先知处身于一个政治的民族共同体当中，他们所关切的是这个共同体的命运。并且，他们的关怀所在纯然是伦理，而非崇拜。"[2]并且，正是在知识阶层或智识群体的坚定引导下，民众逐渐走出了巫术的阴影，韦伯说道："巫术在以色列并未占有如其于他处一般的重要地位，或者毋宁说，尽管巫术如同在任何地方一样从未真正从以色列民众的实际生活当中消失过，但其命运在《旧约》的虔信当中取决于律法书教师对它的有系统的打击。"[3]就是说，是先知，引领着犹太民族从多神信仰与巫术崇拜中走出来，也即从自然宗教走向伦理宗教。

现在我们可以清楚地看到，雅斯贝斯的描述在极大程度上就是以犹太教为原型的，这包括："像先知们关于上帝的思想一样，希腊、印度和中国哲学家的重要见识并不是神话。""斗争进一步发展为普天归一的上帝之超然存在，反对不存在的恶魔，最后发生了反对诸神不真实形象的伦理的反抗。宗教伦理化了，神性的威严因此而增强。"所有这些无不是以犹太教为范本，并且所有这些又都指向"突破"。按照雅斯贝斯的理解，这一"突破"就是"发展为普天归一的上帝之超然存在""反对不存在的恶魔"以及"宗教伦理化了"，结果"神性的威严因此而增强"。这便是宗教革命！

这里，我们不妨再将犹太教伦理与儒家伦理做一比较。我们看到，犹太教是将伦理交给神，也即通过他律来实现伦理；而儒家则是由人自身来把握伦理，也即通过自律来实现伦理。就彻底性而言，犹太教不如儒家，因为它毕竟要依赖于神性；就自觉性而言，犹太教也不如儒家，因为它是他律的，而非自律的。但是，犹太教的这样一种状况却是最现实的，或者说，它恰恰是大众所能

---

[1] 利奥·拜克也说过："这种伦理特征是全新的。伦理的一神论并不是先前发展的结果，而是对先前发展后果的有意识的筛选。所以，不存在从自然宗教(在这种宗教中，崇拜的是自然力，神被看作是自然的体现)向伦理宗教的现实性转变，伦理的宗教把神看作是神圣的一、德性之源，是异于自然的存在，人们仅能通过正确行为侍奉它。"又说："以色列人的伦理一神教是一种被建立起来的宗教。以色列的'一神'不是旧思维方式的最后象征，而毋宁是新思维方式的第一个表达。"并且说："伦理一神论仅在以色列存在，无论后来在什么地方发现伦理一神论，它们都直接或间接地来自以色列。"见利奥·拜克《犹太教的本质》，山东大学出版社2002年，第48、50页。

[2]《韦伯作品集》卷十一《古犹太教》，第379页。

[3] 同上书，第285页。

够普遍接受的。事实证明,儒家更高的带有理想色彩的要求不可能为大众所普遍接受,而且事实上它也不是为大众即小人所设计的,如此它必然会在精英与大众之间造成隔阂。于是我们看到,犹太教伦理由于面向大众而实现了"突破",但儒家伦理由于提出了更高的要求却未能实现"突破"。这其实恰恰应了孔子自己的两句话:"过犹不及""欲速则不达"。

　　通过以上考察,我们已经基本清楚,雅斯贝斯对于轴心期神观的统一性描述并不正确,换言之,轴心期并不存在趋于同一目标的完整图景,中国、印度、希腊与犹太各轴心区域神观的走向各不相同。在中国与印度,神观是"连续性"的;在希腊,神观原本也是"连续性"的,只是最后在犹太的影响下才发生了"突破性"的转变;因此,神观真正发生"突破性"变化的是犹太民族。并且通过考察我们还会清楚,所谓"突破"不是少数人的,不是精英的,不是某一个群体的,而是大众的、多数人的,即某个民族或文化全体的。

十四、轴心期的两种成果：思想性的 建构与社会性的建构

引　言

雅斯贝斯的"轴心期"理论主要体现于他《历史的起源与目标》一书中，[1]确切地说，作为"轴心期"理论最核心的思想，主要就是集中于该书第一章"轴心期"的"轴心期之特征"这一小节中。在里面，雅斯贝斯对轴心期的特征做了扼要的阐述，概括起来有：人类几乎同时开始探询根本性的问题、神话时代一去不返、人性显现出精神化的改变、哲学家首次出现、人的理论思辨得以提升、由此造就了特殊的人性、社会学图景呈现出独立自主的生活、精神相互交流与传播、人类的存在作为历史而成为反思的对象等。[2]可以看到，以上特征主要反映了轴心时代的思想活动或精神生活，这正是雅斯贝斯对于轴心期成果的基本认识，作为背景，这也是对黑格尔哲学观与兰克历史观的自然回应。我们不妨将这部分轴心期的成果视作思想性或精神性的，也可称作思想性或精神性的建构。中国先秦诸子思想，印度由婆罗门教向佛教的转换，以及古代希腊的哲学思想都属于这一成果类型。但是，轴心期的另一部分成果同样十分重要。我们不妨将这部分轴心期的成果视作社会性或制度性的，即社会与制度范式的"革命"或"突破"，也可称作社会性的或制度性的建构。希腊社会所出现的深刻变化就属于这样一种成果，犹太宗教所出现的深刻变化也属于这样一种成果，关于后者，马克斯·韦伯就有过深入的论述并提出了精辟的见解。事实上，雅斯贝斯本人在《历史的起源与目标》一书其他章节中也已对此有所意识，只是这一意识尚显朦胧或尚不自觉，即尚没有提升至其"轴心期"的

---

〔1〕　此书目前有两个中译本：《历史的起源与目标》，魏楚雄、俞新天译，华夏出版社 1989 年版；《论历史的起源与目标》，李雪涛译，华东师范大学出版社 2018 年版。考虑到与之前研究的连续和对应，本文仍用魏楚雄、俞新天的译本。

〔2〕　卡尔·雅斯贝斯：《历史的起源与目标》，第 8—11 页。

核心理论。然而完整把握"轴心期"的全面成果，即完整把握"轴心期"两种不同类型的建构，对于充分并深刻认识"轴心期"的面貌与意义是至关重要的。

（一）各轴心区域普遍的思想性成果

古代中国、印度、希腊各轴心区域思想性的成果或建构普遍起始于两个方面：第一，关注伦理或道德生活的重要性；第二，对神的权威提出质疑。雅斯贝斯曾说："神话时代及其宁静和明白无误，都一去不返。像先知们关于上帝的思想一样，希腊、印度和中国哲学家的重要见识并不是神话。理性和理性地阐明的经验向神话发起一场斗争（理性反对神话），斗争进一步发展为普天归一的上帝之超然存在，反对不存在的恶魔，最后发生了反对诸神不真实形象的伦理的反抗。宗教伦理化了，神性的威严因此而增强。"[1]虽说雅斯贝斯上述看法并非准确，但其中两层意思是清晰的：第一，神话时代的结束（或即无神论时代的到来）；第二，伦理时代的开启。进一步，这两个方面也意味着理性时代的到来。

我们先来看伦理道德观念。如果向前追溯，我们会发现，人类的伦理道德观念其实有着十分久远的历史。在苏美尔，文明史可以向前追溯至公元前5200年前后至前3200年左右，根据当时泥简的记载，法律已经出现，伦理道德甚至哲学也已经开始出现。[2]与苏美尔一样，在古代埃及同样出现了类似的观念，如"玛阿特"这个语词就有"德行"之意，用于指称公正、真理和秩序，[3]神庙则成为祭司们生活并身体力行神圣法规的场所。[4]商周时期的中国，道德与伦理的观念也已经产生，如《诗经》中就说："有冯有翼，有孝有德，以引以翼，岂弟君子，四方为则。"（《大雅·卷阿》）"孝"与"德"成为伦理道德的两个重要内容。在此基础上，政治伦理获得充分的发展，商周之际特别是周代，"敬德""受命""保民"这样一些深刻影响后世中国的重要观念已经形成，另《尚书》的《舜典》和《皋陶谟》都为个人品德设立了详尽的德目。当然，我们也不妨将这些早期的伦理道德观念看作轴心期的前奏。

---

〔1〕　卡尔·雅斯贝斯：《历史的起源与目标》，第9页。

〔2〕　见威尔·杜兰《世界文明史·东方的遗产》（上）中相关内容，东方出版社1999年。

〔3〕　扬·阿斯曼：《文化记忆：早期高级文化中的文字、回忆和政治身份》，第181页。

〔4〕　同上书，第191页。

第二个方面是无神或弱神观念。无神或弱神观念早在中国西周末年就已经慢慢萌生。如《左传》庄公十四年申𫗧的话:"妖由人兴也。人无衅焉,妖不自作。人弃常,则妖兴,故有妖。"《左传》庄公三十二年史嚚的话:"国将兴,听于民;将亡,听于神。"这些都是十分明确的理性表达。到春秋末年,中国知识界与思想界的无神论倾向已十分普遍。同样的情况也发生在古代希腊,如普罗泰戈拉说:"人是万物的尺度。"又说:"至于神,我既不知道他们是否存在,也不知道他们像什么东西。"〔1〕所以黑格尔说:"如果我们以较深的观念作为衡量基础,那么,无疑地古代哲学可以正确地说是无神论。"〔2〕托卡列夫也说:"通观哲学领域,古希腊时期那种与宗教针锋相对的无神论世界观,有着强烈的影响。"〔3〕印度也是如此,渥德尔就指出:沙门僧侣相信,"靠自己的努力能够确认自然律,无须依赖古人的权威及其超自然的指导之助;而自然律是绝对有效的,必须接受,因为任何愿意从事正确研究的人都能证实他们"〔4〕。

更进一步,以伦理意识和无神观念为先导,哲学家终于出现了,于是就有了雅斯贝斯以下这段著名的表述:"最不平常的事件集中在这一时期。在中国,孔子和老子非常活跃,中国所有的哲学流派,包括墨子、庄子、列子和诸子百家,都出现了。像中国一样,印度出现了《奥义书》和佛陀,探究了一直到怀疑主义、唯物主义、诡辩派和虚无主义的全部范围的哲学的可能性。伊朗的琐罗亚斯德传授一种挑战性的观点,认为人世生活就是一场善与恶的斗争。在巴勒斯坦,从以利亚经由以赛亚和耶利米到以赛亚第二,先知们纷纷涌现。希腊贤哲如云,其中有荷马,哲学家巴门尼德、赫拉克利特和柏拉图,许多悲剧作者,以及修昔底德和阿基米德。在这数世纪内,这些名字所包含的一切,几乎同时在中国、印度和西方这三个互不知晓的地区发展起来。"〔5〕在这一时期,各种思想都获得了前所未有的发展,这也就是雅斯贝斯所说的"轴心期"。

仍以伦理和道德为例,到了雅斯贝斯所说的"轴心期",思想更加深刻,也更加系统,学说性质得以凸现。学者们普遍注意到,在印度,无论是佛教还是

〔1〕 北京大学哲学系外国哲学史教研室编译:《古希腊罗马哲学》,第138页。
〔2〕 黑格尔:《哲学史讲演录》第一卷,第44页。
〔3〕 谢·亚·托卡列夫:《世界各民族历史上的宗教》,第469页。
〔4〕 渥德尔:《印度佛教史》,第39页。
〔5〕 卡尔·雅斯贝斯:《历史的起源与目标》,第8页。但需要注意的是,"在巴勒斯坦,从以利亚经由以赛亚和耶利米到以赛亚第二,先知们纷纷涌现"这一段所述历史并不应当归于思想性建构,而应当归于社会性建构。

耆那教,都有强烈的道德色彩。如托卡列夫说:"早期佛教的重心在于道德范畴,在于世人的伦理规范。"〔1〕约·阿·克雷维列夫也说:"佛教就其本意乃是一种伦理学说。"〔2〕并且,佛教与耆那教的伦理道德观念是伴随着对社会的逃离和批判生长起来的,它有着强烈的出世性,他们为了教导人民如何生活,"都倾向于道德伦理";他们也讥笑吠陀的荒谬,"或是相当无谓的滥调,或是极不道德,或者甚至是完全胡说八道"。〔3〕在中国,以儒家为主体的道德思想同样得到充分的阐述或展开。儒家的道德理想可以概括为以下主要原则:(1)"义以为上""重义轻利""安贫乐道"的道义原则。如孔子说"见利思义"(《论语·宪问》)。(2)"独善其身""坚持气节""以身殉道"的理想原则。如孟子说"穷则独善其身,达则兼善天下"(《孟子·尽心上》)。(3)"忠恕""中庸""成人"的至善原则。如荀子说"君子知夫不全不粹不足以为美也"(《荀子·劝学》)。(4)"求己""内省""改过""慎独"的自律原则。如孔子说"见贤思齐焉,见不贤而内自省也"(《论语·里仁》)。这样一种道德理想极具建构性意义,它成为日后两千多年整个中国文化即文明的基本价值观或思想基础。

但我们也应当看到,在古代,上述这样一种道德具有明显的上层或精英特征,即是少数人的,它对于社会整体来说作用还十分有限。正如雅斯贝斯所意识到的,"特殊的人性被束缚和藏匿在人的躯体之内","个人获得的成就绝没有传授给大众。人性潜力(Potentiality)的顶峰和芸芸众生之间的鸿沟变得异常之大"。〔4〕马克斯·韦伯对此也早已有清晰的认识,如他这样评价儒教:"儒教的生命态度是偏向于身份性的色彩,而不是西方观念里的'市民的'价值取向。""此种知识分子的伦理,对于广大的庶民而言,其意义必然有限。"〔5〕"在中国,儒教审美的文书文化与所有庶民阶层的文化之间存在着巨大鸿沟,以至于那儿只有士人阶层的一种教养身份的共同体存在,而整体意识也只扩展到这个阶层本身能直接发挥影响力的范围内。"〔6〕这样一种状况是的确需要我们注意的。

但无论如何,有伦理意识和无神观念的先导,加之原有各种制度、信仰、思

---

〔1〕谢·亚·托卡列夫:《世界各民族历史上的宗教》,第508页。
〔2〕约·阿·克雷维列夫:《宗教史》下卷,中国社会科学出版社1984年,第296页。
〔3〕渥德尔:《印度佛教史》,第38、39页。
〔4〕卡尔·雅斯贝斯:《历史的起源与目标》,第10页。
〔5〕《韦伯作品集》卷五《中国的宗教、宗教与世界》,第287页。
〔6〕《韦伯作品集》卷十《印度的宗教——印度教与佛教》,第475页。

维藩篱即屏障的拆除,使得社会、政治、思想气氛空前自由,于是便最终导致古代中国、印度和希腊轴心时代的到来,亦即理性的到来、哲学的到来,或者说思想的普遍到来。如此,也就实现了思想性或精神性的建构,也即取得了人类历史上第一批伟大的思想成果,从一定意义上说,也是人类历史上最伟大的思想成果,因为这些思想或哲学的相当部分在日后成了经典。这些思想与精神成果或完整或部分地造就了上述各民族及其后来者的精神基础,也进一步成为更大的亚洲、欧洲甚至世界范围内的精神成果,它取之不尽、用之不竭,照耀着人类踽踽前行。

(二)轴心期社会性建构及雅斯贝斯的认识

然而我们又应看到,"轴心期"的成果绝非只有思想或精神层面的,即绝非只是雅斯贝斯《历史的起源与目标》第一章"轴心期"的"轴心期之特征"这一小节中的内容。它还包含社会性或制度性的成果,或者社会性或制度性的建构,也就是包括制度、宗教以及知识系统在内的社会范式"革命"或"突破"。希腊社会所出现的深刻变化就属于这样一种成果,犹太宗教所出现的深刻变化也属于这样一种成果。

其实雅斯贝斯对此也是有所意识的。《历史的起源与目标》第六章以"西方的特殊性"为题,共概括了九个方面,其中从(2)(3)(4)三项中,我们能够感受到雅斯贝斯对于社会性或制度性成果或建构的认识,并且我们还应当看到,这实际上也关乎雅斯贝斯所重视和强调的"突破"问题。

例如雅斯贝斯在(2)中说道:"西方懂得政治自由的思想。希腊产生了一种自由,它虽然只是一个短暂的现象,但没有在世界上其他任何地方出现过。自由的人们忠贞不渝的兄弟关系,胜过自称正将幸福带给各民族的极权主义组织的普遍专制。以这种行动,希腊城邦奠定了西方所有自由的意识、自由的思想和自由的现实的基础。按照这种政治意义,中国和印度对自由一无所知。"[1]

又(3)中说道:"(希腊)不停地追寻着本身进程的理性,坚持使自己面对合乎逻辑的思想和经验事实的说服力,而经验事实能使世界上所有人都信服。

---

[1]　卡尔·雅斯贝斯:《历史的起源与目标》,第74页。

和东方相对比，希腊社会包含了一种奠定数学和完美的形式逻辑之基础的一致性。随着中世纪的结束，现代理性显然变得与东方创造的东西不一样。""这条道路使科学研究能在特殊事物中有所明确的发现。整体的不完善永远与特殊事物共在。"[1]

再如(4)，"犹太先知、希腊哲学家和罗马政治家，决定性地永久获得了完全的个人自我中心的意识本质"[2]。下一页又继续说道："因此，在显然是偶然的情况下，生命突然在那里勃发，那是一种看上去仿佛不可能的极罕见的可能性。当犹太人无能为力地处在两个交战帝国之间、被交付给无法反抗的强国时，当他们的世界在政治上崩溃时，犹太人的预言宗教产生了。"[3]

通过上述三个方面我们可以看到，雅斯贝斯对"轴心期"社会与制度性的成果也即社会与制度性的"突破"是有朦胧意识的，其中(2)(3)即古代希腊在"轴心期"所取得的社会性成果，包括制度与知识，(4)则是古代犹太在"轴心期"所取得的社会性成果，也即宗教。同时，我们又应看到，雅斯贝斯的确并没有充分、自觉地认识到这作为"轴心期"成果的重要意义，或者说并没有将社会性成果上升到"轴心期"理论的高度，也即没有给予它"轴心期"框架的地位。我们只能这样理解，即雅斯贝斯太关注思想与精神的方向了，也即太关注走出黑格尔哲学观的投影了，以至于他疏忽了社会性的成果的意义，后者或许更加重要，因为更具有他自己所重视的"突破"意义。

（三）希腊的制度性成果

我们先来看古代希腊在社会层面所取得的成果。"轴心期"古代希腊社会性成果本质上说就是文明范式的"突破"，主要体现为政治制度与知识及思维这两个方面，且都是由一连串建构或"突破"所组成的。以下仅就政治制度的成果略作陈述。

古代希腊制度建构的第一个"突破"始于城邦的建立，而城邦形式则是地理狭小及海外移民的必然结果。布克哈特说："城邦是希腊最终的国家模式；

[1][2]　卡尔·雅斯贝斯：《历史的起源与目标》，第75页。
[3]　同上书，第76页。

它是一个独立的小国家,掌握着一块土地。"〔1〕毫无疑问,这样一种模式与此前或同时期东方那些有着广幅疆域的国家模式非常不同。

接着,受海洋地理与城邦生活因素的影响,贸易经济形成了,这可以说是古希腊文明所发生的第二个"突破"。研究表明,"到公元前 6 世纪,地中海地区发展起一种复杂的国际性市场经济,涉及广泛多样的商品和服务交换"。与此同时,"旅行很方便,那些有公认的技术的人,如手艺人、医生、诗人等,可以自由地从一地迁徙到另一地"。〔2〕如此,海外贸易已经完全改变了希腊人的生活和观念。

再进一步,迁徙过程与城邦生活又导致氏族共同体的瓦解和城邦共同体的形成,这可以说是古希腊的第三个"突破"。具体来说,导致氏族共同体瓦解和城邦共同体形成有许多个因素,包括海外迁徙、城邦即城市生活、工商业聚居,特别是还有梭伦与克里斯提尼的改革。汤因比说过:"跨海迁移的一个显著特点是不同种族体系的大混合,因为必须抛弃的第一个社会组织是原始社会里的血族关系。""跨海迁移的另一个显著特点是原始社会制度的萎缩。"〔3〕恩格斯则精辟地指出:古老的氏族制度"无力反对货币的胜利进军",如此,"氏族制度已经走到了尽头"。〔4〕

而伴随着城邦共同体的建立以及政治制度的改革,民主政制产生了,这可以说是古代希腊的第四个重大"突破",即"主权在民"。根据亚里士多德,希腊或雅典的民主政制最早始于梭伦的改革。梭伦规定,国家官职由投票产生。为此梭伦创立了一个四百人议事会,每部落一百人。而依亚里士多德的看法,"在梭伦的宪法中,最具民主特色的大概有以下三点:第一而且是最重要的是禁止以人身为担保的借贷,第二是任何人都有自愿替被害人要求赔偿的自由,第三是向陪审法庭申诉的权利,这一点据说便是群众力量的主要基础,因为人民有了投票权利,就成为政府的主宰了"〔5〕。爱德华·麦克诺尔·伯恩斯、菲利普·李·拉尔夫则将梭伦的改革归纳为:(1)新建立一个四百人会议,中等

---

〔1〕 布克哈特:《希腊人和希腊文明》,第 93 页。

〔2〕 奥斯温·默里:《早期希腊》,第 230 页。

〔3〕 汤因比:《历史研究》上,上海人民出版社 1986 年,第 130 页。

〔4〕 恩格斯:《家庭、私有制和国家的起源》,见《马克思恩格斯全集》第二十一卷,人民出版社 1965 年,第 129、130 页。

〔5〕 亚里士多德:《雅典政制》,第 12 页。

阶级有资格成为其成员；(2)使下等阶级的人在公民大会中具有当选为公职人员的资格，从而获得公民权利；(3)组织最高法庭，面向全体公民，并由普遍的公民投票选出其成员，负责审理对执政官所做判决的上诉。[1]在梭伦改革八十年后，克里斯提尼再度深化了改革，这包括"第一步便把所有的居民划为十个部落，以代替原有的四个部落"，"以便让更多数的人可以参加到政府来"。"其次，他把议事会的成员由四百人改为五百人，每部落出五十人"。[2]而由于这些改革，"宪法就比梭伦宪法要民主得多"[3]。在这之后，当伯里克利成了人民领袖的时候，"宪法变得更加民主了"[4]。这时的希腊民主政制也达到了巅峰。

同时，城邦制度与民主政制的一个重要体现或成果就是法律的形成，即国家行为不是取决于个人意志而是取决于法律条文，这乃是希腊所取得的第五个"突破"。其中最显著的就是，法律已公开化了并为大众所知，"立法权来自人民"，"它是全体公民的共同财产"。[5]以雅典为例，其法律的实施就体现了广泛的参与性，例如陶片放逐法的最低有效票是6000票，雅典陪审法庭的陪审员同样也是6000人。[6]顾准因此也将希腊城邦称为"法治"的城邦，顾准说："城邦公民集团'轮番为治'的原则，也使得它必须发展出一套国家法和私法来。换句话说，城邦必定是'宪法国家'或'法治国家'。"[7]

而以城邦生活和民主制度作为基础，古代希腊特别是雅典又出现了一个崭新的概念：公民；也即人从原来集权制度下的臣民变为现在民主制度下的公民，这便是古希腊所取得的第六个"突破"。亚里士多德对公民的定义是"凡得参加司法事务和治权机构的人们"[8]，并指出："城邦不论是哪种类型，它的最高治权一定寄托于'公民团体'，公民团体实际上就是城邦制度。"[9]根据亚里士多德，古代希腊公民群体的一个重要特征就是拥有参与城邦政治事务的权利。当然，公民这一概念还有另一个重要特征，即平等。伯里克利曾自豪地

---

[1]　爱德华·麦克诺尔·伯恩斯、菲利普·李·拉尔夫：《世界文明史》第1卷，第223、224页。

[2]　亚里士多德：《雅典政制》，第25页。

[3]　同上书，第26页。

[4]　同上书，第31页。

[5]　菲斯泰尔·德·古朗士：《古代城市：希腊罗马宗教、法律及制度研究》，第325、326页。

[6]　晏绍祥：《古典民主与共和传统》(上卷)，北京大学出版社2013年，第14页。

[7]　顾准：《顾准文集》，贵州人民出版社1994年，第79页。

[8]　亚里士多德：《政治学》，商务印书馆1981年，第111页。

[9]　同上书，第129页。

说道:"我们的制度是别人的模范,而不是我们模仿任何其他的人的。我们的制度之所以被称为民主政治,因为政权是在全体公民手中,而不是在少数人手中。解决私人争执的时候,每个人在法律上都是平等的。"〔1〕

以上即是"轴心期"古代希腊在社会或制度性建构上所取得的成果。而正是这些建构或成果,造就了古希腊文明鲜明的"个性",造就了希腊文明伟大的"突破",也造就了希腊文明与其他文明的根本不同。不仅如此,古希腊文明的"突破"也为之后的欧洲或西方文明的崛起提供了重要典范,按照雅斯贝斯的说法,也就是为后来的"突破"或"第二轴心期"提供了重要基础。事实上,这其中相当多的元素——例如海洋便利、贸易活动、城市生活、平等原则、民主观念、法律制度、公民主体,也越来越成为更具普遍性意义的人类社会活动共识与准绳,至今仍不断释放着力量。

(四)犹太的信仰性成果

"轴心期"社会性成果或建构的另一个经典范例就是犹太一神宗教信仰的产生。与希腊相同,犹太一神宗教的建构也是由多个建构或"突破"所组成的。值得指出的是,犹太一神宗教之于文明范式"突破"也即"革命"的意义并未引起许多学者的充分重视,事实上,马克斯·韦伯对此有极其精辟的论述,足以开启我们的视野。

我们知道,偶像崇拜是从原始社会就形成的习惯或样式,进入文明社会,绝大多数民族依旧保持了这样一种崇拜方式。但在发展过程中,犹太教逐渐将偶像崇拜剔除了出去,而信奉唯一的神。对此韦伯说道:这样"对于其他古代宗教而言完全陌生的一个观念,亦即'偶像崇拜'乃是罪恶的观念,亦因此而获得其贯通一切的全面性意义"〔2〕。韦伯说:"在其他地方往往浮现出来的观念——神的存在是仰赖牺牲的供奉——却难以发生在耶和华崇拜上。耶和华的宝座是在遥远的山顶上,并不需要牺牲。"〔3〕韦伯还指出:"以色列的发展唯一的独特之处端在于其反偶像的运作之贯彻始终。""在以色列,耶和华成为

---

〔1〕 修昔底德:《伯罗奔尼撒战争史》上册,商务印书馆1985年,第130页。
〔2〕 《韦伯作品集》卷十一—《古犹太教》,第164页。
〔3〕 同上书,第184页。

唯一的神，而且随着宣称耶和华为拜一神教之真神的推进高拔，无神像的崇拜的代表们不止严禁耶和华神像的制作，而且排斥一切神像模样的祭坛装饰品。"〔1〕显然，这是一种全新的神观。

新的信仰还体现在对巫术与占卜的态度上，即将巫术从新的神观中彻底驱逐了出去。为此韦伯对巴比伦与犹太做了比较："在新巴比伦时代也存在着各式各样的巫术，作为影响无形力量的特殊的、庶民的手段。""反之，在古犹太教里，完全没有这类巫术。"〔2〕而"拒斥巫术实际上尤其是意味着：巫术并未像在他处那样，为了驯服民众的目的而由祭司加以体系化"。〔3〕在摩西十诫中，我们可以清楚地看到拒斥巫术或占卜的明确规定。这自然也包括占星术，即使是在俘因期，"第二以赛亚便不止嘲讽一般的巴比伦巫师，而且特别也嘲讽了巴比伦的天文学与占星术"，"星宿在以色列毫无用武之地的原则依然存在"。〔4〕这即意味着巫术有史以来第一次遭到了拒斥，也就是韦伯所说的"祛魅"。这十分关键，因为它使得犹太民族彻底从神秘崇拜中走了出来，最终形成信仰或宗教的真正"突破"。

宗教伦理的出现也殊为重要。韦伯说："除此之外，还有一则高度理性的，意即从巫术与一切形式的非理性救赎追求当中脱离出来的，现世内行动的宗教伦理。此一伦理和亚洲诸救赎宗教的所有救赎之道都有内在的遥远隔阂。此一伦理甚至相当程度地成为现今欧洲与近东宗教伦理的基础。世界史之对犹太民族关注有加，也是根植于此。"〔5〕而"当伦理的预言打破了被定型化的巫术或宗教习惯诸规范时，突发的或渐进的革命即可能出现"〔6〕。利奥·拜克也说过："这种伦理特征是全新的。""以色列人的伦理一神教是一种被建立起来的宗教。""伦理一神论仅在以色列存在，无论后来在什么地方发现伦理一神论，它们都直接或间接地来自以色列。"〔7〕也就是说，以伦理彻底替代巫术！以伦理彻底驱逐巫术！这正是犹太教与其他文明区别的关键所在！也是犹太教或犹太文明"突破"的核心所在！

────────────

〔1〕《韦伯作品集》卷十一《古犹太教》，第 213 页。
〔2〕同上书，第 335 页。
〔3〕同上书，第 288 页。
〔4〕同上书，第 268 页。
〔5〕同上书，第 14 页。
〔6〕《韦伯作品集》卷八《宗教社会学》，第 253 页。
〔7〕利奥·拜克：《犹太教的本质》，第 48、50 页。

值得特别注意的是,知识阶层或智识群体——确切地说,就是先知,在其中担纲着重要的职责,这一职责就是雅斯贝斯所说的反思。我们看到,在《旧约》中,先知们深刻反思犹太民族"恶行"的话语比比皆是。这其中,最典型的莫过于借用淫妇或妓女来反思犹太民族"恶行"的隐喻,在先知们看来,犹太民族离弃耶和华而改信其他神明,就如同一个淫妇与姘夫私奔,是最大的不忠、不贞。诸先知中,何西阿最初使用了这一隐喻:"奸淫和酒,并新酒,夺去人的心。我的民求问木偶,以为木杖能指示他们,因为他们的淫心使他们失迷,他们就行淫离弃神,不守约束。""所以你们的女儿淫乱,你们的新妇行淫。"[1]以后这一主题反复出现,甚至直接名之为娼妓。如《耶利米书》中说:"你和许多亲爱的行邪淫,……你向净光的高处举目观看,你在何处没有淫行呢?……并且你的淫行邪恶玷污了全地。因此甘霖停止,春雨不降。你还是有娼妓之脸,不顾羞耻。"[2]而《以西结书》第 23 章在编撰中更直接冠以"两座犯罪的城""神审判两座犯罪的城"这样的标题,将以色列国都撒玛利亚和犹大国都耶路撒冷比喻成两个淫荡的妓女,并用了整整一章来写这种羞耻:"人子啊,有两个女子,是一母所生,……她们的名字,姊姊名叫阿荷拉,妹妹名叫阿荷利巴。……阿荷拉就是撒玛利亚,阿荷利巴就是耶路撒冷。阿荷拉归我之后行邪淫,贪恋所爱的人,……她妹妹阿荷利巴……行淫乱,比她姊姊更多。……她姐妹二人同行一路。"[3]显然,先知们是企图通过这一比喻使整个犹太民族触目惊心,但以这样一种方式来检讨和反思自己民族的过失恐怕在整个人类文明史上绝无仅有。所以马丁·布伯这样评价犹太先知的意义:"在人类世界,精神从未在任何时候和任何地方得到过像以色列的先知那样以如此的战斗精神一代又一代所给予的照料。在这里,具有精神的人肩负起在历史时刻的现实中实现那种文明的证实和否证的任务。"[4]完全可以说,正是在这样一种持续的深刻反思中,犹太民族终得脱胎换骨。换言之,正是在知识阶层或智识群体的坚定引导下,民众方才走出了巫术的阴影;正是先知,引领着犹太民族由多神信仰走向一神信仰,从自然宗教走向伦理宗教。

总之,犹太教一经产生,便与任何古老的宗教传统区别了开来——去除巫

---

[1]《旧约·何西阿书》第 4 章,第 11、12、13 节。

[2]《旧约·耶利米书》第 3 章,第 1、2、3 节。

[3]《旧约·以西结书》第 23 章。

[4] 马丁·布伯:《论犹太教》,山东大学出版社 2002 年,第 171 页。

术，弱化功利，信奉一神，注重伦理，由此表现出鲜明的理性和超越性，就像韦伯所指出的："打一开始，耶和华便具有某些超越以色列立场的特色，换言之，在关于耶和华的观念里存在着某些普世性的特质。"[1] 这就是犹太教不同于所有其他古老宗教传统的"崭新"因素，所谓"突破"也正蕴藏于其中，而且它也成为后续的世界性宗教的基础。

结　　语

通过以上考察我们可以看到，就理论而言，雅斯贝斯虽然提出了"轴心期"概念，但其核心内容却只涉及思想性成果或建构，而对社会性成果或建构明显认识不足。相比之下，马克斯·韦伯并没有明确涉及"轴心期"概念，然而其有关犹太一神宗教的研究的确明显指向"轴心期"社会或制度范式的"突破"问题，也即社会与制度的建构问题，当然，思想建构并不在韦伯的视野范围。也因此，完整的"轴心期"成果既应包括思想性或精神性的，即思想性或精神性的建构，也应包括社会性或制度性的，即社会性或制度性的建构。前者主要是提供了思想的典范，其对后来者具有精神引领的作用，对社会则是体现为潜移默化的影响。而后者则直接表现为社会与制度范式的"革命"或"突破"，它深刻地改变了人类，改变了文明的走向，改变了历史的进程。可见，二者对于当时及后世的作用是相当不同的，其各自有不同的意义与价值，但对于一部人类文明史来说都同样重要。这是我们今天考察"轴心期"所务必谨记的，唯如此，我们对于"轴心期"成果的认识才会更加完整，对于"轴心期"意义的判断才会更加准确。

---

[1]《韦伯作品集》卷十一《古犹太教》，第180页。

Abstract
（英文提要）

1. Karl Jaspers' "Axis Theory" is "Non-Exclusionist"

Abstract: After Jaspers advanced his theory of "Axis Period", it has been criticized from various aspects, and the severest one is that Jaspers's theory pertains to "exclusionism" or "west-centralism". Is Jaspers an exclusionist or west-centralist? What particular reasons is the criticism based upon? On the other hand, whether these reasons are valid enough to imply that Jaspers is an exclusionist is still in doubt. The purpose of this paper is to analyze this dispute. My analysis is divided into three parts: first, to examine the criticism of Jaspers's theory of "Axis Period" that regards his view as exclusionist or west-centralist; second, to identify the reasons that leads Jaspers's theory into this "trap"; third, to defend Jaspers. It can be concluded that Jaspers failed to walk out west-centralism. However, being unable to avoid west-centralism is different from claiming to be a west-centralist, as the former is concerning about objective ability, the latter is about subjective wish. We should notice that Jaspers's universalist "Axis" is influenced by Hegel's account of "idea", but Hegel emphasized that civilization or philosophy emerges only in West. By contrast, Jaspers emphasized that civilization or philosophy exclusively belongs to West, and it is the West and the East that together shape or contain the "Axis". As far as horizon is concerned, it is undoubted a great progress. In brief, we should evaluate Jaspers's theory in a historic context, only by which our evaluation is objective and fair.

Key words: Jaspers; Theory of Axis Period; whether Exclusionism or

West-centralism; Criticism; Defense

2. Why does Jaspers not jump out of Western centralism?

Abstract: We know that an important original intention of Jaspers's theory of "axis period" is to make a profound reflection and review on the disaster of World War II. As far as historical theory itself is concerned, it has severely criticized the historical view of Western centralism. Trying to give "diversity" a legal status. However, Jaspers's "axis period" theory failed to overcome Western historicism, for example, it excluded ancient Egypt and Mesopotamia from the official history. Why does Jaspers want to jump out of Western centralism on subjective, but objectively they can't jump out of Western centralism? I thought this crux lies in his "breakthrough" theory! A spiritual movement is a "breakthrough". A special historical movement is a "breakthrough". Otherwise, there will be no "breakthrough", and without a "breakthrough", it will not be able to enter the official history. Obviously, the paradigm or model of this theory is based on the Western centralism. As a result, the "diversity" of the "axis period" theory must end in a fall.

Key words: Jaspers; Axis Period; Criticism; Western Centralism; Breakthrough Theory; unable to jump out of Western Centralism

3. Jaspers "axis theory": From excitement to confusion, from confusion to dilemma

Abstract: Jaspers felt unusually excited when he discovered the "axis period" phenomenon. Because Jaspers believes that the "axis period" phenomenon provides an empirical case and a typical sample that can avoids and overcome "exclusivism" or "Western centralism". However, we have to see that in further traceability and extension, Jaspers has been confused and in trouble. Even so, it is rash to attribute Jaspers to "exclusivism" or "Western centralism". The article includes the following five parts: First, from the criticism of Jaspers; Second, the excitement of the phenomenon of the "axis period"; Third, from excitement to confusion; Fourth, from confusion to dilemma. fifth. Return to the criticism of Jaspers.

Key words: Jaspers; axis; excitement; confusion; dilemma; position and direction

4. The theory of the Axial Period's dilemma and approach

Abstract: A lot of criticisms have been made about Jaspers's theory of the Axial Period which in some extant implied the weakness of the theory. At the same time, those scholars who used this theory in their own fields or tried to improve it shared the same weakness too. This article is the result of the inspection of these questions. The article can be divided into four parts: First, the dilemma of the theory of the Axial Period: from criticism of the exclusiveness back to exclusiveness; Second, the dilemma the theory of the Axial Period will encounter: from dogmatic dimension to type dimension; Third, the extension of the dilemma: take breakthrough as an example; Fourth, possible approaches. As a matter of fact, we hardly need to limit ourselves to those abstract conceptions such as transcendental, critical and reflective. In summary, the theory like the Axial Period might be too complex to cover by a single concept. What we need to do is nothing but trying to find the difference in the commonality and find the commonality in the difference, by dong this we can make a little progress.

Key words: Jaspers; the Axial Period theory; dilemma; approach

5. In the Depths of the "Axis Theory"

Abstract: An important contribution of Jaspers' "Axis Theory" is to completely subvert Hegel's view of philosophy history. Jaspers has proved through experience that the East has the right to share creating philosophy or "spirit" with the West. We can say this is the glory of "Axis Theory"! However, as some scholars have pointed out, this effort by Jaspers has not completely freed him from "exclusionism" or "western centralism", and for this reason its "Axis Theory" has been criticized. Why is this so? My opinion is: Jaspers has only made a "breakthrough" in subverting Hegel's view of philosophy history, however, after entering the depths of Western history theory, he still consciously or unconsciously follows those basic or general views. From this we can see that it is impossible to shake all the ideas by "breaking through" just from one point. Therefore, while paying tribute to Jaspers' efforts, we should also go deep into its theory or thoughts to understand the real roots of its "Western centralism" or "exclusionism", that is, to understand the basic concept of Western history theory. The content of this article includes: introduction, "spirit", movement and stillness, diversity and unity, the West and the East, conclusion. In short, the judgment about Jaspers' "Axis Theory" should be carried out in such a background: we must see not only the "breakthrough" he has achieved, the deficiency caused by his falling into "Western centralism", but also this point that Western history theories cannot be summarized simply by "Western centralism", which contains a lot of inherent rationalities. The key is that the standards of the world history evaluation based on the Western or European vision before the 20th century should no longer be the only standard for today's history studies!

Key words: Jaspers; Axis Theory; Western Central Theory; Western Historical Theory; Spiritual; Movement and stillness; Diversity and Unity; Western and Orient

6. China's "axis" and "continuity" in the eyes of western scholars: Investigation on the studies of Weber brothers, Jaspers and Eisenstadt

Abstract: The "Axial Age" was put forward by Jaspers and its significance for the investigation of ancient civilization has been widely known by scholars. "Continuity" was proposed by Chang Kwang-chih who used "continuity" and "breakthrough" (also called "rupture") to distinguish China (including most of the ancient world civilization represented by China) from the west in the study of the history of civilization. This paper mainly selects scholars including the Weber brothers, Jaspers and Eisenstadt as representatives to look at the "axis" and "continuity" of the Chinese civilization from the perspective of these western scholars. Through the investigation, we found that all three of them have deeply thought about the "axis" and "continuity" of Chinese civilization. The investigation shows that although the three scholars have different concerns and their independent studies, they are all involved in the matter of "axis" and, the matter of "axis" is also "more" or "less" contained in their thinking. At the same time, they are indeed all involved in the matter of China's "axis" and "continuity", and have drawn similar conclusions. This phenomenon in itself is very interesting, and it reminds us of the importance of the matter.

Key words: China; axis; continuity

7. Direction and progression of the origin of Chinese natural philosophy

Abstract: So far, the emergence or origin of philosophy is largely considered ancient Greece. However, although the different emergence or origin have certain aspects in common, it is in fact complicated. In this paper, Chinese natural philosophy was chosen to be the object of study, the paper conducts exhaustive analysis on Chinese natural philosophy so as to investigate how different its origin is from the origin of Greek natural philosophy. The paper includes investigation on eight aspects and issues, respectively: Category, Phenomenon and Number, Five elements, Yin and yang, Heaven and man, Way of heaven(the natural law of the movements of celestial bodies and their periodicity), Heaven, Qi. In the end, the paper outlines the traits of the direction and progression of the origin of Chinese natural philosophy. The paper analyzes the topic in reverse order, which helps to understand the connection between ideas and thoughts generated before and after the formation of the eight aspects, and helps to further explore the real, or say, the initial origin of Chinese philosophical thoughts or ideas.

Key words: China; nature; philosophy; origin; direction; progression

8. Some features of the origin of Chinese natural philosophy

Abstract: In the general works on the history of philosophy, the Greek natural philosophy (or say cosmological philosophy, also known as pre-Socratic philosophy) mainly focuses on principle, origin and stroma, also called reality, substance and being. As Jaspers put it, its overall origin might occur in the "Axial Age". The history of Chinese philosophy usually took Greek natural philosophy as a reference in the past and it was of course not the best choice. We should understand that although the emergence or origin of philosophy has certain commonality, it is in fact very complicated, and it is especially true of the natural science as the most essential part of philosophy. The origin of ancient Chinese natural philosophy is quite different from the origin of ancient Greek natural philosophy. This paper intends to investigate the features of the origin of Chinese natural philosophy and it reveals that the origin of Chinese natural philosophy has the following important features: first, the towering tree of Chinese natural philosophy is rooted in the fertile soil of primitive culture; second, the process is long and the progress is slow, showing gradation; third, it develops towards multiple directions and has various topics; fourth, it is concerned about reality and phenomenon; fifth, it has typical "continuity"; sixth, it has bred mature atheism; seventh, the essence does not depart from the phenomenon, the abstraction does not depart from the concreteness, the metaphysics does not depart from the physics, the reason does not depart from the sensibility. Conclusion: philosophical questions are not only related to the general interests and concerns of the "category" of mankind, but also closely related to different groups of people's specific observation of the world. The fact that the ancient Greeks paid attention to the matter of origin, essence and ontology does not mean that other nations view those matters in the same way.

Key words: China; nature; philosophy; origin; features

9. The knowledge clues of the process of ideals rationalizing in the Period of Pre-scholars
—an investigation centered on the idea of "Tian"(天)

Abstract: The clue of knowledge plays an important role in the process of ideals rationalizing in the Period of Pre-scholars. However, this clue has not attracted enough attention from the academic community. This paper tries to explore or think about this problem, which including the following contents: First, initial ideal: the communication between god and man; Second, accumulation of knowledge; Third, the growth of Rationality; Fourth, from the religious view to the natural view; Fifth, from the religious concept of destiny to the idea of natural heaven; Sixth, from the idea of natural approaches to the idea of universal law; Seventh, the ideal of atheism and rational spirit. This paper tries to show the interaction between knowledge and reason by combing this clue, which will explore the important significance of knowledge development for the growth and establishment of reason. Although this clue is a Chinese sample of the rationalizing process of ideas, it belongs to an integral part of the development of human rationality, and it also lays a foundation for the hundred schools of philosophers.

Key words: the Period of Pre-scholars; knowledge; idea; rationalization; process

10. The "Shi"(时) preliminary examination
—knowledge clues of the idea of "Shi" in The Book of Changes

Abstract: "Shi" is an important content of the idea and thought of The Book of Changes, which is one of the fundamental sources and categories of The Book of Changes. However, few of the studies focus on the formation of the idea of "Shi" in The Book of Changes, and even fewer focus on the knowledge base. The purpose of this paper is to study the basic knowledge of "Shi" in The Book of Changes. The full text includes the following contents: The introduction, the understanding of scholars on the "Shi" in The Book of Changes; First, the "Liangyi"（两仪）and "Yinyang"（阴阳）; Second, "Sixiang"（四象）and "Sishi"（四时）; Third, "Bagua"（八卦）and "Jieqi"（节气）; Fourth, "Taiji"（太极）and the length of tropical year; Fifth, the relationship between "Shi" and "Wei"（位）; Sixth, the relationship between "Bagua" and "Shi" and "Wei"; Seventh, "Sanyishuo"（三易说）and related ideas. With the knowledge of the "Shi" as a clue, these investigations have given some new explanations to the important issues including the two instruments, "Bagua", "Taiji", "Shi" and "Wei". Through this research or investigation, this paper hopes that the interpretation of The Book of Changes can return to its original meaning, or that the interpretation of The Book of Changes can pay more attention to its knowledge factors and roots.

Key words: The Book of Changes; Shi; preliminary meaning; knowledge clues

11. The comparison of knowledge form between ancient China and Greece

Abstract: The "Axial Age" theory of the German philosopher Jaspers did not dig deep into knowledge rationality, or even in a sense, it was not put forward at all. It can be said that Jaspers did not realize the importance of knowledge rationality in the axial period. It is an indispensable part. This paper is to discuss the matter so as to make up for the shortage of Jaspers axial theory. The research object, or say research scope, is contents related to ancient China and ancient Greece, largely because the rational spirit during the ancient Indian and Jewish axial age did not involve the discussion about field of knowledge. The paper consists of four parts: 1. summary of knowledge development from the pre-axial age to the axial age; 2. craftsman and scholars:

the cornerstones influencing knowledge rationality; 3. experience and theory: the basic direction of knowledge rationality; 4. logic: the crown of knowledge rationality. The paper not only includes the investigation into the general development of knowledge rationality in the axial age, but also contains comparison of the knowledge rationality between ancient China and ancient Greece. Through the investigation we can see that, in general, ancient China and ancient Greece both exhibited to different degrees the spirit of knowledge rationality, which was an important part of the rational spirit in the axial period. But at the same time, ancient China had more continuity while ancient Greece was more fractured and revolutionary.

Key words: Axial age; knowledge rationality

12. Greece and China: the Different Models of Philosophy Origins

Abstract: There is a common ground in the occurrence or origin of philosophy, however, the situation could be complicated. The understanding of the origin of philosophy in the past was based on the western philosophy, namely, the Greek philosophy. As the research further develops, it is obvious that such understanding cannot describe or present precisely the occurrence and development of different origins of philosophy. The purpose of this paper is to investigate the different paradigms of philosophy origins taking ancient Greece and China as example, including the process of development, context or condition, and the ideals that focus mostly on philosophy of nature and ethics. The origin of Greek philosophy is undoubtedly more close to Karl Jaspers's understanding of "Axis Period", but in fact, his theory of "Axis Period" takes Greek philosophy as a model. There is some "burst" or "suddenness" in the origin of Greek philosophy, or even "breakthrough" occurs. In this period, under the lead of intellectuals, the ideas, logic, thought and reason at a sudden "take place all together", and they "spring up" and "thrive into maturity" in a very soon period. It happens in the philosophy of nature and ethics, as well as sciences that is closely connected with philosophy. In contrast with the ancient Greek philosophy, the "invention" or origin of Chinese philosophy has its own characteristics, that is, it has another distinct model. Different from the "breakthrough" in the origin of Greek philosophy, what appears in the occurrence and development of Chinese philosophy is a typical gradual mode. That is, there is some "gradualness" in Chinese philosophy, rather than "breakthrough" or "suddenness"; it is a "gradual" model, rather than a "burst" one. The three conceptions or ideas of the five elements, yin and yang, Heaven (including Heaven-Human and Tao of Heaven) can be traced back to a very ancient time. Similarly, a moral model history of Chinese civilization must begin from Zhou Gong. It follows that the Greek philosophy and Chinese philosophy have their own distinct model in origin, and the different models are both reasonable.

Key words: Philosophy; Origin; Ancient; Greece; China; Model

13. Seeing "continuous" and "breakthrough" issues from the gods in each axis

Abstract: This paper is to understand the direction and ending of "continuous" and "breakthrough" by examining the different views of the axis (the concept of God and the attitude towards God). As for the view of the Axis period, Jaspers has a famous expression: "The mythological era and its tranquility and unmistakable are gone. Like the prophets about God's thoughts, Greece, India and China. The important insights of philosophers are not myths. The rational and rationally expounded experience initiates a struggle against myths (rational opposition to myths), the struggle further develops into a transcendental existence of God, and against the non-existent demon, finally happened. Resist against the ethical rebellion of the gods. The religion is ethical, and the dignity of the divine is thus enhanced." However, we must see that this expression of Jaspers is quite problematic because it is actually centered on the Jewish axis and seems to be related to the decline of mythology, the rise of atheism, and the creation of monotheism. In fact, the phenomena of different nature are combined. The full text consists of three chapters, namely: 1. The view of the Chinese and Indian worlds during the Axis period. 2. The view of the Greek world in the Axis period; 3. The view of Judaism in the Axis Period. Due to the time relationship, I will only discuss the first part of China and India. The investigation shows that Jaspers's description of the unity of the Axis is not correct. In other words, there is no complete picture of the same goal in the Axis period, and the views of China, India, Greece and Jewish Axis The direction is different. And through inspection, we will also know that the so-called "breakthrough" is not a minority, not an elite, not a certain group, but a mass, the majority, that is, a certain national or cultural whole.

Key words: axis; gods; continuous; breakthrough

14. Two achievements of the Axial Period:
The spiritual construction and the institutional construction

Abstract: The Axial Period contains two aspects: First, the thoughtful or spiritual construction; Second, the social or institutional construction. The elaboration about spiritual achievement has been made by Jaspers in the first chapter *characterization of the Axial Period* of the book *the Origin and the Goal of the history* was usually viewed as all the things he has done about it. The fact, however, is that the social achievement is equally important, of which ancient Greek and ancient Judaism might be the classical examples, as for Judaism Max Weber has talked a lot. This article is a complete inspection of the two achievements, not only proved the weakness of the thought of Japers, but also made a bird's view of the achievements around the Axial Period. By doing this we will have a much better understanding of the achievements of the Axial Period, and have a precise judgment of its meaning.

Key words: the Axial Period; achievement; thought; spirit; society; institution; religion